档案信息化建设与信息资源存储研究

谢玉娟 宋 欢 刘翠红 著

中国商务出版社
CHINA COMMERCE AND TRADE PRESS

图书在版编目（CIP）数据

档案信息化建设与信息资源存储研究 / 谢玉娟, 宋欢, 刘翠红著. — 北京：中国商务出版社, 2022.8

ISBN 978-7-5103-4402-2

Ⅰ.①档… Ⅱ.①谢…②宋…③刘… Ⅲ.①档案管理-信息化建设-研究 Ⅳ.①G270.7

中国版本图书馆CIP数据核字(2022)第156822号

档案信息化建设与信息资源存储研究
DANGAN XINXIHUA JIANSHE YU XINXI ZIYUAN CUNCHU YANJIU

谢玉娟　宋欢　刘翠红　著

出　　版：	中国商务出版社
地　　址：	北京市东城区安外东后巷28号　　邮　编：100710
责任部门：	发展事业部（010-64218072）
责任编辑：	周青
直销客服：	010-64515210
总 发 行：	中国商务出版社发行部（010-64208388　64515150）
网购零售：	中国商务出版社淘宝店（010-64286917）
网　　址：	http://www.cctpress.com
网　　店：	https://shop162373850.taobao.com
邮　　箱：	295402859@qq.com
排　　版：	北京宏进时代出版策划有限公司
印　　刷：	廊坊市广阳区九洲印刷厂
开　　本：	787毫米×1092毫米　1/16
印　　张：	14.25　　　　　　　　　　　字　数：310千字
版　　次：	2023年1月第1版　　　　　　　印　次：2023年1月第1次印刷
书　　号：	ISBN 978-7-5103-4402-2
定　　价：	63.00元

凡所购本版图书如有印装质量问题，请与本社印制部联系（电话：010-64248236）

版权所有　盗版必究　（盗版侵权举报可发邮件到本社邮箱：cctp@cctpress.com）

前　言

当今社会科技发展日新月异，信息化已成为社会经济发展的大势所趋。随着计算机信息技术作用的发挥，各种高效扫描设备及各种数字技术的广泛应用，提高了办公自动化水平，多媒体技术被广泛地应用于档案管理之中，从而给传统的档案管理带来了极大挑战，传统的档案管理工作观念和方法已经不能适应新时代档案管理工作的需要。对以网络技术为核心的现代信息技术的应用，已成为档案事业应对现代社会迅猛发展的必然选择。

在信息社会，对信息资源的开发与有效利用已成为个人、组织乃至一个国家核心竞争力的重要组成部分，其开发利用水平是衡量一个国家综合国力的具体表现。在数字化空间和网络环境下，如何组织与管理信息、存储信息、设计和构建检索系统以便人们获取信息、利用信息，使信息在生产、科研和人们生活中发挥其功能和作用，是本书要讨论的主要问题。

信息技术的发展呈蓬勃、增长的态势，由技术创新驱动的档案管理信息化无论从理论、实践、技术还是方法上来说，都是一个需要与时俱进的领域。因此，本书同样需要在理论和实践的互动及发展中不断更新、丰富和完善。由于时间仓促，作者水平有限，本书难免存在疏漏，敬请各位读者批评指正。

目 录

第一章 档案信息化建设概论 ··· 1
 第一节 信息技术概述 ·· 1
 第二节 信息化与档案工作 ·· 11
 第三节 档案信息化的战略和任务 ·· 18

第二章 档案信息化建设保障体系 ··· 23
 第一节 档案信息化建设规划与管理 ·· 23
 第二节 档案信息化建设标准与规范 ·· 28
 第三节 档案信息安全 ·· 37
 第四节 档案信息化人才队伍建设 ·· 46

第三章 档案信息化基础 ··· 51
 第一节 档案信息化建设的硬件设施 ·· 51
 第二节 数字档案馆硬件设施的配置要求 ·· 60
 第三节 数字档案室硬件设施的配置要求 ·· 63
 第四节 档案信息化建设的软件环境 ·· 65
 第五节 数字档案馆管理软件要求 ·· 71
 第六节 数字档案室管理软件要求 ·· 73

第四章 档案管理信息系统建设 ··· 76
 第一节 档案管理信息系统的研制 ·· 76
 第二节 数字档案室建设 ··· 82
 第三节 数字档案馆建设 ··· 90
 第四节 档案网站建设 ·· 94

第五章 档案信息化保障体系建设 ··· 100
 第一节 宏观管理保障体系 ·· 100

第二节	标准规范保障体系	104
第三节	信息安全保障体系	106
第四节	人才队伍保障体系	109

第六章　信息存储概论　113
　　第一节　信息存储的发展与类型　113
　　第二节　信息存储的形式　115

第七章　信息存储技术　124
　　第一节　信息存储技术概述　124
　　第二节　信息的印刷存储　131
　　第三节　信息的缩微存储技术　145
　　第四节　信息磁存储技术　153
　　第五节　信息半导体存储技术　164
　　第六节　信息的光存储技术　167
　　第七节　信息的铁电存储　181

第八章　信息检索绪论　188
　　第一节　信息检索概述　188
　　第二节　信息检索工具　196
　　第三节　信息检索语言检索的步骤方法与效果评价　203

结语　217

参考文献　218

第一章　档案信息化建设概论

20世纪末，信息技术，特别是数字技术和网络技术的迅猛发展，深刻地改变了信息的收集、组织、管控、保管、传递和利用方式，这种改变广泛地渗透到了人类生活的各个方面和社会发展的各个领域，给人类社会的进步注入了强大动力，极大地提升了社会生产力，也给各项事业的发展提供了宝贵的机遇。认清信息化潮流，抓住信息化机遇，应对信息化挑战，顺势而为，乘势而上，是21世纪我国档案事业发展的突出主题、战略举措和神圣使命。

第一节　信息技术概述

我国的档案信息化建设是在信息技术日新月异、国家信息化战略不断推进、电子政务建设迅猛发展的多重背景下发展起来的。其中，信息技术是档案信息化的前提和基础。掌握信息化和信息技术的基本概念和知识，有利于把握档案信息化的基本规律，克服盲目性，提高自觉性，增强对信息化战略的执行力。

一、信息化的基本概念

信息化是当今世界发展的大趋势、大潮流，是各地区、各领域发展的战略制高点。在档案信息化建设的理论研究和实践推进中，档案工作者需要掌握信息化的基本概念和特点。

（一）信息

客观世界有三大要素，即物质、能量和信息。人们较早认识了物质，始于18世纪60年代的工业化时期才认识能量，并发现了物质和能量的转换关系。20世纪50年代以后，信息科学发展成为一门新兴学科，至今方兴未艾，并深刻地影响着世界。

研究信息化首先须认识信息。一般来说，信息有广义和狭义之分。广义（本体论）信息是指事物存在方式和运动状态的表现形式。"事物"是指存在于人类社会、思维活动和自然界中的一切对象；"运动"是指一切意义上的变化，包括机械、物理、化学、生物、思维、社会的运动。在这一层次上定义的是最广泛的信息,既包括自然信息,如鸟语花香、冬去春来,也包括社会信息,如政治信息、经济信息、军事信息、文化信息、科学技术信息、社会生活信息。狭义(主体论)信息是指人所感知或表述的事物的存在方式和运动状态。"感知"是外界向主体输入信息,"表述"是主体向外界输出信息。本体论层次上的信息是客观信息,不以人的存在为前提。主体论层次上的信息建立在人的意志的基础上,是人的认识、感知、理解、表达、传递能力的产物,用于特定目的,因此,其内涵要比本体论层次上的信息丰富得多。显然,档案信息属于主体论层次,是人按照自己的意志,在对本体信息效用价值判断的基础上有选择地感知、存储和表述的信息。信息技术的发展,极大地拓展和增强了人对本体信息的感知和表述能力,档案信息化充分利用信息技术的强大功能和技术条件,增强了人类对社会记忆信息的掌控和驾驭能力。

(二)信息资源

信息资源也有广义和狭义之分。广义的信息资源是指人类在社会信息活动中积累起来的信息、信息生产者、信息技术等信息活动要素的集合。狭义的信息资源是指人类在社会活动中经过加工处理后达到有序化并大量积累起来的有用信息集合。

随着信息技术,特别是互联网的普及,人们实实在在地感受到了信息的普遍性和价值性。将信息看作并转换为一种资源,是对信息或信息活动相关要素价值性高度认可的表现,是当今社会的一种先进意识。同时,从上述概念中我们可以看出,不能随意地将信息称为信息资源。信息的资源化是有条件的,这种条件同样适用档案信息资源。因此,我们在从事档案信息资源的建设时,需要在"有序化"和"大量积累"上下功夫,并且要将与信息有关的信息生产者、信息技术等要素一并纳入信息资源建设和管理的范畴,实现信息资源体系的整体优化和信息资源价值的最大化。

(三)信息技术

档案信息化的物质基础是信息技术,全面认识信息技术是档案信息化建设的前提条件。信息技术是指完成信息的获取、传递、加工、再生和利用等功能的技术,它是一门综合性很强的高新技术,包括以下四项基本内容。一是感测技术,它是人的视觉、听觉、触觉等感觉器官功能的扩展,使人们能更好地从外部世界获得各种有用的信息。二是通信技术,它是人的神经网络功能的扩展,其作用是传递、交换和分配信息,消除或克服空间上的限制,以便更有效地利用信息资源。三是计算机及人工智能技术,它是人的思维器官记忆、联想、计算功能的扩展,使人们能更好地存储、加工和再生信息。四是控制技术,它是人的效应器官(手、脚、口)功能的扩展,它根据输入的指令对外部事物的运动状态实施干预来实现信息的效应。

（四）信息化

信息化是指社会经济结构从以物质与能源为重心向以信息与知识为重心转变的过程。也就是在经济和社会活动中，通过普遍采用信息技术和电子信息装备，更有效地开发和利用信息资源，推动经济发展和社会进步，使利用信息资源创造的劳动价值在国民经济生产总值中的比重逐步上升，直至占主导地位的过程。因此，信息化不是一种固定的状态，而是一个动态变化的过程。这个过程有着丰富的内涵，包含"两个支柱""三个层面""四个特点"。全面认识信息化的内涵，有利于我们准确地把握信息化的基本规律，引导和促进档案信息化事业持续、健康地发展。

"两个支柱"是指数字化和网络化。数字化是将现实世界中的各种模拟信息转变为以二进制代码表示的数字信息，供计算机处理和网络传输的过程。数字化是信息化的基础，没有数字化就没有计算机技术和信息技术。网络化是指利用通信技术和计算机技术，把分布在不同地点的计算机及各类电子终端设备互联起来，按照一定的网络协议相互通信，以达到所有用户都可以共享软件、硬件和信息资源的目的。网络化是信息化的手段，没有网络化，计算机终端就成为"信息孤岛"，难以提升数字信息的价值。由此可见，档案信息化建设必须紧扣住数字化和网络化两个主题。

"三个层面"。一是信息技术的开发和应用过程，这是信息化建设的技术基础，信息技术的开发和应用是信息技术与档案工作有机结合和融合的过程，在很大程度上影响了档案信息化发展的效率和质量。二是信息产品制造业不断发展的过程，这是信息化建设的物质条件。信息产品包括计算机软硬件和网络产品，它在很大程度上决定了档案信息化平台建设，也进而决定了档案信息系统建设的水平。三是信息资源的开发和利用过程，这是信息化建设的核心与关键。档案信息资源是档案信息化管理和利用的对象，其本身的规模和质量，以及潜在和显性的价值，决定了档案信息化的效率和效益。这三个层面是相互促进、共同发展的过程，需要全面、协调、持续地投入和发展。在档案信息化建设过程中，需要建立档案信息化发展长效机制，充分利用和平衡这三个层面的互动关系。

"四个特点"。一是渗透性。信息化可以渗透并融入人类社会生活的各领域，深刻改变人类的工作、学习、交流、生活等方式。二是增值性。信息化可以实现信息的增值，使信息转变为信息资源，进而转换为知识，通过网络共享，广泛地传递信息、传承文化、传播知识，不断提升信息资源创造的社会价值和经济价值。三是创新性。一方面，信息技术的应用能够带来管理观念、管理理论、管理方法和管理手段的全面创新；另一方面，管理观念、管理理论、管理方法和管理手段的全面创新也将提高信息技术的应用水平和应用效能。四是带动性。信息化可带动档案行政管理和档案业务管理水平的全面提升。

二、计算机系统的基本构成

计算机系统一般由硬件系统和软件系统构成。硬件又称"裸机",它出厂时好像刚出生的婴儿,具有被开发的潜能,但是不具备应用能力,需要软件对它进行"智力开发"。软件是人按照自己预定的目的和要求,编写操作指令的集合,它相当于人脑,可以按照人的意志,模仿人的智慧,指挥硬件实现预定的功能。由此,硬件是软件的物质基础,软件是硬件的灵魂,软件指挥硬件的数据存取、数据运算处理,以及输入、输出和网络设备的运行。

硬件由主机、外部设备和网络设备组成,软件由系统软件和应用软件组成。

三、硬件系统

(一)主机

主机相当于人的大脑,具有控制、运算和记忆功能,它包括中央处理器和内存储器两部分。

1. 中央处理器(CPU)

中央处理器是计算机系统的核心部件和指挥中枢,主要由控制器和运算器组成。控制器是计算机系统的指挥中心,它根据计算机操作指令,向计算机的各个部件发出控制信息,使计算机系统按照人的意志有条不紊、协调一致地运行。运算器是根据控制器发出的指令进行逻辑运算、算术运算的部件。

CPU的技术指标主要由主频、总线速度、工作电压等所决定,它决定了计算机系统的技术效能和档次。一般来说,主频和总线速度越高,计算机系统运行的速度就越快;工作电压越低,计算机电池续航时间提升,运行温度降低,也会使CPU工作状态更稳定。当前各种移动终端的发展和普及就是得益于CPU技术的迅猛发展。

2. 内存储器

内存储器又称主存储器,简称内存,它是相对外存储器而言的。运行时,内存储器与外存储器交换数据和程序,又将数据、程序与CPU进行交换,向CPU发出操作的指令和被处理的数据,再将处理完毕的数据存入外存储器。内存储器分为ROM(只读存储器)和RAM(随机存储器)两种,ROM存放计算机启动和运行的最基本的程序和参数,RAM存放正在运行的程序和中间数据。内存储器的容量等指标,决定着计算机系统的性能和档次。

（二）外部设备

外部设备是主机与外界交换信息的中介和枢纽，其配置和使用在很大程度上受主机技术性能的制约。

1. 外存储器

外存储器又称辅助存储器，简称外存，用于存放暂时不用，需要长期保存的数据和程序。外存可以根据需要，批量地与内存交换数据和程序。外存向内存传输数据称为"读"数据，内存向外存传输数据称为"写"数据。外存储器主要有磁盘、磁带、光盘、闪存、磁卡等。

存储器的主要技术指标是容量。存储器容量是指存储器存放数据的总量，以字节（Byte）为单位，缩写为B。一个B通常由8个二进制位组成，16个二进位合成一个字（Word）。存储器容量通常以KB（1KB=1024B）、MB（1MB=1024KB）、GB（1GB=1024MB）、TB（1TB=1024GB）为单位。随着存储技术的发展和大数据时代的到来，计算机容量单位也越来越海量化。目前，还有更大的容量单位PB（1PB=1024TB）、EB（1EB=1024PB）和ZB（1ZB=1024EB）等。外存储器的选择和配置是档案信息化基础设施建设的主要内容，是存储档案数据的主要载体。

2. 输入设备

输入设备是将外部世界的数据输入计算机系统的设备。目前，常用的输入设备有键盘、鼠标、话筒、摄像头、扫描仪、翻拍仪、触摸屏、无线射频识别等。

传统的输入设备是键盘和鼠标。键盘按应用可以分为台式机键盘、笔记本电脑键盘；按工作原理可分为机械键盘、塑料薄膜键盘、静电电容键盘。其中，机械键盘价格低，易维护，使用普及；薄膜键盘无磨损，价格低，噪声小，应用广泛；电容键盘经久耐用，手感好，代表了键盘技术的发展方向。鼠标按工作原理分机械式和光电式，按接线分有线鼠标和无线鼠标。

随着多媒体技术、图像技术的发展，话筒、摄像头、扫描仪等输入设备的应用日益普及。话筒又称传声器，是声电转换的器件，按转换方式分为动圈话筒和电容话筒。摄像头是一种影像信息输入设备，可分为数字摄像头和模拟摄像头两大类，被广泛用于数码照相、录音、录像。扫描仪、翻拍仪是纸质载体信息模数转换设备，也是档案数字化的重要工具。

随着手机、平板电脑等移动终端的发展，触摸屏的应用也极其广泛，并给计算机用户带来新的体验。

无线射频识别（RFID），又称射频识别，是通过无线电信号识别特定目标并将相关数据读入计算机系统，而无须在识别系统与特定目标之间建立机械或光学接触的一种数据传输技术。此项技术在档案信息化中有很好的应用前景。

3.输出设备

输出设备是将计算机系统的数据进行输出的设备，与输入设备一起构成计算机与外部世界交换信息的通道。常用的输出设备有显示器、扬声器、打印机等。

显示器是显示计算机处理结果的器件，主要有CRT（阴极射线显像管显示器）、LCD（液晶显示器）、LED（发光二极管显示器）、PDP（等离子显示器）四种。其中，LED以其色彩鲜艳、动态范围广、亮度高、寿命长、工作稳定可靠等优点，适用于大型广场、商业广告、体育场馆等场所。PDP是采用等离子平面屏幕技术的新一代显示设备，其优越性是亮度和对比度高、厚度薄、分辨率高、无辐射、占用空间少，纯平面图像无扭曲，代表了未来电脑显示器的发展趋势。

扬声器（耳机）是电声换能器件，分内置扬声器和外置扬声器。外置扬声器一般指音箱，其音响效果好，而内置扬声器可以避免佩戴耳机所带来的不便。

打印机是将计算机处理结果输出在纸张等介质上的器件，一般分为针式、激光式、喷墨式、热敏式等。

（三）网络设备

网络设备是指用于网络连接、信号传输和转换的各类传输介质、网卡、集线器、交换机、路由器、光电转换等设备。

1.网络传输介质

网络传输介质是指在网络中传输信息的载体，常用的传输介质分为有线传输介质和无线传输介质两大类。

（1）有线传输介质是指在两个通信设备之间实现的物理连接部分，它能将信号从一方传输到另一方。有线传输介质主要有双绞线、同轴电缆和光纤等。双绞线和同轴电缆传输电信号，光纤传输光信号。

双绞线由两根具有绝缘保护层的铜导线相互缠绕而成，一般用于星型网络拓扑结构中。与其他传输媒介相比，双绞线在传输距离、信道宽度和数据传输速度等方面均受到一定限制，但价格低廉，使用方便。

同轴电缆，其中心有一根单芯铜导线，铜导线外面是绝缘层，绝缘层外面有层导电金属，用于屏蔽电磁干扰和防止辐射。最外面的绝缘塑料起保护作用。与双绞线相比，同轴电缆的抗干扰能力很强，屏蔽性能好，传输距离长，常用于设备与设备之间的连接。

光纤，又称光缆，是一种传输光束的细微而柔韧的介质，由纤维组成，通过数据包在玻璃纤芯中的传播实现信息传播，是目前实现长距离、大流量数据传输的最有效的传输介质。光缆传输过程中信息衰减小、频带宽、电磁绝缘性能好、距离长，目前，已经广泛用于主干网的系统连接和数据传输。

（2）无线传输介质是指我们周围的自由空间，即利用无线电波在自由空间的传播，实现多种无线通信。在自由空间传输的电磁波根据频谱分为无线电波、微波、红外线、激光等，信息被加载在电磁波上进行传输。

不同的传输介质，其特性也各不相同。不同传输介质的特性对数据通信质量和通信速度有较大影响。

2. 网卡

网卡又称网络适配器、网络接口卡，是将计算机等网络设备连接到某网络上的通道。网卡的主要功能是实现数据转换、数据包的装配与拆装、网络存取与控制、数据缓存等。网卡一般插在计算机主板的扩展槽内，通过收发器接口与缆线连接，缆线另一头接在信息插座或交换机上使计算机联网。选购网卡一般应考虑以下因素：生产厂家售后服务的有效性；用于主计算机、服务器还是工作站；使用什么网络介质或网络传输方式；计算机使用的操作系统；计算机或网络设备的总线类型等。目前，由于终端接入的便捷性，无线网卡正在快速发展。

3. 集线器

集线器是基于星型拓扑的接线点，其基本功能是分发信息，即将一个端口接收的所有信号向所有端口分发出去。一些集线器在分发之前将弱信号重新生成，一些集线器整理信号的时序，以提供所有端口间的同步数据通信。目前，集线器已基本被成本相近的小型交换机所替代。

4. 交换机

交换机是一种用于电信号转发的网络设备，其可以为接入交换机的任意两个网络节点提供独享的电信号通路，具有提供桥接能力以及在现存网络上增加带宽的功能。

5. 路由器

路由器是连接互联网中各局域网、广域网的设备，其根据信道的情况自动选择和设定路由，以最佳路径，按前后顺序发送信号。目前，路由器已经广泛应用于各行各业，各种不同档次的路由器成为实现各种骨干网内部连接、骨干网间互联和骨干网与互联网互联互通业务的主力军。无线路由器是带有无线覆盖功能的路由器，实际上是一个转发器，将宽带网络信号通过天线方式转发给附近的笔记本电脑、平板电脑、手机等无线终端设备。现在流行的无线路由器一般只能支持20个以内的设备同时在线使用。

6. 光电转换器

光电转换器是一种类似MODEM（数字调制解调器）的设备，和MODEM不同的是，它接入的是光纤专线，是光信号。其原理是在远距离传输信号时，把电脑、电话或传真等产生的电信号，转换成光信号后在光纤里传播，这就需要光电转换器，既可以把电信号转换成光信号，也可以把光信号转换成电信号。

还有一种光纤收发器，也被称为光电转换器，是一种将短距离的双绞线电信号和长距离的光信号进行互换的以太网传输媒体转换单元。这种设备一般应用在以太网电缆无法覆盖、必须使用光纤来延长传输距离的实际网络环境中，且通常定位于宽带城域网的接入层应用，将光纤最后一公里线路连接到城域网和更外层的网络上。档案部门在进行网络化基础设施建设时，不但要关注路由器、交换机乃至网卡等用于节点数据交换的网络设备，而且要关注介质转换这种非网络核心设备。

四、软件系统

软件是一系列按照特定顺序组织的计算机数据和指令的集合。计算机之所以"聪明"，主要靠软件。软件的本质是人的意志和智慧，是人用特定的计算机语言，指挥计算机系统"做什么"和"怎么做"的指令集合。软件系统分系统软件和应用软件两大类。

（一）系统软件

系统软件包括操作系统、数据库管理系统和各种工具软件等。

1. 操作系统

操作系统是管理计算机硬件资源，控制其他程序运行并为用户提供交互操作界面的系统软件的集合。操作系统是计算机系统的关键组成部分，负责管理与配置内存、决定系统资源供需平衡调剂的优先次序、控制输入与输出设备、操作网络与管理文件系统等基本任务。性能优良的操作系统，能提高计算机系统的运行效率和安全性能；操作系统的低效或故障，会造成信息系统的低效甚至瘫痪。

操作系统按照应用领域可分为桌面操作系统、服务器操作系统和嵌入式操作系统。

（1）桌面操作系统。桌面操作系统主要用于个人计算机，个人计算机主要有两类：PC机与Mac机。PC机一般使用Windows操作系统；Mac机使用基于Unix操作系统的Mac OS操作系统。Windows操作系统有Windows XP、Windows Vista、Windows 7、Windows 8、Windows 10、WindowsNT等。Unix操作系统主要有Mac OS X、Linux发行版等。

（2）服务器操作系统。服务器操作系统一般指的是安装在大型计算机上的操作系统，如 Web 服务器、应用服务器和数据库服务器等。该操作系统主要有三类：一是 Unix 系列，包括 SUN Solaris、IBM-AIX.HP_UX、Free BSD 等；二是 Linux 系列，包括 Red Hat、cenis、Debian、Ubuntu 等；三是 Windows 系列，包括 Windows Server2003、Windows Server 2008、Windows Server 2008 R2 等。

（3）嵌入式操作系统。该操作系统是根据计算机应用的特定需要，如智能手机的应用，专门设计并嵌入在特定终端中的操作系统。该操作系统广泛应用于数码相机、手机、平板电脑、家用电器、医疗设备、交通灯、航空电子设备和工厂控制设备等各种电子设备。常用的嵌入式操作系统有 Linux、Windows Embedded、VxWorks 等，以及广泛应用在智能手机或平板电脑等电子产品上的 Android、iOS、Symbian、Windows Phone 和 Black Berry OS 等操作系统。

2. 数据库管理系统

为了应用计算机有效地管理和利用信息，人们需要将某些相关数据，如文书档案、科技档案的目录数据，按一定的方式进行组织管理，这就需要使用数据库和数据库管理软件。

数据库可以简单定义为以一定组织方式存储在一起的相关数据的集合。这些数据具有一定的结构，尽可能小的冗余度，与应用程序彼此独立，并能为数据库管理系统的所有用户共享。在信息化社会，数据库技术是各类信息系统的核心，是科学管理和有效利用信息资源的重要技术手段。数据库管理必须借助专用的软件——数据库管理系统。

数据库管理系统（Data Base Management System，简称 DBMS），是操纵和管理数据库的一组软件，用于建立、使用和维护数据库。DBMS 具有以下功能：一是描述数据库，运用数据描述语言，定义数据库结构；二是管理数据库，控制用户的并发性访问，数据存储与更新，对数据进行检索、排序、统计等操作；三是维护数据库，确保数据库中数据的完整、安全和保密、数据备份和恢复、数据库性能监视等；四是数据通信，利用各种方法控制数据共享的权限，在确保数据安全的前提下广泛共享数据。

数据库按结构的不同一般分层次型、网络型和关系型三种。目前，常用的数据库管理系统主要是指关系型数据库管理系统（RDBMS），主流产品有 SQL Server、Oracle、Sybase、Foxbase 和 Informix 等。

选择 RDBMS 的目的是存储档案目录数据和电子文件原文数据，实现对档案数据的有效管理。为适应档案业务管理的需要，选择 RDBMS 主要考虑以下几个重要因素。

（1）档案管理软件所采用的数据库管理系统。

（2）数据库管理系统在数据库建立、数据备份、分布式数据存储与管理等方面的功能。

（3）数据库管理系统使用的方便性、易操作性、兼容性与可维护性。

（4）数据库管理系统所能提供的大文本存储、全文检索等功能。

（5）数据访问是否遵循统一的标准，是否可实现与其他格式数据库文件的转换。

我国档案信息化早期多数应用 Foxbase 关系型数据库管理系统，以至于许多单位的早期档案数据库都以 DBF 格式保存。该数据库管理系统在 20 世纪 80 年代中期 PC 机中占主导地位（市场占有率高达 80%~85%），相继经历了 dBASEⅡ、dBASE Ⅰ、dBASE Ⅳ、Foxbase、Foxpro、Visual FoxPro 等发展历程。其中，Visual FoxPro（简称VFP）又经过不断改良和版本升级，VFP 6.0 及其中文版被广泛使用，它是 32 位数据库开发系统，不仅使组织数据、定义数据库规则和建立应用程序等工作变得简单易行，支持过程式编程技术，而且在语言方面做了强大扩充，支持面向对象可视化编程技术，并拥有功能强大的可视化程序设计工具。目前，VFP 已经推出 9.0 版本，功能更加强大。然而，2007 年前后，微软宣布停止研发 Visual Foxpro，VFP9.0 是 VFP 系列最后一个官方版本。

3. 各种工具软件

软件工具是指为支持计算机软件的开发、维护、模拟、移植或管理而研制的软件系统，它是为专门目的而开发的。在软件工程范围内也就是为实现软件生存期中的各种处理活动（包括管理、开发和维护）的自动化和半自动化而开发的软件。开发软件工具的最终目的是提高软件生产率和改善软件运行的质量。

工具软件按照软件工程建设阶段可分为模拟工具、开发工具、测试和评估工具、运行和维护工具、性能质量工具和程序设计支持工具六类。此外，还有许多辅助特定业务处理的工具软件，常用的有办公软件、媒体播放器（如暴风影音）、媒体编辑器（如绘声绘影）、媒体格式转换器（格式工厂）、图像浏览工具（如 ACDSee）、截图工具、图像动画编辑工具、通信工具（如 QQ）、翻译软件（如金山词霸）、防火墙和杀毒软件（如金山毒霸）、阅读器、输入法（如搜狗）、系统优化保护工具（如 Windows 优化大师）、下载软件（如 Thunder），等等。档案工作者熟悉和善于使用这些工具软件，往往可以解决档案业务处理中的一些大问题，达到"四两拨千斤"的效果。事实上，Windows 等操作系统也附带一定的工具软件，如负责系统优化、系统管理的软件，这类软件被称作系统工具。顾名思义，与系统软件类似，系统工具作用于系统软件，而不是应用软件。常见的有系统优化（磁盘的分区、磁盘的清理、磁盘碎片整理等）、系统管理（驱动等）以及系统还原等软件。

（二）应用软件

系统软件的特点是通用，它并不针对某一特定应用领域。而应用软件的特点是专用，即针对特定的管理业务，并应用于某些专用领域的信息管理。如用于政府信息化的电子政务系统，用于企业信息化的电子商务系统，用于辅助行政办公和决策的办公自动化系统，用于机关档案室信息化的数字档案室系统，用于档案馆信息化的数字档案馆系统等。这里所指的应用软件具有以下特点：一是在特定的操作系统环境下，运用特定的软件工具研制而成；二是针对特定的信息处理需求和管理业务需求进行设计开发，且应用于特定的专业领域、行业、单位，或辅助特定的管理业务。

有些书将上述工具软件，如 Windows Office，甚至将数据库管理系统也列入应用软件的范畴。本书以"通用"和"专用"为区别的原则，还是将工具软件和数据库管理系统列为系统软件的范畴。其原因是：第一，这些软件虽然也专用于某些用途，如媒体播放，但是，这种工具还是具有一定的通用性，广泛应用于各个领域、行业和单位；第二，工具软件虽然也使用某些软件开发工具进行研制，但是，它也提供了二次开发的能力，可以作为各种应用软件的开发平台，如数据库管理系统。

第二节 信息化与档案工作

档案信息化不是简单地用计算机替代传统的手工作业，也不是将传统的管理方式复制到信息化平台上去。档案信息化的实质是档案工作和信息技术的结合，其成功与否取决于这两者的融合，这种融合从概念到实践都是一场深刻的革命，都赋予了两者崭新的内涵。

一、档案信息化的概念

科学的定义是档案信息化实践的理论基础，有利于全面理解档案信息化的目标和任务，有利于按照信息化的客观规律推进档案事业的科学发展。什么是档案信息化？学界有多种定义，不同的视角会有不同的理解。本书采用 2013 年 12 月出版的《大辞海》中的定义："档案信息化是指在国家档案行政管理部门的统筹规划和组织下，以档案信息资源建设为核心，以信息人才为依托，以法规、制度、标准为保障，全面应用现代信息技术，不断改革传统的档案管理模式，有效提高档案信息资源收集、管理和提供利用服务水平，加速档案管理现代化的过程。"该定义总结了我国档案信息化的基本经验和基本规律，其内涵如下。

1. 必须由档案行政管理部门统筹规划和组织实施

档案信息化不是单纯的计算机应用，也不是具体的档案业务，而是事关全局和影响深远的复杂的系统工程，需要人才、设备、资金等方面的支持，需要全面、持续、稳步地推进，并需要经历较长的完善过程。因此，档案信息化不能各自为政、分头建设，而必须由各级国家档案行政管理部门建立统一的规划、制度、规范、标准，实行宏观管理和监督指导。同时，政府需要精心组织实施，在技术平台、网络体系、组织机构、人才队伍、资源建设、基础业务、建设经费等方面提供保障，才能确保这项事业持续有效地开展。

2. 必须以档案信息资源建设为核心

从某种意义上说，档案信息化的核心目标是使档案信息"资源化"，即将档案信息转换为真正意义上的档案信息资源。资源化不是简单地将档案信息做数字化处理，也不是简单地将其放到网络上传输，而是应用信息技术，使档案信息媒体多元化、内容有序化、配置集成化、质量最优化、价值最大化，通过档案信息系统的加工处理，确保各种社会信息的真实、完整、有效，便于人们跨越时空广泛地共享利用，在实现档案信息增值的同时，承担起传承人类记忆的历史使命。

3. 必须建立高素质的档案信息人才队伍

档案信息化是档案专业、信息专业和计算机专业的结合，属于技术密集和知识密集型专业。传统的档案干部队伍结构和人员知识结构已经不能完全适应档案信息化的需要。目前，档案部门缺乏档案专业和信息技术专业的复合型跨界人才，特别是中、高级信息技术专业人才，这已经成为制约档案信息化深入发展的瓶颈。因此，一方面，要引进和培养相关人才；另一方面，要通过建立有效的激励机制，鼓励档案人员学习信息技术知识，提升档案信息化水平。

4. 必须在法规、制度、标准方面建立相应的保障体系

信息技术的应用必然向传统的保障体系提出全面的挑战。只有根据信息技术的特点和应用要求，不断制定和完善档案管理的法规、制度、标准、规范，才能确保档案信息系统的科学建设和有效运行。

5. 必须全面应用现代信息技术

信息技术具有强大的潜能，只有全面、成功地应用才能真正转化为生产力。所谓全面应用，有三层意思：一是与档案工作有关的各个工作部门和人员都要参与应用，而不是仅靠档案业务人员应用；二是应用于档案全过程管理的各项业务，而不是只应用于单项业务；三是引进、消化、吸收各种先进、适用的信息技术，并不断跟踪和应用新兴的信息技术，使信息技术真正成为档案事业发展的不竭动力。

6.必须改革传统的档案管理模式

传统的档案管理模式建立在手工管理基础上，必然会出现与信息技术应用不相适应或不相匹配的问题。人们应当不断改革传统的档案管理模式，适应信息技术环境下的新型档案管理模式，而不能消极地让新技术适应传统的档案管理模式，这样才能最大限度地发挥信息技术应用的效能。

7.必须树立强烈的效益意识

档案信息化不是作秀表演，不能徒有虚名，而要遵循经济规律，力争取得务实的效果。当然，档案信息化很难估量直接的经济效益。但是，在产出效果方面，要努力追求社会效益、长远效益。要树立大目标，不能满足于一般的省人、省事、省力，而要致力于解决传统档案管理中遇到的收集难、著录难、整理难、保管难、内容检索难、多媒体编研难，以及电子文件的保真、保密、保用等老大难问题，力争提升档案科学化、规范化的管理水平和服务水平，在促进社会改革、开放、经济发展、文化繁荣以及法治化、民主化进程中建功立业。

档案信息化的概念是在档案工作与信息技术相结合、档案管理理论研究和实践推进相结合的过程中逐步形成的。档案界曾经有过许多与档案信息化类似或相关的概念，都强调了某些侧面，如档案管理自动化强调包括微机、微电子、缩微、复印、传真等自动化技术在档案管理中的应用；计算机辅助档案管理强调应用计算机人机交互、对话的方式，辅助档案管理的各项业务工作；档案现代化管理除强调档案管理应用计算机技术、实现管理手段的现代化以外，还强调档案管理理念、体制、方法的现代化；文档一体化管理强调运用文件生命周期的理论，从公文和档案管理工作的全局出发，应用计算机技术实现档案的全过程管理和前端控制，提高文档管理的效率和质量。这些与档案信息化相关概念的形成，都是计算机技术及其在档案工作中应用状态、发展水平的标志，既反映了档案信息化理论研究和实践探索的阶段性成果，又反映了我国档案信息文化发展的轨迹。

二、档案信息化历程回眸

我国档案信息化自20世纪80年代起步以来，经历了从弱到强、从低端到高端、从分散到整合的发展过程，取得了长足进步。截至目前，大致可以划分为三个阶段。

1.探索起步，奠定基础阶段（20世纪80年代）

这一阶段，计算机软硬件技术还处于初级阶段，数字化和网络化从概念到技术还未成熟，也未被认识。此时的档案信息化工作被称为"档案计算机管理""档案管理自动化""计算机辅助档案管理",强调运用计算机技术改善和辅助传统的档案管理。在此期间,档案馆起步较早。1979年起,中央档案馆、中国人民解放军档案馆、国家档案局档案科学技术研究所等机构率先购置计算机设备,开始了档案管理自动化课题的研究和实验。至1985年底,全国已有20多个档案馆成功开发并运行计算机辅助档案管理系统。随后,企业档案部门对计算机应用热情高、发展快,至80年代末,研制出一批计算机辅助档案管理系统、文档一体化管理系统,利用技术创新和管理改革的结合充分发挥计算机应用效益。这些探索应用为我国档案信息化积累了宝贵的档案数据库资源,培养了一批热心于信息技术的业务技术骨干,也推进了档案信息化理论的发展。然而,当时在总体上尚处于探索、起步、奠基阶段,应用的重点主要是在计算机单机上模拟传统的档案管理方式,辅助传统档案立卷、著录、编目、统计、检索等。多数档案部门尚未采用网络技术,计算机应用虽然在档案部门内部取得了较好的效果,但是对外界的影响较小。

我国档案信息化起步较早、发展较快主要得益于以下几个方面。一是微机技术迅猛发展,并在档案部门迅速普及;二是全国开展档案工作恢复整顿和升级达标活动,计算机应用被纳入档案工作升级达标考核指标;三是通过升级达标,各单位普遍建立、健全了档案管理规章制度和规范标准,提高了档案的内在管理质量,为档案信息化奠定了基础。

2. 项目带动,重点突破阶段(20世纪90年代)

20世纪90年代起,微软Windows操作系统伴随着奔腾系列微机技术的加速发展,Office软件系统日益普及,办公自动化技术广泛应用,极大地激发了广大档案工作者应用信息技术的热情和需求。1993年,随着国家经济信息化战略的启动,电子政务系统的应用催生了大量电子文件;1996年,国家档案局成立了"电子文件归档研究领导小组",开始对档案信息化建设进行宏观规划。全国档案部门以需求导向,以项目带动,研制出了一大批各具特色的档案信息系统;积极开展档案科研,成功应用了光盘、多媒体、CAD、条形码、数字水印、图像处理等技术;系统建设从单点应用到联网应用,从单项应用到综合应用,从归档后管理到文件的前端控制和全过程管理,从单纯模拟传统管理方式转向改革管理适应计算机技术应用;从对档案实体的管理转向对档案信息的管理;从封闭式应用转向开放式应用,文档一体化管理系统与电子政务、电子商务、企业信息化、办公自动化系统相连接,向着功能综合化、性能成熟化、管理专业化、传播网络化方向发展,计算机技术的应用效益进一步显现。

3. 宏观管理,全面推进阶段(21世纪以来)

进入21世纪,国家档案局加强对档案信息化的宏观管理,并将其纳入国民经济和社会信息化的总体规划。2001年，国家档案局、中央档案馆颁发《档案管理软件功能要求暂行规定》，对档案管理软件的开发研制和安装使用进行了严格规范。2002年，国家档案局发布了《全国档案信息化建设实施纲要》，对档案信息化建设进行战略布局；同年，颁发国家标准《电子文件归档与管理规范》（GB/T 18894—2002），推动了我国电子文件管理工作的开展。2003年，国家档案局第6号令公布了《电子公文归档管理暂行办法》。2004年11月，国家信息化领导小组会议纪要中明确把档案信息化列入国家信息化基础信息库的建设计划。2006年，国家档案局印发的《档案事业发展"十一五"规划》中，将"建设较大规模的全国性、系统性、分布式、规范化的档案信息资源库群，建立一批电子文件中心和数字档案馆，实现档案信息资源社会共享"作为总体目标之一。2010年，国家档案局发布了《数字档案馆建设指南》，为各级档案馆推动馆藏档案资源数字化、增量档案电子化，逐步实现对数字档案信息资源的网络化管理以及分层次多渠道提供档案信息资源利用和社会共享服务提供了参考和依据。2011年，《全国档案事业发展"十二五"规划》将"加快数字档案馆及电子文件（档案）备份中心建设，完成国家数字档案馆建设总体规划的编制工作，对电子档案进行安全有效的管理"作为主要目标之一。2014年，国家档案局发布《数字档案室建设指南》，推动了数字档案室建设的开展。

在国家档案局的统一规划和规范指导下，我国档案信息化向纵深发展，档案馆（室）藏档案数字化、电子文件归档管理、电子档案移交进馆、档案目录中心建设、馆藏档案数字化、档案公共网站建设，以及数字档案馆、数字档案室建设等蓬勃开展。以档案馆室联动、馆社（社区）联动、馆际联动为标志的集成化数字档案馆和数字档案室系统相继建立，各自为政、分头建设的应用局面有所改变。在档案信息资源整合基础上，档案信息共享范围有所扩大，数字档案信息资源的安全控制能力和有效服务能力进一步增强，通过档案信息化和社会信息化同步推进，促进了档案事业和社会各项事业的联动发展。

这一阶段的档案信息化建设具有以下特点和成功经验。一是突出了归档电子文件管理，并延伸到多媒体档案和电子文件的内容管理。二是充分借助局域网、政务网和互联网平台实现各级档案部门以及文件形成部门的互联互通、数据交换和共享，形成区域性的档案信息资源库。三是信息来源大大拓展，可以利用各种技术手段，实现有价值的档案信息资源（包括实体和电子）的采集和接收，既解决了原业务流程以单一传统载体为管理对象的局面，也大大丰富了档案信息资源库。四是服务水平显著提升，通过对档案信息资源的深度挖掘，提炼出不同角度和不同用途的信息资源，通过不同途径面向不同用户提供全方位、多角度、深层次的档案信息服务。五是数字档案馆（室）建设如火如荼，如深圳市、青岛市率先启动数字档案馆建设；上海市通过数字档案馆建设实现民生档案远程协同服务，建立"馆室、馆社、馆际"三联动机制；北京市档案馆实行可公开档案的大规模数字化工作及推进面向社会的服务。六是逐步建立和完善了档案信息化的宏观管理体系，国家层面的档案信息化纲要、制度、规范、标准相继颁发，其他档案工作规划、制度、规范、标准也都融入了有关档案信息化的要求。

三、档案信息化的意义

档案信息化建设无论是对档案事业的自身发展，还是社会信息化发展都具有十分重要的现实意义和深远的历史意义。

（一）档案信息化是社会信息化建设的客观要求

人类已经进入崭新的信息社会。2002年，党的十六大将信息化列为国家重点发展战略。信息化已经成为衡量一个国家、地区、企业或专业综合实力的主要标志，各行各业都在贯彻实施信息化战略。档案事业发展也必须主动适应时代潮流，搭上信息化快车，加快现代化步伐。

社会信息化包括政府、企业、家庭、社会保障体系信息化四大领域。这四个信息化都离不开档案信息化，因为这些领域的信息化已经或正在形成庞大的电子文件，这些新型文件打破了纸质媒体一统天下的局面，使信息的存储媒体、传播媒体、表现媒体呈现出多元化的发展态势。新媒体与传统媒体相融合，融入社会生活的各个领域，深刻地改变了人类的生存环境和生活方式，并留下了精彩纷呈的数字记忆。这些记忆是社会的宝贵财富，迫切需要实行档案化管理，即采用信息技术手段进行收集、整合、保管和共享利用，以提高其整合度延长其价值链，保障社会的全面、协调、可持续发展。因此，档案信息化是时代和社会信息化发展的客观需要。

（二）档案信息化是档案工作现代化的必由之路

档案工作现代化是指用科学的思想、组织、方法和手段，对档案工作进行有效管理，使之获得最佳的工作效率、经济效益和社会效益的过程。信息化与档案工作的结合，不仅能减轻手工劳动，提高工作效率，而且能全面优化档案工作的各个要素，全面提升档案管理水平。

（1）"化"观念。信息化是一个充满生机和活力的领域，也是公开、公平的人类活动平台。信息技术的应用，可以使档案工作者不断破除封闭、狭隘、守旧、畏难的落后观念，激发起开拓、开放、效益、效率、服务等先进意识，弘扬追求理想、崇尚科技、奋力改革、务实创新、图存图强、团队作业的精神风貌，营造尊重知识、尊重人才、鼓励创新的社会氛围，为档案事业的持续发展赋予强大的正能量。

（2）"化"资源。档案信息资源是管档之基，用档之源。按照档案信息化的要求，需要将电子档案收起来，将存量纸质档案数字化做起来，将档案信息资源总库建起来。做好这些工作，就能逐步解决目前馆藏档案中存在的载体单一、门类不全、存储无序、利用不便等难题，显著增强档案资源的丰裕度、适用度、有序度、集成度、可靠度，使档案管理从实体管理转变为内容信息管理，再转变为知识管理，更好地满足社会大众不断增长的档案信息利用需求。

（3）"化"管理。信息技术的应用，会暴露出传统管理模式的弊端，并向传统管理模式提出挑战，从而促使档案管理部门加快建立与信息技术应用相适应的档案管理原则、体制、机制、规范和考核体系，加强档案的收、管、用等各项基础工作，以保障档案信息化的顺利实施和建设成效。信息化管理水平越高，对改革传统管理观念和模式的要求就越高。因此，档案信息化的推进必将全面、持续地提升档案管理的现代化水平。

（4）"化"技术。先进和适用的技术永远是档案信息化发展的强大动力。然而，先进和适用有时会产生矛盾，只有进行档案信息化实践，才能使技术的先进性和适用性取得统一，产生效益，才能持续激励档案工作者关注、引进、吸收新兴的信息技术。事实证明，档案信息化一方面能促使先进的信息技术与档案管理有机结合，对档案工作产生带动和增值作用；另一方面也会使信息技术在档案管理需求的导向下日臻完善，促进信息产业的发展。

（5）"化"队伍。信息化是技术密集型、知识密集型事业，档案信息化对高素质人才具有依赖性。一方面，促使我们去选拔和培养人才，更新档案人才队伍的专业结构和知识结构，并合理地组织和使用人才，最大限度地调动人才的积极性；另一方面，档案信息化的理论研究和实践锻炼，又为人才的培养和能力的发挥提供了机会和舞台，使越来越多热衷、尽心、擅长信息技术的档案人才脱颖而出，从而鼓励他们创新创业。

（三）档案信息化是提高档案服务水平的必然选择

在传统管理方式中，档案人员借助简单工具，通过手工方式对档案实体进行收、管、用。其局限性在于：只能通过档案实体（如文件、案卷、卷盒）的整理、存放、调用和传递，管理和利用档案的内容；用户利用档案，只能实时（上班时间）、实地（在阅览室）地调用档案实体（案卷）进行查阅；档案信息难以脱离档案实体，灵活、高效地跨越时空，广泛共享。信息化时代的档案利用可以突破原有档案利用的局限，提高档案的信息资源利用效率。

（1）直接查阅内容。电子档案信息内容和实体的可分离性，使我们可直接对档案信息内容进行灵活分类、排序和组合，利用计算机检索途径多、能力强的优势，快速查找。

同时，利用信息技术还能实现对档案信息内容的全文检索。

（2）提供多媒体信息。可以采用多媒体技术，提供声情图文并茂的多媒体档案信息，真正做到让记忆说话，让记忆显影，生动逼真地还原历史。

（3）跨越时空障碍。档案信息化系统可以借助互联网，将任何档案信息，在任何时间，传递到任何地点的任何人手中，彻底打破了档案信息传递的时空障碍，实现"全天候"服务。

（4）实现联动服务。通过网络将档案服务的主体，包括档案馆、档案室、社区事务受理服务中心的档案资源连成整体，通过数据集成的手段，在馆室联动、馆社联动、馆际联动的基础上，实现档案信息的"一站式""一口式""一门式"服务，联动服务在民生档案服务中特别有效。

（5）服务的多样性。信息技术，特别是网络技术的应用，极大地拓宽了服务主体、服务对象、服务手段、服务形式和服务媒体，如网站查询服务、电话咨询服务、微博微信服务、个性化推送服务、主题展览服务等，使服务真正做到以用户为中心，以需求为导向，进一步改善档案部门的服务形象。

第三节　档案信息化的战略和任务

档案信息化不是一般意义上的档案工作，而是档案事业发展的战略性举措，即关于档案事业发展的全局性、长远性谋划。战略思维是大智慧，战略谋划是大手笔，只有战略正确、任务明确，才能保障档案信息化既好又快地发展。

一、档案信息化发展战略

档案信息化的标志性发展战略是2002年国家档案局颁发的《全国档案信息化建设实施纲要》，该纲要不但明确了"十五"期间全国档案信息化建设的指导思想、建设目标和主要任务，也为今后制定发展战略奠定了基础。在2006年的《档案事业发展"十一五"规划》中再次将档案信息化建设作为主要任务之一，并提出："加大管理力度，全面整合各类档案资源，促进档案信息资源总量增加，质量提高，结构优化；加强多形式多层次共享平台建设，推进服务机制创新，促进档案信息资源的公开、共享和再利用，全面提升档案信息资源开发利用水平和能力；加快优化档案信息资源开发利用工作的保障环境，建立长效发展机制。"2011年的《全国档案事业发展"十二五"规划》强调，要加强档案信息化的基础设施建设，加强电子文件管理和数字档案馆建设、加强数字档案资源建设、加强档案信息服务建设等。在全国档案信息化战略指导下，各省市均将档案信息化建设纳入本地区档案事业发展规划和社会信息化发展规划。

档案信息化的战略实施，即发展策略主要有以下几个方面。

（一）制订国家档案信息化发展专项规划

档案信息化建设作为国家档案事业发展的有机组成部分，在国家档案"三个体系"建设中举足轻重，其发展水平直接制约着"三个体系"的建设效果。在科学制订国家档案事业发展规划的基础上，同步配套制订《国家档案信息化发展规划》和《国家档案信息化中长期发展计划》作为专项规划，其目的是总结过去的经验教训，解决现有档案信息化建设中存在的短视行为、重复建设、无序状况，确保档案信息化建设协调有序地向广度和深度推进。国家档案信息化发展专项规划要研究档案信息化建设的战略定位和目标，明确实施阶段、落实任务完成的配套保障措施，做好与档案事业发展规划和国家信息化建设规划的相互衔接，把档案信息化建设的重大战略、重点项目、改革试点和政策要求纳入国家和各行业、各层面规划，并把解决档案信息化建设中突出矛盾的措施落实到具体的项目上，并要分清责任。

（二）加快档案信息化法规与标准体系建设

档案信息化工作要强化顶层设计的理念，加强立法，完善标准规范体系，使档案信息化工作有法可依、有章可循。档案工作肩负着保存社会记忆的历史使命。在电子文件成为社会各项活动记忆的今天，需要从法律层面明确档案信息化的地位、作用与要求，明确电子文件（档案）的定义、属性、法律证据效力。体制机制、工作原则、管理内容和要求、机构及职责、权利和义务、归属和流向，解决了电子文件（档案）的凭证作用不明确、电子文件的归档要求不统一、电子文件（档案）的利用及管理中存在各种风险等难点问题。与档案信息化"入法"相配套的是建立和完善档案信息化标准规范体系，包括基础标准、管理标准、业务标准、技术规范和专项标准等，使档案信息化成为技术标准清楚、质量要求准确、可操作性强的建设项目。

（三）加快"三个体系"建设

"三个体系"是指"建立健全覆盖人民群众的档案资源体系、方便人民群众的档案利用体系、确保档案安全保密的档案安全体系"，三者是相互联系、相互作用、相互影响的。其中，档案资源体系是基础，是根本；档案安全体系是保障，是为档案资源体系和档案利用体系服务的；档案利用体系是目的，是归宿，是档案事业发展的效益工程。"三个体系"建设既与档案信息化密切相关，又为档案信息化发展指明了方向。

档案资源体系建设是档案信息化的核心内容。针对国内档案信息资源建设发展不同步、标准不统一、"信息孤岛"依然存在的现象,应加大建设力度,初步形成完整配套的档案信息资源体系。在加快传统档案数字化步伐的同时,加强对新生电子文件规范化的监督和控制,建立电子文件归档及电子档案接收应用系统,推进电子文件归档和电子档案的接收、保管与利用,逐步建设全国性可共享的档案目录数据库、纸质档案全文数据库、电子档案数据库和多媒体档案数据库;加大档案信息资源的整合力度,一方面加强各部门档案信息资源的纵向整合,另一方面加大与其他相关信息系统之间的横向整合力度,实现档案信息资源的共建共享。

档案利用体系建设是档案信息化的服务方向。通过建立档案信息共享通道和服务平台,拓展档案信息服务社会的渠道,强化档案信息资源共享机制,逐步减少"信息孤岛",加快档案信息资源的开发利用,挖掘档案信息服务的社会效益和经济效益,建立高效、优质、快捷的新型档案利用服务体系。

档案安全体系建设是档案信息化的重大课题。档案部门必须始终坚持把档案信息安全与档案实体安全放在同等重要的位置,通过提高认识,强化管理,采用先进技术和各种有效措施保障档案信息安全,确保数字档案和电子档案内容真实、长久可读和有效利用。

(四)加强档案信息化的理论体系研究

档案信息化建设发展至今,已到了强烈呼唤先进理论的时候,这种"倒逼"现象,是由信息化建设"技术引领需求"的特有规律所决定的。档案信息化建设之初,大家都尝试将传统档案管理基本理论运用到信息化建设实践中。随着实践的不断深入、范围的不断扩大,目前,档案信息化建设遇到了"瓶颈",在一定程度上是由于缺乏相应的理论指导,导致法规不健全、标准不配套、研究方向不明确、管理对象不明晰等问题出现。数字档案馆、电子文件中心、档案信息服务体系、档案信息利用体系、档案信息安全保障等档案信息化建设中的热点、难点问题,也需要基础理论来支撑。档案信息化理论研究要立足档案工作实践、行业特点、专业特色探索档案信息化发展规律,构建系统的、具有中国特色的档案信息化理论体系,引领、指导档案信息化工作。

(五)推进档案信息化成果共享与交流

本着成果资源共享的原则,有效整合政府、院校、企业的智力资源,积极吸纳和采用具有全国推广价值的档案信息化技术研究成果,减少项目重复建设,节约国家投资。国家应对已经实施档案信息化建设的单位加强经验总结和理论研究,搭建一个交流平台,把取得的成果在档案业界进行推广和共享。另外,在具体项目建设过程中,要立足实践应用,合作攻关,充分吸纳先进信息技术的成果,优化建设中的各种技术方案和各种技术选型要求，解决具体的关键技术应用问题，注重使用标准规范的研究成果，引导市场，重点培育精通档案信息化建设业务的IT企业。

（六）探索档案信息化建设评估体系

档案信息化建设是一项系统工程，涉及的范围很广，它几乎涵盖了档案业务建设的所有内容。在档案信息化建设过程中，若要确保建设质量，找出建设中的短板或缺项，就需要对档案信息化建设实施评估。评估作为一种控制手段，需要建立一套科学、合理、可行的评估体系。该体系需要从系统论的角度考虑，全面分析评估体系的各个构成要素，合理设置评估指标、综合考量档案信息化建设成效，尤其是最后的评价结论要成为推进和改进档案信息化建设的重要参考依据。

二、档案信息化建设的主要任务

2002年，国家档案局颁发的《全国档案信息化建设实施纲要》将档案信息化建设任务归纳为以下六项内容。

（一）档案信息化基础设施建设

基础设施是档案信息资源收集、管理、开发利用的物质基础和技术条件，主要包括计算机和网络的软硬件系统、数据库管理系统、网络系统以及计算机用房设施等。基础设施应当从先进性和适用性相统一的原则出发，按照档案信息化建设的规划和应用系统建设的实际需求，进行采购、配置和安装。目前，全国尚无统一的档案信息化基础设施建设规划，因此，我们强调将档案信息化基础设施建设纳入本地区、本行业、本单位信息化发展总体规划，与电子政务、电子商务、办公自动化等基础设施共同建设，形成统一的系统平台和设备环境，以便获得必要的资金、技术支持，相互协调发展。

（二）档案信息资源建设

档案信息资源是国民经济和社会发展的战略资源，档案信息资源建设的任务包括三个方面：一是开展档案目录和全文信息资源总库建设，满足机读目录检索和共享利用的需要；二是加快馆（室）藏档案的数字化工作，加强对珍贵档案的保护，满足档案内容网络查询利用的社会需求；三是加强电子文件归档和电子档案移交进馆，将具有档案价值的电子文件收集好、管理好和利用好。档案信息资源建设应当与数字档案馆、数字档案室，以及社会公共信息库、所属单位管理信息库的建设相结合，充分实现资源的无障碍传输、互联互通和共享利用。

（三）档案管理应用系统建设

档案管理应用系统建设是信息技术与档案工作需求相结合的产物，是实现档案信息化实用价值的关键环节。其主要任务包括研制开发和推广应用相对统一、符合规范的档案管理软件，包括电子文件归档管理，数字档案馆、数字档案室、档案行政管理等软件；推进档案信息化与电子政务、电子商务、办公自动化的同步发展；建设档案网站，并与本地区、本系统各级各类档案门户网站建立链接；运用档案管理系统开展档案管理各项业务，并做好应用系统的维护。

（四）档案信息化标准规范建设

标准规范化是档案信息化建设的重要基础，要在充分调研的基础上，根据国际标准和通用规范，逐步推出适合我国国情的档案信息化标准规范。档案信息化标准规范体系包括管理型、业务型和技术型三种，其内容包括电子文件归档和电子档案管理，档案信息资源的标识、描述、加工、存储、查询、传输、转换、管理和使用等，逐步形成具有中国特色的档案信息化的标准规范体系。形成的标准规范体系应与信息源（档案生成者）、信息用户（档案利用者）的标准规范体系兼容，使分散的档案机构、档案信息系统、档案资源库集成为有机整体，真正在跨地区、跨行业、跨层次、跨部门的广阔空间内最大限度地实现档案信息资源的广泛共享。

（五）档案信息化人才队伍建设

坚持以人为本，始终把培养人才、建设队伍、提高人的素质放在第一位。将信息技术基础知识培训列入档案干部培训教学计划；加强档案信息化建设相关技术、技能培训课程与教材的建设；加强对档案业务人员实用技术的操作培训；更新档案人才队伍的知识结构，在内部培养人才的同时吸纳社会信息技术人才力量，形成开放式的人才队伍，形成尊重知识、尊重人才、鼓励创新、人尽其才的良好工作氛围，营造优秀人才脱颖而出、健康成长、才尽其用的政策环境。

（六）档案信息安全保障体系建设

档案信息化安全责任重于泰山。档案信息安全保障体系建设包括建立档案信息安全保障组织体系，健全档案信息安全管理的法规制度，加强档案管理应用系统的安全管理，采取管理和技术手段确保档案信息网络传输的安全，加强对档案信息安全的行政监管和业务指导，加强档案人员的安全教育等。

第二章　档案信息化建设保障体系

档案信息化建设保障体系，主要包括档案信息化建设的规划与管理、标准与规范，以及档案信息安全和人才队伍建设等四个方面。重视和加强保障体系建设，是促进档案信息化建设有序、有效的前提和条件。只有建立和不断完善保障体系，才能确保档案信息化建设健康、协调、可持续发展。

第一节　档案信息化建设规划与管理

一、档案信息化建设规划

档案信息化建设是一项庞大的系统工程，只有做好规划才能确保档案信息化建设各项工作的实施取得预期效果，使得档案信息化建设实现科学发展、加快发展。规划作为档案信息化建设中的首要工作、基础工作，涉及所有建设要素，每个要素在具体项目建设中的着力点又有所差异。

（一）档案信息化建设规划的指导思想

档案信息化建设规划应以邓小平理论、"三个代表"重要思想、科学发展观为指导，深入贯彻习近平总书记系列重要讲话精神，坚持全面建成小康社会、全面深化改革、全面依法治国、全面从严治党的战略布局，紧紧围绕政府的中心工作，促进档案事业创新发展、协调发展、绿色发展、开放发展，共享发展，为全面建成小康社会，为实现第二个百年奋斗目标、实现中华民族伟大复兴的中国梦奠定更加坚实的基础。

根据这一指导思想，档案信息化建设规划必须贯彻"统筹规划、适度超前、稳步实施"的基本方针。

首先，每个档案局（馆）和立档单位都要把制订好本单位档案信息化建设规划作为首要任务。要根据国家信息化的要求，特别要根据党的十八届五中全会精神，遵循创新、协调、绿色、开放、共享发展理念，按照国家档案局和当地党委、政府及档案行政管理部门对档案信息化建设的要求，结合本地区、本部门的工作实际，科学制订系统的建设规划，以指导本单位、本部门档案信息化建设健康、协调、稳步发展。

其次，在建设过程中，要制订详细的建设实施方案，明确建设的目标任务、具体内容、进度安排以及相应的保障措施及其工作责任制，稳步实施推进建设的各项工作，确保工程、项目保质、保量地按时完成各项工作任务。

最后，无论是在规划还是建设过程中，都要按照规律办事，不得急于求成，应当明确当前建设与长期任务的关系、业务基础工作规范与系统工程建设推进的关系、项目基础建设与保障体系建设的关系、档案信息化建设与档案业务工作流程改革的关系等。例如，数字档案信息资源建设、提供档案信息利用和社会共享服务，是一项长期任务，不可能一蹴而就，应当合理安排，稳步实施，分阶段推进，分步骤实现，扎实、协调地推进档案信息化建设目标的最终实现。

（二）档案信息化建设规划的原则

1. 系统性原则

坚持档案信息化建设规划的系统性，是制订好规划的前提。规划应严格执行国家和地方有关档案信息化的要求。标准和规范，确保在档案信息化建设的各个子系统之间无逻辑错误，确保在档案信息化建设各个要素之间的兼容和匹配。在此基础上，可根据本单位的实际情况有所侧重与发展，并鼓励创新发展档案信息化建设。

2. 融合发展原则

制订档案信息化建设规划，除档案系统、档案部门上下级之间、左邻右舍之间要有统一规范，要规划建设相对独立、自成体系的档案信息化项目、系统外，还要注意与本地、本单位的信息化建设规划、智慧城市建设规划等相互融合，要注意利用好各级各单位已经建成的或准备建设的信息化基础平台，搭建档案信息化建设平台。

3. 继承性原则

信息技术的发展突飞猛进、日新月异，即使当前规划得很科学的档案信息化建设方案，下一阶段可能就随着软硬件的升级换代而无法适应新的要求。拟订档案信息化规划方案时忽略继承性的代价将是高昂的。因此，规划方案必须提前预判档案信息化各项建设内容后续的可扩展能力、冗余度和数据格式兼容性能等方面。

4. 循序渐进原则

循序渐进原则，即要结合本地区、本部门、本单位的工作实际，综合考虑自身信息化发展水平、技术力量、资源规模、基础工作水平、资金投入等因素，确定总体布局和实施步骤。要立足上述现状因素与发展要求，安排好工程建设的规模、进度，安排好人力、物力和财力，分阶段、分项目、分步骤逐步推进和实施，切忌头脑发热、一哄而上、盲目推进，造成建设的不协调、不可持续发展，最终影响工程质量与建设目标的实现。

5.前瞻性原则

制订档案信息化建设规划，要充分考虑云计算、大数据、互联网技术、移动通信技术等的创新发展对档案信息化建设的影响及引领作用。对已经成熟的相关技术，要及时运用到建设项目中，纳入相关规划。对不断发展的技术，要注意跟踪发展情况，要在规划中提出档案信息化的未来发展方向。

（三）档案信息化建设规划的要求

准确把握档案信息化建设的发展方向、要求，是做好档案信息化建设规划的前提。

档案信息化建设的总要求是加快档案管理信息化进程，其具体要求主要有以下三方面。

1.持续推进数字档案馆（室）建设

到2020年，全国省级、地市级和县级综合档案馆馆藏永久档案数字化的比例分别达到60%、75%和50%以上；全国地市级以上综合档案馆要全部建成具有接收立档单位电子档案、覆盖馆藏重要档案数字化副本等功能完善的数字档案馆；四川的部分县级综合档案馆基本建成数字档案馆，有条件的部门（单位）应积极建设数字档案室，省属国有企业、高等院校、专业档案馆建成一批数字档案馆（室）。采用互联网、大数据、智慧管理等技术，提高档案局（馆）、档案室业务信息化和档案信息资源深度开发与服务水平。

2.加快提高电子档案管理水平

深入开展工作，逐步实现电子文件归档和电子档案接收规范化、常态化。加强对业务系统电子文件归档的管理，推进电子会计档案、电子商务文件归档管理工作；完善信用、交通、医疗等相关领域的电子数据归档和电子档案管理；推进电子档案长期保存技术应用。开展电子档案单套制、单轨制管理试点，探索电子档案与大数据行动的融合，研究重要网页资源的采集和社交媒体文件的归档管理。

3.加快档案信息资源共享平台建设

实施国家数字档案资源共享服务工程，健全开放档案信息资源社会化共享服务平台，有计划地实施档案数据开放，落实数据开放与维护的责任。优先推动与民生保障服务相关的档案数据开放，通过档案网络和移动终端来扩大开展档案服务途径。

（四）档案信息化建设规划是动态的

档案信息化是信息技术在档案管理工作中应用的具体表现。本质上，档案管理工作借助信息技术这一革命性工具产生了跨越式发展。尽管档案信息化尚不会，也不能完全替代传统的档案管理工作,但是缺失信息技术工具的档案管理很难减轻人的劳动强度,更不可能提高档案的社会服务质量和效率。总之,档案信息化是解放档案工作者、提高档案工作服务能力和水平的手段,甚至是唯一选择。

信息技术的发展日新月异,档案信息化建设应随着需要不断调整动态规划。现在看起来合理、科学的档案信息化建设规划,随着时间的推移,可能会出现不适应时代的需求或者用户需要的情况。因此,在拟订档案信息化建设规划时,需要多方听取信息化技术人员对技术发展方向的理解和分析,需要广泛听取档案工作人员的意见、建议,始终保持规划的前瞻性、可扩展性和继承性。

(五)制订档案信息化建设规划的主要问题和误区

制订档案信息化建设存在的主要问题,是容易忽略将档案信息化建设相关系统的运行维护工作纳入规划中。任何信息化项目建设都需要后期不断地运行维护,倘若规划方案忽视后期运行维护难度和成本,那么档案信息化建设就不可能达到预期效果。规划方案时,既要考量所采用技术的可靠性、稳定性,又要考量自身信息化人才队伍的技术能力。只有保障档案信息化建设各项系统的良好运行维护,才能发挥其应有的作用。

档案信息化建设规划的误区之一,过分追求某些信息化指标的先进性。档案信息化建设是一个多方面工作、多系统集成的过程。如果把其中的几个子系统超豪华配置,那可能适得其反,因为信息技术的软硬件设备是遵循最佳性价比规律的。其中,包括档案信息化建设人才队伍这个变量因素,亦不可一味"高配",因为"高配"的人才找不到舞台就会流失。实际上,许多档案信息化的软硬件设备不到三年就都已经更新换代了,"高配"是没有什么性价比可言的,只有规划好系统的继承性、可扩展性和冗余性,才能保障档案信息化工作顺利开展。

档案信息化建设规划的误区之二,充裕的资金预算导致"大马拉小车"的现象。此现象在实际用户中偶有发生。部分档案信息化部门有充裕的资金预算,喜欢追求"一步到位"。实质上,档案信息化是一个过程,在信息技术的推动下是永无止境的。"大马拉小车"导致的是极大浪费和对工作的不负责任。如果预算充裕的单位,不妨就分配一部分资金在人才培养方面。人才培养有较高的性价比,知识更新快、实际工作能力强的人才是永不过时、永不贬值的资产。

二、档案信息化项目管理

1.建立健全组织机构

建立健全有效的组织机构是贯彻档案信息化建设意图和顺利实施的重要条件和保

证。在实施中，如果分工责任不明确造成管理混乱，就会严重影响建设质量。为确保档案信息化建设实施的规范化，在建设启动阶段，首要工作就是提出并组建适用于实施和管理的全套组织和领导机构，可采用项目组长领导下的项目经理负责制，明确档案信息化建设各子项目参与人员的职责，分工到人、责任落实。

2. 制订项目指导书

由于档案信息化建设所用技术的多样性，不确定因素比较多，所以项目经理和技术专家要根据对项目细节的分析与研究，制订适合该项目的详细、切实的项目指导书，并形成关键性技术文件。项目技术指导书始终贯彻于整个项目实施过程中，是整个项目实施的指导性技术文件。具体建设项目实施时，还应注意按照该指导书的精神和具体内容对整个项目中的各个具体项目细节进行微调，以确保整个项目能够顺利、按时完成。

3. 制订实施计划

要根据项目的安装条件、设备到货周期、各种软硬件资源状况、网络传输系统状况和其他现实因素，由项目经理全面制订出一个符合实际的项目进度计划。其中，包括项目进度时间表和人力资源表，各阶段的具体工作内容、工作周期以及相应的负责人员，项目里程碑的定义及完工标准。项目经理按照制订的项目进度计划对项目实施进行协调、监督与管理，定期向项目负责人报告进度。对于计划调整的部分，必须及时提交变更申请，在得到有关方面的批准后，及时调整项目进度计划，并在保证工期和质量的前提下，协调各种资源，监督项目实施。

4. 严格项目进度管理

项目经理负责项目在实施过程中的全面工作，包括收集有关产品到货、运输、开箱、现场准备、安装进度、用户反映等有关项目信息。在项目实施过程中，项目经理应严格按照项目实施计划，全权负责项目进度的管理与监督。定时向用户项目实施负责人汇报项目进度，在处理突发事件和项目变更时，要及时调整人员和计划以保证项目正常进行；在项目进度受阻时，要及时申请增加人员和技术力量，确保项目进度；在遇到导致项目进展受阻情况发生时，项目经理负责采取必要措施。此外，项目经理要审查技术实施后的项目质量，以确保整个项目顺利、高质量地完成。

5. 做好资源调配与管理

在项目管理中，由项目经理负责协调所有的内部与外部资源，并根据任务分解情况，明确各环节工作小组的权限和责任，以及相关人员的素质要求和具体人员配备。在必要的时候，项目经理应根据具体情况按照最高效的方法统一调配人力资源、设备资源。

6. 做好项目人员的沟通工作

当项目工期时间紧、技术复杂时，确保项目顺利实施的一个重要因素是加强项目组内部的沟通，协调、调动项目各方的积极性与创造性，使项目各参与方密切合作和理解，相互配合。定期的项目协调会可为项目的各参与单位提供面对面交流各自负责工作进展状况和项目中遇到问题的机会，使各相关方了解最新的项目动态，确保整个项目的顺利实施。

7. 认真遴选业主代表

业主代表是现场监管的关键因素之一。业主代表可由档案信息化部门的人员担任，也可选择具备条件的人员或专门机构担任。备选人最好是参与或者组织过档案信息化建设工作的，并且其接受过系统的信息化建设培训。备选人还需要有较强的沟通交流能力，能把业主的实际需求和期望高效率地传达给服务商。总之，能作为现场业主代表的人员肯定既是信息化业务骨干又是组织管理、沟通协调的内行。优秀的业主代表既是软硬件设备质量的保障，又是设备安装调试顺利完成的保障。

8. 规避竣工验收潜在的风险

在档案信息化建设管理中，特别是在具体项目建设中，业主方除要加强设备拆包、型号参数核对、安装调试的全程监管外，还要加强竣工验收环节的工作，规避潜在的风险。业主方应组织各方面的专家对工程质量进行评估，尽量发现潜在的隐患，并及时予以排除。

第二节　档案信息化建设标准与规范

一、档案信息化建设的标准规范体系结构

档案信息化建设是一项以实现科学管理与共享服务为目标的系统工程，基础是档案信息化建设标准、规范的统一。

只有建立和应用统一的标准与规范，才能满足多种形式的信息资源、不同方式的管理服务之间的信息交流、利用与共享需要。因此，在档案信息化建设中，科学规划档案信息标准、规范建设，统一制定和推广实施数字档案信息标准和技术规范，建立起数字档案标准规范体系，确保档案信息的有效共享与自由交换，非常重要而且必要，必须同步建设并逐步完善。

档案信息化标准规范体系是档案工作标准规范体系建设的一个重要组成部分，按照档案信息化工作规律和特点，主要包括基础标准、业务标准、管理标准和技术标准四个部分。每个部分标准是整个档案标准规范体系的子系统，其互相联系、互相作用，构成完整、系统的档案标准规范体系。

档案信息化基础标准是档案工作基础性、指导性的规范，是人们在制定数字档案信息标准时经常引用的标准。其基本内容包括数字档案基本术语、数字档案计量单位、数字档案信息标识标记、数字档案信息数据检索语言、数字档案数据文件格式与交换格式、元数据和对象数据格式等。

档案信息化业务标准是数字档案信息标准规范体系的主体，并可分为数字档案信息归档标准、档案数字化标准、档案数据交换标准、档案数据整合标准、档案数据鉴定标准、数字档案数据存储保管与保护标准、数字档案数据统计标准、数字档案数据著录标准、数字档案信息检索利用标准、数字档案信息加工与编研标准、数字档案信息利用与共享标准等。

档案信息化管理标准是针对档案信息化建设和管理的组织、程序、职责等提出的行业管理标准，也是对不同形式的数字档案信息、资源的管理提供一套规则，它对于规范档案信息化建设，建立科学的数字档案信息资源管理、利用和保护具有重要意义。其具体内容包括档案信息化建设的各项管理规范和要求，如组织领导与机构设置及职责范围、基本建设程序与方法、技术和管理人员的培训、建设质量指标和考核标准等；数字档案信息资源各项管理要求，如数字档案信息数据采集、报送、接收、整理、编目、著录、鉴定、利用、统计、保管等各项工作管理要求；档案信息化工作的日常管理要求与规范，如档案局（馆）信息中心与数据中心的管理职责及工作要求，档案局域网、政务网和网站平台管理办法，档案数字化操作规范，技术人员岗位责任制，数字档案信息安全保护管理规范等。

档案信息化技术标准是对档案信息化建设的设施设备、应用系统、技术手段进行相应的统一和规范，一般包括以下几个方面：档案网络基础设施建设技术标准、数字档案软件系统开发与应用标准、数字档案信息存储备份技术标准、数字档案信息发布技术标准、数字档案信息数据整合技术标准、数字档案数据库建设技术标准、数字档案信息安全保护技术标准等。

二、档案信息化建设的标准规范内容

档案信息化建设的标准规范包括有关档案信息化建设的国家标准、行业标准、地方标准及相关规范性文件。

（一）档案信息化建设国家标准、规范

国家标准是指由国家标准化主管机构批准，并在公告后需要通过正规渠道购买的文件，除国家法律法规规定强制执行的标准外，一般有一定的推荐意义。

属于强制性的国家标准有：《计算机信息系统安全保护等级划分准则》（GB 17859—1999）、《电子信息系统机房设计规范》（GB50174—2008）。这两个标准具有法律属性，是在一定范围内可通过法律、行政法规等强制性手段加以实施的标准，是档案信息化建设中参与各方必须强制执行的标准。

属于推荐性的国家标准分别是：《CAD电子文件光盘存储、归档与档案管理要求》（GB/T17678.1—1999）、《电子文件归档与管理规范》（GB/T18894—2002）、《信息安全技术终端计算机系统安全等级技术要求》（GA/T671—2006）、《文献档案资料数字化工作导则》（GB/T20530—2006）、《信息安全技术信息安全应急响应计划规范》（GB/T24363—2009）、《信息与文献文件管理》（GB/T26162.1—2010）、《电子文件管理系统通用功能要求》（GB/T29194—2012）、《文书类电子文件形成办理系统通用功能要求》（GB/T31913—2015）、《电子文件管理系统建设指南》（GB/T31914—2015）。推荐性国家标准是指生产、交换、使用等方面，通过经济手段或市场调节而自愿采用的国家标准。但推荐性国标一经接受并采用，或各方商定同意纳入经济合同中，就成为各方必须共同遵守的技术依据，具有法律上的约束性。虽然这几个标准属于国家推荐标准，但是为了确保全省档案信息化建设的规范、标准统一，档案信息化建设成果的共建、共享，全省各级档案部门应按这些标准的要求开展档案信息化建设工作。

上述推荐性国家标准中，以下标准需要全省各级档案部门严格执行：一是《电子文件归档与管理规范》，规定了在公务活动中产生的，具有保存价值的电子文件的形成、积累、归档、保管、利用、统计的一般方法；适用于党政机关产生的电子文件的归档与管理，其他社会组织的电子文件管理可参照执行。标准强调：具有永久保存价值的文本或图形形式的电子文件，如没有纸质等拷贝件，必须制成纸质文件或缩微品等。归档时，应同时保存文件的电子版本、纸质版本或缩微品，主要内容包括电子文件的收集与积累，电子文件的归档，归档电子文件的整理，归档电子文件的移交、接收与保管等。二是《文献档案资料数字化工作导则》，规定了文献档案资料数字化过程中涉及的标准与一般管理，数字化对象的确定原则，数字化项目的一般过程。数字化过程中适用技术的选择，数字化成果的存储、管理与使用要求，数据利用和检索体系，数字化成果的测试指标等。该标准适用于各级政府机构、企事业单位以及其他社会组织和个人的文献档案资料数字

化过程。三是《电子文件管理系统通用功能要求》，规定了电子文件管理系统通用的功能性要求，包括基本功能要求和可选功能要求。该标准适用于机关、团体、企事业单位和其他社会组织对电子文件管理系统的建设、使用和评价，适用于相关企业和科研院所开展相关的科研和教学活动。

属于指导性的国家标准有:《信息安全技术基于互联网电子政务信息安全实施指南》（GB/Z24294—2009）、《信息安全技术信息安全风险管理指南》（GB/224364—2009）。这两个标准不具有强制性，也不具有法律上的约束性，属国家标准化指导性技术文件，可供开展档案信息化建设的单位参考，并根据本单位的具体情况决定是否采用。如采用，可作为档案信息化建设相关参与方约定参照的技术依据。

（二）档案信息化建设行业标准、规范

行业标准、规范由国家有关行政主管部门制定、发布。档案信息化建设应遵循的行业标准、规范，即主要由国家档案局制定、发布的标准、规范。这些标准、规范虽然均属于推荐性质和要求执行的文件，但为了确保档案信息化建设工作的完整、统一，实际上全省各级档案部门也应当遵循。

行业标准、规范的先后制发，是随着我国档案信息化建设的进程不断深化而建立、健全起来的。

1994年至1999年，国家档案局发布了档案工作应遵循的基本标准，也是档案信息化建设应遵循的标准:《明清档案著录细则》（DA/T8—1994）、《明清档案档号编制规则》（DA/T9—1994）、《档号编制规则》（DA/T13—1994）、《革命历史档案著录细则》（DA/T17.1—1995）、《革命历史资料著录细则》（DA/T17.2—1995）、《革命历史档案资料主题标引规则》（DA/T17.3—1995）、《革命历史档案资料分类标引规则》（DA/T17.4—1995）、《革命历史档案机读目录软磁盘数据交换格式》（DA/T17.5—1995）、《档案主题标引规则》（DA/T19—999）、《档案著录规则》（DA/T18—999）。《档案著录规则》规定了单份或一组文件、一个或一组案卷的著录项目、著录格式、标识符号、著录用文字、著录信息源及著录项目细则；适用于各类档案的著录（对于某些内容和形式极其特殊的档案，可参照该标准制定细则），不包括以全宗和类别为对象的著录，也不包括目录组织的方法。

1999年，为适应我国民国档案目录中心数据采集、报送的需要，国家档案局制定、发布的标准有《民国档案目录中心数据采集标准民国档案著录细则》（DA/T20.1—1999）、《民国档案目录中心数据采集标准民国档案主题标引细则》（DA/T20.2—1999）、《民国档案目录中心数据采集标准民国档案分类标引细则》（DA/T20.3—1999）、《民国档

案目录中心数据采集标准民国档案机读目录软磁盘数据交换格式》(DA/T20.4—1999)。

2005年,国家档案局制定、发布的标准有:适应档案数字化建设需要的《纸质档案数字化技术规范》(DA/T31—2005),规定了纸质档案数字化的主要技术要求,适用于采用各种设备对纸质档案的数字化加工处理及数字化成果的管理。该标准提出了纸质档案数字化基本要求,规定了档案整理、档案扫描、图像处理、图像存储、目录建库、数据挂接、数据验收、数据备份和数字化成果管理的程序、内容及相关具体要求等。适用于全国明清档案目录中心机读目录数据信息交换的《明清档案目录中心数据采集标准明清档案机读目录数据交换格式》(DA/T33—2005),规定了软磁盘、光盘等作为载体交换明清档案机读目录数据时所使用的格式。《公务电子邮件归档与管理规则》(DA/T32—2005)规定了公务电子邮件的撰写、传递、鉴定、归档、整理、移交与保管等规范化程序与管理规则,适用于国家机关、团体、企事业单位和其他社会组织的公务电子邮件归档与管理。

2008年至2015年,我国档案信息化建设进程加快,国家档案局加大了标准、规范的理论研究、调研试行和制定、发布力度,先后制发有关电子文件归档、电子档案移交与接收、数字档案馆建设、数字档案室建设和档案信息系统安全建设等方面的标准、规范。

2008年制定、发布的《电子文件归档光盘技术要求和应用规范》(DA/T38—2008),规定了电子文件归档所用CD-R/DVD±R光盘的主要技术指标,归档光盘的标签,光盘数据刻录及备份要求,归档前检测,归档光盘的保存及使用、维护要求,归档光盘的三级预警和性能监测,归档光盘的数据迁移策略等,适用于我国档案部门电子文件的光盘归档和管理。

2009年制定、发布的标准有《缩微胶片数字化技术规范》(DA/T43—2009)、《数字档案信息输出到缩微胶片上的技术规范》(DA/T44—2009)、《文书类电子文件元数据方案》(DA/T46—2009)、《版式电子文件长期保存格式需求》(DA/T47—2009)、《基于XMI的电子文件封装规范》(DA/T48—2009)。《缩微胶片数字化技术规范》规定了档案的缩微胶片数字化的主要技术要求,适用于对档案的缩微胶片进行数字化及数字化成果的管理。其主要内容包括基本要求、缩微胶片检查、缩微胶片档案内容的检查、缩微胶片扫描、图像处理、目录建库、数据整合、数据验收、数据备份、成果管理等。《版式电子文件长期保存格式需求》规定了电子文件长期保存格式的需求,适用于各级档案馆、机关、企事业单位和其他社会组织电子文件的长期保存。其主要内容包括电子文件长期保存格式应具有的特征、电子文件长期保存格式的选择原则等。

2010年,国家档案局印发《数字档案馆建设指南》(档办〔2010〕116号),规定了建设原则与要求,建设目标、内容和步骤;对管理系统功能,提出了收集功能要求、管理功能要求、保存功能要求，利用功能要求；对应用系统开发和服务平台构建、软硬件设备配置提出了要求；对数字档案资源建设，分别从电子文件接收、档案数字化、资源整理、建立数字档案资源库等方面做出了规定；对保障体系建设，着重明确了如何建设安全保障体系和标准规范体系。该指南适用于各级各类档案馆。

2012年，国家档案局印发的《电子档案移交与接收办法》（档发〔2012〕7号），共4章23条，主要规定了电子档案的移交时间、移交的基本要求、移交流程，电子档案接收的流程、交接手续，电子档案载体应标注的内容，电子档案的存储结构等。该办法涉及的单位有各级档案行政管理部门、各级国家综合档案馆和机关、团体、企事业单位和其他组织。

2013年，国家档案局印发的《档案信息系统安全等级保护定级工作指南》（以下简称《指南》）（档办发〔2013〕5号），是档案信息系统安全等级保护定级工作的操作规范，适用于省级（含计划单列市、副省级市）及以上档案行政管理部门及国家综合档案馆非涉密信息系统安全等级保护工作，地市级档案局（馆）和其他档案馆可参照执行。《指南》从档案信息系统类型的划分、档案信息系统的定级、档案信息系统安全保护等级的划分、安全保护等级确定的方法以及评审、备案与报备、等级变更等方面做出了规定。

2014年是国家档案局发布标准、规范最多的一年。这些标准、规范的主要内容和适用范围分别为：

《数码照片归档与管理规范》（DA/T50—2014），规定了数码照片归档、整理、著录、存储、保管、利用和鉴定销毁的基本要求，适用于机关、团体、企事业单位和其他社会组织数码照片的收集、归档与管理工作。

《电影艺术档案著录规则》（DA/T51—2014），规定了在电影创作、生产、发行、放映过程中形成的文字、图片、标准拷贝、数字母版、影片素材等具有保存价值的文件及其相应电子档案材料的著录项目和著录细则，其他载体类型档案的著录项目按照相关标准的要求著录。适用于电影艺术档案机构（电影制作单位的艺术档案室、资料室）以及与电影艺术档案相关的组织和个人。

《档案数字化光盘标识规范》（DA/T52—2014），规定了档案数字化光盘盒规格、标识内容、标识填写细则、填写要求等，适用于我国各级各类档案馆（室）档案数字化光盘的制作。

《数字档案COM和COLD技术规范》（DA/T53—2014），规定了将数字档案输出到黑白缩微胶片和光盘上，进行COM-COLD双套保存的技术要求和应用规范，以保证数字档案的长期安全保存和有效利用。适用于文本、图形、图像等形式的数字档案，不适用于音频、视频、三维图形、动态图像等形式的数字档案。

《照片类电子档案元数据方案》（DA/T54—2014），规定了照片类电子档案元数据设计、捕获、著录的一般要求。适用于各级综合档案馆、机关、团体、企事业单位，可描述、管理以卷、件为保管单位的照片类电子档案，银盐感光材料照片档案数字副本的管理可参照执行。

《档案信息系统运行维护规范》（DA/T56—2014），规定了档案信息系统在运行维护工作筹备、运行维护策划、运行维护实施、运行维护检查、运行维护改进等方面的要求，适用于各级各类档案部门的档案信息系统运行维护工作，为开展相关工作提供指导。

《档案关系型数据库转换为XML文件的技术规范》（DA/T57—2014），规定了档案关系型数据库转换为XML文件需遵循的格式和要求。适用于各类各级综合档案馆、机关、团体、企事业单位和其他社会组织对档案关系型数据库与XML文件的转换。

《电子档案管理基本术语》（DA/T58—2014），规定了电子档案管理的一般概念，以及在电子档案的收集与整理、鉴定与处置、保存与利用和电子档案的安全等方面的基本术语及其定义，适用于档案工作及相关领域。

《数字档案室建设指南》提出了建设原则、内容：针对基础设施建设，分别从网络基础设施、系统硬件、基础软件、安全保障系统、终端及辅助设备等方面做出了要求；对应用系统建设，分别从档案门类管理、接收采集、分类编目、检索利用、鉴定统计、系统管理、技术文档管理、测评鉴定等方面做出了规定；对数字档案资源建设，分别提出了数字档案资源命名规则、文书类电子档案质量要求、声像类电子档案质量要求、科技和专业类电子档案质量要求、纸质档案数字副本质量要求和数字档案资源的备份要求；关于保障体系建设，主要对经费保障、制度保障、人才保障提出了要求。该指南适用于机关、团体和其他社会组织。

《数字档案馆系统测试办法》（档办发〔2014〕6号）适用于县级以上国家综合档案馆数字档案馆系统的测试，其他类型档案馆数字档案馆测试工作可参照此办法。该办法明确数字档案馆系统测试依据是此文件附件所列《数字档案馆系统测试指标表》。测试采用百分制。测试结果达到80分以上认定为"通过国家级数字档案馆测试"，达到90分以上认定为"全国示范数字档案馆"。该办法规定的测试工作程序主要为申请测试、现场测试、测试审批。

《档案数字化外包安全管理规范》规定，各级各类档案馆（室）等档案部门开展档案数字化外包工作，具有独立法人身份的档案数字化加工服务机构承担数字化外包服务，应遵循该规范开展安全管理工作。档案部门自行开展档案数字化时，可参照该规范实施安全管理。该规范分别规定了档案部门的安全管理，数字化服务机构的安全管理，数字化场所的安全管理，数字化加工设备、网络环境与数据载体的安全管理，档案实体的安全管理和档案数字化成果移交接收与设备处理的安全管理的措施、办法等。

《档案信息系统安全保护基本要求》适用于省级（含计划单列市、副省级市，下同）及以上档案局（馆）的非涉密档案信息系统安全保护工作。涉密档案信息系统的安全保护，按照国家保密法规和标准进行；涉及密码工作的，按照国家密码管理有关规定进行。地市及以下各级档案局（馆）可参照该要求的规定进行非涉密档案信息系统的安全保护。

（三）档案信息化建设地方标准、规范

四川省在重视档案信息化建设的同时，注重同步推进档案信息化建设标准、规范建设，2003年至2015年共制发5个标准和规范性文件。

2003年，由四川省党政网建设领导小组办公室和四川省档案局联合印发《四川省电子文件归档与管理暂行规定》，适用于全省各级党政机关、社会团体、企事业单位及其他社会组织参照执行。该规定共6章27条，分别从管理体制和职责，归档范围、保管期限，归档方式、要求，移交、保管、提供利用等方面提出了电子文件归档与管理的具体要求。四川地方标准《文书档案著录细则与机读目录数据交换格式》（DB51/T381—2003），规定了文书档案著录细则与机读目录数据交换格式的定义、著录要求与数据交换格式、机读目录数据组织与交换要求等内容，适用于新中国成立后机关文书档案机读目录数据库结构及其目录数据库的交换，亦可作为档案管理软件开发中数据库结构设计的参考，企事业单位可以参照执行。

2005年，四川省档案局印发《四川省档案资料数字化标准》，分别规定了纸质档案数字化标准、照片数字化标准、缩微胶片数字化标准、声音档案数字化标准、影像档案数字化标准、四川省光盘载体档案封面标准格式、四川省磁性载体档案整理规则，适用于四川省各级档案馆（室）的数字化工作，其他单位可参照执行。

2011年，四川省委办公厅印发《四川省电子文件管理暂行办法》，要求各级国家综合档案馆配备电子文件管理、存储、利用及安全防护的设备、设施。

2013年，四川省档案局印发《四川省〈电子档案移交与接收办法〉实施细则》。

三、档案信息化制度建设

要使档案信息化建设工作落到实处，就是要使档案信息化建设的规划得到实施；而要使标准、规范得到执行，政策、文件、要求得到贯彻，就要结合所在地区、所在单位的具体情况，制定相关的规章制度并切实执行。档案信息化制度实际上是国家、行业和

地方有关档案信息化建设的标准、规范、政策的具体化，是本地、本单位实施档案信息化建设，有关人员从事档案信息化建设工作的准则和依据。

（一）档案信息化制度建设的重要作用

邓小平曾经在题为《党和国家领导体制的改革》的重要讲话中，对制度建设问题进行了深刻阐述。制度建设事关全局，具有不可忽视的、很重要的意义。因此，在档案信息化建设中，要高度重视档案信息化制度建设。

首先，档案信息化制度具有明确的规范作用。俗话说，"没有规矩，不成方圆"。规矩也就是规章制度，是我们应该遵守的，用来规范我们行为的规则、条文，它能保证良好的秩序，是各项事业成功的重要保证。因此，只有建立健全科学、完善的档案信息化制度，才能规范、确保档案信息化建设始终沿着正确的方向前进。

其次，档案信息化制度具有强制作用。制度的一个重要特点就是具有强制作用。档案信息化制度一经颁布，对参与、从事档案信息化建设的单位、个人就会产生强制性、约束力，并有一定的机构保证其执行。无论何时何地，只要违反制度，就会受到批评，情节严重的还会受到法律的制裁。

最后，档案信息化制度具有保障作用。制度具有相对的稳定性，从档案信息化的有关制度制定之后到其修改之前，应始终保持其应有的效力。制度既不会因领导者的更迭而废止，也不会因领导者看法和注意力的改变而改变，在档案信息化建设中可长期发挥作用。只有有了健全的、科学的档案信息化制度，才能保障档案信息化建设工作取得预期成效。

（二）档案信息化制度建设的原则

一是要遵循档案信息化建设的标准、规范。虽然有的标准和规范是非强制性的，但为了保证上下配套、左右兼顾，形成统一、规范的全省档案信息化体系，就应当确保全省所有单位遵循档案信息化建设的所有国家标准、地方标准和行业规范。当然，我们为此而制定的制度体系也应当遵循档案信息化建设的所有国家标准、地方标准和行业规范。

二是要坚持可操作性。受单位重视程度、地方经济社会发展水平等因素的制约，各地、各单位档案信息化的发展水平差异很大，因此，档案信息化制度建设只有立足本地、本单位的实际情况，才能制定出适合本地、本单位并能切实执行的、可操作的制度。

三是要坚持超前性。档案信息化制度建设不能好高骛远，也不能闭门造车，更不能落后于国家信息化发展的要求。既要学习、借鉴发达国家、发达地区档案信息化制度建设的好经验、好做法，也要紧跟国家信息化发展的步伐，适度超前地、科学规范地建立健全档案信息化制度。

四是要坚持动态性。对不适应、不符合档案信息化建设的制度，要定期与不定期相结合及时清理、及时修改甚至废除。为保证档案信息化建设有效、有力地推进而需要制定的制度，则应抓紧制定，及时出台。要坚持动态调整，不断完善、健全档案信息化制度，使档案信息化制度体系始终充满生机和活力。

（三）档案信息化制度建设的内容

档案信息化制度建设也是一项复杂而艰巨的系统工程，主要包括管理性制度建设和业务性制度建设。

管理性制度是对档案信息化建设全过程进行管理时应遵守和执行的制度，这是确保档案信息化建设能有序开展、正常开展的基础性工作，主要包括档案信息化建设所涉及的机构组建、人员配置、工作任务、绩效管理、奖励惩处等方面的制度。这部分制度的主要约束对象、执行对象是各地、各单位具体从事档案信息化建设的部门及其工作人员。

业务性制度是根据档案信息化建设的标准、规范，结合本地、本单位档案业务工作、档案信息化建设业务工作的现状而制定和应当遵守执行的技术性、业务性制度，这是确保档案信息化建设沿着正确方向开展的一项重要工作。档案信息化建设业务性制度，也就是如何确保国家、行业和上级领导机关有关档案信息化建设的标准、规范在本地、本单位贯彻、落实的措施、办法。这部分制度的约束对象除档案工作者外，还包括档案信息化建设参与者、档案信息化成果利用者等，如机关、企事业单位。档案室档案信息化建设的业务性制度主要有电子文件归档与管理制度、档案信息安全保密制度、数字档案查询利用制度、档案数据管理维护制度、数字档案鉴定销毁制度、档案数据网络和信息设备维护使用制度等。

第三节　档案信息安全

一、信息安全的基本含义

信息安全包括的范围很广，例如，保护国家机密、保护知识产权和国家资产，涉及信息安全，防范企业机密泄露、防范青少年对不良信息的浏览、防范个人信息的泄露等，也涉及信息安全。

信息安全是指信息系统，包括硬件、软件、数据、人、物理环境及其基础设施等受到保护，不因偶然的或者恶意的行为而遭到破坏、更改、泄露，系统连续可靠正常地运行，信息服务不中断。

信息安全一般应遵循以下四个原则。

一是预防为主原则。要建立信息安全的预警机制，制定防范各种突发事件的预案，落实各项预防措施，做好应对信息安全突发事件的思想准备、预案准备、机制准备和工作准备，建立信息安全报告体系、决策体系、防灾体系、救灾体系和恢复重建体系等。

二是最小化原则。受保护的敏感信息只能在一定范围内被共享，仅对共享者授予其为满足需要的最小权限。对敏感信息的知情权必须加以限制，其是在"满足需要"前提下的一种限制性开放，可按"知所必需"和"用所必需"原则执行最小化原则。

三是分权制衡原则。在信息系统中，对所有权限应该进行适当、严密的划分，使每个授权主体只能拥有其中的一部分权限，使各个授权主体之间相互制约、相互监督，共同保证信息系统的安全。如果一个授权主体分配的权限过大，又无人监督和制约，就会隐含"滥用权力""一言九鼎"的安全隐患。

四是安全隔离原则。隔离和控制是实现信息安全的基本方法，而隔离是进行控制的基础。将信息的主体与客体分离、隔离，确保在可控和安全的前提下实施主体对客体的访问，这是安全隔离原则最基本的要求。

二、档案信息安全的基本要素

在档案信息化建设中，确保档案信息安全极其重要。无论是档案信息化操作的单机、局域网还是在广域网档案系统中，都存在来自自然或人为破坏等许多不安全的因素和安全隐患，如数据窃听、数据截取、数据篡改、电磁泄漏、电力中断、载体损坏、自然灾害、非法访问、计算机病毒、黑客攻击、系统超负载、假冒身份、权限扩散、操作失误等。特别是当数字档案馆中的档案资源是纯数字形式的资源时，数字档案数据及其系统、网络平台的安全保护工作显得尤其重要。因此，采取相应的技术措施和管理手段，建立完整的档案信息安全保障体系应对这些安全隐患，是档案信息化建设必不可少的工作，是档案信息化建设的重要组成部分。档案信息安全保障体系建设能全方位地针对各种不同的威胁和局限性，确保数字档案数据及其系统、网络平台的安全。

档案信息安全主要包括数字档案数据的安全、信息系统的安全和网络平台的安全等。

1. 数据安全

数据安全就是保证数字档案信息的可靠、可用、不泄密、不被非法更改等。数据安全保护主要是针对计算机系统中的数据库、数据文件和所有数据信息而采取的保护技术方法和措施。档案数据安全保护是档案信息安全保护的核心内容。由于档案信息的保密性和重要性，档案数据容易成为不法分子破坏和窃取的目标。要确保档案数据的安全，就必须通过采取相应的保护技术方法和措施，如备份技术、密码技术与压缩技术、数据库安全技术等来确保数据的安全。数据安全保护是档案信息化安全保障体系建设的重要内容，要通过建设、应用先进的数据安全保护技术与设备，确保数据收集、保管、利用安全。

2. 系统安全

系统安全主要是针对档案信息化所有应用系统软件、操作系统软件和数据库系统软件等软件系统，通过采取安全保护措施来确保系统的稳定、可靠运行。系统安全保护主要是针对所有系统软件中的计算机程序和文档材料，保证这些程序和材料免遭攻击、破坏、跟踪和非法拷贝。软件系统安全主要涉及各种防拷贝加密、防动态跟踪、数据审计等软件安全保护技术，与安全产品的质量以及软件开发的质量保障机制密切相关。要通过建设，使用符合安全保密技术标准要求的档案软件产品及相关安全产品，选择有涉密系统开发资质的软件开发单位开发的系统软件等措施来确保系统安全。

3. 网络安全

网络安全就是要保持档案信息化所涉及各个网络平台、工作平台的稳定、可靠、可控。网络安全保护主要是针对计算机网络及其站点面临的威胁和网络的脆弱性而采取的防护措施。要通过项目建设，采取各种技术措施，尤其是防火墙技术、漏洞扫描技术、网络隔离防护技术来保护网络及其站点的安全。同时，要正确处理档案局域网、政务网、公众网、数字化加工等平台之间的连接关系，做好网络的物理隔离与逻辑隔离工作。要按照信息安全等级保护和涉密系统网络工程建设要求，做好网络平台的各项建设工作。

档案信息安全的保护不单纯是技术问题，还需要通过建立更为规范严格的档案安全管理制度，建立安全管理机构，完善安全管理机制，以确保数字档案信息的安全。这些具体包括设立安全管理机构、制定安全保护日常管理制度以及应急预案、完善灾难恢复机制等建设内容。

三、档案信息安全的策略

要确保档案信息安全，就要尽可能地根据本地、本单位档案信息化建设的现状、发展方向等查找可能出现的各种档案信息安全隐患、问题，并制定出相应的应对策略、解决方案。应对潜在的各种档案信息安全风险，最重要的就是要有相应的预防策略，主要可从以下几方面来考虑。

1. 制定突发事件发生的应急预案

任何偶发的、非确定性的人为或自然界的突发事件都有可能破坏软硬件设备，从而破坏档案信息。因此，制定切实可行的突发事件应急预案就显得非常重要。应急预案应包括应急机构的组成人员，如指挥机构、相关的专业技术机构等；应急机构人员的职责分工，如指挥者、参与者、协助者以及各具体工作机构的责任、义务和权利等；应急工作的工作程序、工作场所、后勤保障等。

2. 预防计算机硬件设备老化

IT硬件设备升级换代异常频繁，尤其是外部存储设备更新速度较快，这样会使原有设备的数据不能正常读取，从而使档案信息处于不可用状态。因此，要注意及时将档案信息从有可能被淘汰的硬件设备中转移出来，使档案信息始终处于可使用状态；还要注意对数据库中的数字档案信息进行定期检查、排查，确保档案信息完整、准确。

3. 预防计算机病毒的破坏

计算机病毒不仅能攻击软件系统，而且能攻击硬件设备，从而破坏档案信息。因此，要构筑防火墙、木马查杀、安全网管、黑客入侵检测及预警、网络安全漏洞扫描、主页自动保护、有害信息检测、访问控制等技术屏障，以避免档案信息泄露或破坏。

4. 预防软件缺陷和不兼容

档案信息管理是借助软件系统实现的，系统软件配置不当、系统软件漏洞以及系统软件不兼容等都可能引发档案信息安全问题。因此，一方面，要不断健全、完善档案信息系统软件的开发标准、规范，确保有规可依、有章可循；另一方面，要坚持按统一的标准和规范研发、选配系统软件，并注意同档案信息化的操作平台、操作系统、数据库和典型应用等有机契合。

5. 预防网络环境发生事故

互联网所具有的开放性、互联性和共享性等特征使网上档案信息安全存在着隐患，因此，要分别针对局域网、政务网和公众网的不同档案服务平台使用和服务的范围、内容等，做好局域网、政务网与公众网之间的物理隔离，禁止不同网络之间的互相接入，定期排查并及时处置每个网络的访问控制、信息加密、数字签名、防写措施、信息数据备份等方面的安全隐患，以确保网络环境中的档案信息安全。

6. 预防人为疏忽引起的事故

由工作人员操作失误引起的事故，如工作人员计算机应用水平有限、操作不当，导致计算机系统崩溃；安全防范意识不强，误将病毒带入系统，导致系统受到计算机病毒侵害；对数字档案管理的应用软件不熟悉，在工作过程中误修改、删除、破坏档案信息等。要针对这些问题制定科学的管理制度，消除人为隐患。如制定机房管理制度、接入网络计算机管理制度等。

7. 预防丢失、损毁档案信息

异地异质备份，是解决数字档案信息长期安全保存和有效利用的重要策略，是档案信息丢失、损毁后能及时得到恢复的重要措施。异地备份，要求档案信息的拥有地和备份地之间的直线距离不得少于 500 公里。对数字档案信息的异质备份，既包括将档案信息以数字形式存储至磁盘、光盘等磁光载体上的方式，也包括将档案信息以模拟形式存储至缩微胶片等载体上的方式，还包括将档案信息分别输出到缩微胶片、光盘等载体上互为备份的方式。

四、档案信息系统安全保护的措施

随着档案信息化进程的不断加快，档案部门特别是各级档案局（馆）通过档案信息系统管理的数字档案资源越来越多，提高档案信息系统的安全防护能力和水平，已经成为加强档案信息安全管理、促进档案事业健康发展的一项重要内容。

（一）档案信息系统安全保护的工作原则

（1）安全引领。建立档案信息系统，要树立"安全第一"的思想，不安全、宁不建，凡已建、必安全。对于准备建立的档案信息系统，要按照同步规划、同步建设、同步运行的原则，建立健全档案信息安全防护体系。对于已建立的档案信息系统，要按照国家有关信息系统安全的要求，查找安全隐患，堵塞风险漏洞，提升安全防护水平，开展定级、测评、整改、检查等信息安全工作。

（2）管理科学。按照计算机信息系统安全等级保护工作"谁运行、谁管理、谁负责"的要求，遵循国家有关信息系统安全保护相关标准规范，结合档案信息系统特点，完善档案信息系统安全保护的规章制度和操作规程，建立本单位档案信息系统安全管理机制，明确档案信息系统的领导责任和岗位职责。以档案数据为核心，对不同安全级别的档案数据实行区别管理。以预防为主，制定应急预案，定期开展应急演练，妥善应对突发事件。

（3）保障有力。贯彻国家有关文件精神，建立档案信息系统安全管理经费投入机制。配备档案信息系统安全管理人员，定期开展安全培训，为档案信息系统安全保护工作提供有力保障。

（二）确定档案信息系统安全保护等级

档案信息系统是指开展档案业务所使用的档案信息管理系统、档案信息服务系统和档案办公系统等三类信息管理系统。

档案信息系统受到破坏后，所侵害的客体主要包括国家安全，社会秩序、公共利益，公民、法人和其他社会组织的合法权益等方面；对客体造成的侵害程度有三种：一般损害、严重损害、特别严重损害。

档案信息系统安全保护等级共分五级，从低到高依次为：第一级，自主保护级。档案信息系统受到破坏后，会对公民、法人和其他组织的合法权益造成损害，但不损害社会秩序、公共利益和国家安全。第二级，指导保护级。档案信息系统受到破坏后，会对公民、法人和其他组织的合法权益造成严重损害，或者对社会秩序和公共利益造成损害，但不损害国家安全。第三级，监督保护级。档案信息系统受到破坏后，会对社会秩序和公共利益造成严重损害，或者对国家安全造成损害。第四级，强制保护级。档案信息系统受到破坏后，会对社会秩序和公共利益造成特别严重的损害，或者对国家安全造成严重损害。第五级，专控保护级。档案信息系统受到破坏后，会对国家安全造成特别严重的损害。

确定档案信息系统安全保护等级，一是需要考虑业务信息安全和系统服务安全两个方面。业务信息安全是指确保信息系统内信息的真实性、完整性和可用性等；系统服务安全是指确保信息系统可以及时、有效地提供服务。应根据在业务信息安全被破坏和系统服务安全被破坏时分别侵害的客体以及对相应客体的侵害程度，分别确定业务信息安全保护等级、系统服务安全等级。二是应在综合分析档案信息系统业务信息安全保护等级和系统服务安全保护等级的基础上，主要通过考察所管理档案信息的重要程度和敏感信息的数量来确定。而其重要程度和敏感信息的数量与档案信息系统所属单位的行政级别存在一定关系。一般来说，高行政级别单位档案信息的重要程度和敏感信息的数量会多于低行政级别单位的。

（三）档案信息系统安全保护的管理要求

按国家档案局印发的《档案信息系统安全等级保护定级工作指南》和《档案信息系统安全保护基本要求》，由于省以下档案局（馆）的档案信息系统的安全保护等级一般为二级或三级，因此，对此类档案信息系统安全保护的管理要求包括一级指标要求、二级指标要求、等级保护（以下简称"等保"）二级要求、等级保护三级要求和档案行业要求等五个部分。

一级指标要求有五个方面。包括安全管理制度、安全管理机构、人员安全管理、系统建设管理和系统运维管理。

二级指标要求共有37条。其中，安全管理制度方面3条，包括管理制度、制定和发布、评审和修订。安全管理机构方面5条，包括岗位设置、人员配备、授权和审批、沟通和合作、审核和检查。人员安全管理方面5条，包括人员录用、人员离岗、人员考核、安全意识教育和培训、外部人员访问管理。系统建设管理方面11条，包括系统定级、安全方案设计、产品采购和使用、自行软件开发、外包软件开发、工程实施、测试验收、系统交付、系统备案、等级测评、安全服务商选择。系统运维管理方面13条，包括环境管理、资产管理、介质管理、设备管理、监控管理和安全管理中心、网络安全管理、系统安全管理、恶意代码防范管理、密码管理、变更管理、备份与恢复管理、安全事件处置、应急预案管理。

等保二级要求共97条具体要求。其中，安全管理制度部分7条，包括应制定信息安全工作的总体方针和安全策略，说明机构安全工作的总体目标、范围、原则和安全框架等。安全管理机构部分10条，包括应设立系统管理员、网络管理员、安全管理员等岗位，并定义各个工作岗位的职责；应针对关键活动建立审批流程，并由批准人签字确认等。人员安全管理部分11条，包括应规范人员录用过程，对被录用人员的身份、背景和专业资格等进行审查，对其所具有的技术技能进行考核；应确保在外部人员访问受控区域前得到授权或审批，批准后由专人全程陪同或监督，并登记备案等。系统建设管理部分28条，包括应以书面形式描述对系统的安全保护要求、策略和措施等内容，形成系统的安全方案；应确保提供系统建设过程中的文档和指导用户进行系统运行维护的文档等；应确保选定的安全服务商提供技术支持和服务承诺，必要时与其签订服务合同。系统运维管理部分41条，包括应指定专门的部门或人员定期对机房供配电、空调、温湿度控制等设施进行维护管理；应建立网络安全管理制度，对网络安全配置、日志保存时间、安全策略、升级与打补丁、口令更新间期等方面做出规定；应依据操作手册对系统进行维护，详细记录操作日志，包括重要的日常操作、运行维护记录、参数的设置和修改等内容，严禁进行未经授权的操作等。

等保三级要求，除要满足"等保二级要求"中的具体要求外，还需要满足86条具体要求。其中，安全管理制度部分6条，包括应形成由安全策略、管理制度、操作规程等构成的全面的信息安全管理制度体系；应定期或不定期对安全管理制度进行检查和审定，对存在不足或需要改进的安全管理制度进行修订等。安全管理机构部分14条，包括应制定文件明确安全管理机构各个部门和岗位的职责、分工和技能要求；应聘请信息安全专家作为常年的安全顾问，指导信息安全建设、参与安全规划和安全评审等；应制定安全审核和安全检查制度，规范安全审核和安全检查工作，定期按照程序进行安全审核和安全检查活动等。人员安全管理部分9条，包括应签署保密协议；应从内部人员中选拔从事关键岗位的人员，并签署岗位安全协议；对外部人员允许访问的区域、系统、设备、信息等内容应进行书面规定，并按照规定执行等。系统建设管理部分24条，包括应指定和授权专门的部门对信息系统的安全建设进行总体规划，制订近期和远期的安全建设工作计划；应委托公正的第三方测试单位对系统进行安全性测试，并出具安全性测试报告；在系统运行过程中，应至少每年对系统进行一次等级测评，发现不符合相应等级保护标准要求的及时整改。系统运维管理部分33条，包括应指定部门负责机房安全，并配备机房安全管理人员，对机房的出入、服务器的开机或关机等工作进行管理；应确保介质存放在安全的环境中，并实行存储环境专人管理；应制定安全事件报告和响应处理程序，确定事件的报告流程、响应和处置的范围、程度，以及处理方法等。

档案行业要求，凡是等保二级和等保三级的档案信息系统都应当遵守的规定，共有九个方面，包括安全管理制度、操作规程应涵盖档案信息系统建设、运维的所有工作环节；档案馆领导负责对系统权限控制、档案数据处置等重要系统操作活动进行审批；重要审批授权记录应存档备查；建立安全检查通报机制，对系统日常安全运行情况进行检查，并将重要安全情况向上级档案部门报告；关键岗位人员离岗，需将其人员及工作内容信息保留1年以上；存储介质应统一管理，建立采购、使用、检测、销毁的全过程记录；存储介质需销毁的，单位应由指定部门统一完成，在销毁前需对数据进行清除操作，并将待销毁介质编号登记，以便销毁时查对；需长久保存的数据，一般不宜采取加密措施；档案数据需进行本地和异地备份。

以上要求，均针对的是非涉密档案信息系统的安全保护工作。涉密档案信息系统的安全保护，按照国家保密法规和标准进行。其中，涉及密码工作的，按照国家密码管理有关规定进行。

（四）档案信息系统安全保护的技术要求

由于省以下档案局（馆）的档案信息系统的安全保护等级一般为二级或三级，因此，对此类档案信息系统安全保护的技术要求包括一级指标要求、二级指标要求、等保二级要求、等保三级要求和档案行业要求等五部分。

一级指标要求有五个方面。包括物理安全、网络安全、主机安全、应用安全、数据安全及备份恢复。

二级指标要求共35条。其中，物理安全方面10条，包括物理位置的选择、物理访问控制、防盗窃和防破坏、防雷击、防火、防水和防潮、防静电、温湿度控制、电力供应、电磁防护。网络安全方面7条，包括结构安全、访问控制、安全审计、边界完整性检查、入侵防范、恶意代码防范、网络设备防护。主机安全方面7条，包括身份鉴别、访问控制、安全审计、剩余信息保护、入侵防范、恶意代码防范、资源控制。应用安全方面8条，包括身份鉴别、访问控制、安全审计、剩余信息保护、通信完整性、通信保密性、软件容错、资源控制等。数据安全及备份恢复方面3条，包括数据完整性、数据保密性、备份和恢复。

等保二级要求共79条。其中,物理安全部分19条,包括机房出入口应安排专人值守,控制、鉴别和记录进入的人员;应采取措施防止机房内水蒸气结露和地下积水的转移与渗透;应提供短期的备用电力供应。至少满足关键设备在断电情况下的正常运行要求等。网络安全部分18条,包括应保证关键网络设备的业务处理能力具备冗余空间,满足业务高峰期需要;应对网络系统中的网络设备运行状况、网络流量、用户行为等进行日志记录;当对网络设备进行远程管理时,应采取必要措施防止鉴别信息在网络传输过程中被窃听等。主机安全部分19条,包括应启用访问控制功能,依据安全策略控制用户对资源的访问;安全审计范围应覆盖到服务器上的每个操作系统用户和数据库用户;应限制单个用户对系统资源的最大或最小使用限度。应用安全部分19条,包括应提供专用的登录控制模块对登录用户进行身份标识和鉴别;应由授权主体配置访问控制策略,并严格限制默认账户的访问权限;应能够对单个账户的多重并发会话进行限制等。数据安全及备份恢复4条,包括应能够检测鉴别信息和重要业务数据在传输过程中完整性受到破坏;应采用加密或其他保护措施实现鉴别信息的存储保密性;应能够对重要信息进行备份和恢复;应提供关键网络设备、通信线路和数据处理系统的硬件冗余,以保证系统的可用性。

等保三级要求,除要满足等保二级要求中的具体要求外,还需要满足71条具体要求。其中,物理安全部分17条,包括重要区域应配置电子门禁系统,控制、鉴别和记录进入的人员;应提供短期的备用电力供应,至少满足主要设备在断电情况下的正常运行要求;应对关键设备和磁介质实施电磁屏蔽等。网络安全部分16条,包括应对进出网络的信息内容进行过滤,实现对应用层HTTP、FTP、TELNET、MTP、POP3等协议命令级的控制;应在网络边界处对恶意代码进行检测和清除;主要网络设备应对同一用户选择两种或两种以上组合的鉴别技术来进行身份鉴别等。主机安全部分14条,包括应采用两种或两种以上组合的鉴别技术对管理用户进行身份鉴别;应依据安全策略严格控制用户对有敏感标记重要信息资源的操作;应对重要服务器进行监视,包括监视服务器的CPU、硬盘、内存、网络等资源的使用情况等。应用安全部分16条,包括应采用密码技术保证通信过程中数据的完整性;应提供自动保护功能,当故障发生时自动保护当前所有的状态,保证系统能够进行恢复;应能够对一个访问账户或一个请求进程占用的资源分配最大限额和最小限额等。数据安全及备份恢复部分8条,包括应能够检测到系统管理数据、鉴别信息和重要业务数据在存储过程中完整性受到破坏,并在检测到完整性错误时采取必要的恢复措施;应提供本地数据备份与恢复功能,完全数据备份至少每天一次，备份介质场外存放；应提供主要网络设备、通信线路和数据处理系统的硬件冗余，以保证系统的高可用性等。

档案行业要求，是等保二级和等保三级的档案信息系统都应当遵守的规定，共有十八个方面，包括应根据用户工作权限分配档案数据资源的处置权限，数据资源输出应审批并限定场所，禁止非授权用户对档案数据资源的添加、删除、更改及复制各类形式副本等操作；应用系统的操作与管理记录，至少应记录操作时间、操作人员及操作类型、操作内容等信息；电子档案长期保存数据不宜采取技术加密手段；根据需要定期进行增量数据或全数据备份等。

以上技术要求，均针对的是非涉密档案信息系统安全保护工作。涉密档案信息系统的安全保护，按照国家保密法规和标准进行；涉及密码工作的，按照国家密码管理有关规定进行。

第四节　档案信息化人才队伍建设

一、档案信息化人才的要求

档案信息化建设本质上是信息技术、现代计算机技术、互联网技术以及大数据技术、云计算技术等现代科技手段在档案管理科学中的具体应用，所以单纯精通档案业务或者某一项技术都不能完全胜任档案信息化建设工作。另外，档案工作是一项政治性很强的工作，所以档案信息化建设需要的是新型复合型人才，其主要有以下要求。

1. 要始终讲政治、讲规矩

档案工作承担着为"党管档、为国守史、为民服务"的重任。档案工作突出的特性是政治性，最根本的是把牢政治方向。具备更多信息化专业知识的档案信息化工作人员如政治意识、宗旨意识、规矩意识不强，不仅工作做不好，而且更容易造成档案信息安全责任事故。所以，档案信息化人才要站稳政治立场，绝对忠诚；要"身处故纸堆、心中有宗旨"，始终把党、国家和人民的利益放在最高位置；要深入学习贯彻习近平总书记系列重要讲话精神，忠实践行"三严三实"要求，讲规矩、守纪律，以高度的政治自觉和强烈的事业心投身档案信息化工作。

2. 要具备档案专业知识，熟悉档案工作业务

档案是人类文明进步的见证，是连接人类社会过去、现在和未来的重要纽带。档案工作是管理档案和档案事业的活动。档案信息化建设的主要对象是档案和档案工作，所

以，掌握档案管理理论、具备档案专业知识、熟悉档案工作业务是做好档案信息化建设工作最基础的、必不可少的要求，也是对档案信息化人才最重要的要求之一。从某种意义上讲，档案信息化人才可以不一定各种现代科技手段都掌握，不一定软硬件都在行，但绝不能缺少档案专业知识，绝不能不熟悉档案工作业务。因为档案信息化的软硬件系统建设可以找专门人员、单位来做，而所建成系统的运行、使用则要靠专门的档案工作人员来操作。

3. 要掌握信息技术和互联网、云计算等现代科学技术

今后一段时期，有效推进数字档案馆和数字档案室建设，既是档案信息化建设的重要抓手，也是档案信息化建设的主要目标。先进信息技术的应用，是数字档案馆（室）建设的基本特征、主要标志，也是建设数字档案馆（室）的重要技术手段。互联网技术的应用，可实现对数字档案信息资源的网络化管理以及分层次多渠道提供档案信息利用和社会共享服务。移动互联网、云计算、大数据等快速成长、逐步成熟的新技术，将有力推进档案信息化建设朝着更加现代化的方向迈进。因此。档案信息化专业人才要切实掌握并能熟练运用信息技术和互联网、云计算、大数据等成熟科学技术。

4. 要始终保持旺盛的求知欲和开拓创新精神

当今的科学技术发展用一日千里来形容毫不夸张，智慧城市、物联网、众创空间、5G通信、3D打印、量子保密通信网络等新事物、新技术层出不穷，将相关技术运用到档案和档案工作中，是今后档案信息化建设的内容，因而档案信息化建设一直在路上。所以，加强学习，紧跟时代发展步伐，保持旺盛的开拓创新精神，及时研究、探索将新技术运用到档案信息化建设中，是档案信息化人才不落伍、不掉队的标志，是把档案信息化建设工作做得更好的要求。

二、档案信息化人才队伍建设的主要措施

1. 全面调查掌握档案信息化人才现状

要对本地、本单位现有档案信息化人才的数量、专业情况、学历层次、年龄分布、职称职务情况、培训情况、履行职责和变化情况等进行系统调查，找出档案信息化人才队伍建设存在的问题、困难和好的做法、成功经验，特别是要掌握档案信息化人才队伍建设的发展规律、发展方向，学习借鉴先进、发达地区、单位的成功经验。

2. 适度超前规划档案信息化人才需求

要根据各地、各单位档案信息化建设规划、档案信息化建设进程来规划档案信息化人才的需求，特别要注意适度超前规划档案信息化人才需求。一是因为信息技术飞速发

展需要超前准备，二是因为档案信息化的要求越来越高、越来越多，要求超前做好人才储备。

规划人才需求时，要注意将档案专业人才、计算机专业人才作为基础，以复合型人才为重点，也要注意规划移动互联网、大数据、云计算等高新技术人才的需求；要注意规划具有本科以上学历的人才需求，但也不能完全唯学历是从，特别是市级、县级档案局（馆），目前基本引进不了具有本科以上学历的档案专业人才，所以对专科学历层次的档案专业人才甚至中专层次的档案技术技能人才也应做好需求规划；还要注意规划具有中高级档案专业、计算机专业、信息技术专业等专业技术职务的人才需求。

3.注重培养，完善档案信息化人才队伍建设机制

重视档案信息化人才的培养，提高档案从业者的信息素养、信息技能，造就一支适应档案信息化建设需要的人才队伍，是档案信息化建设的重要内容。从西部某省各市（州）、县（市、区）档案局（馆）的现有情况看，其档案信息化人才严重不足，甚至个别偏远、经济欠发达地区的县级档案局（馆）连一名计算机专业人才都没有。

立足对现有人员的培养，加强对现有人员的培训，是完善档案信息化人才队伍建设机制的重要内容。要把与档案信息化建设相关的计算机应用基础知识、数字化技术知识、网络技术知识、现代管理技术知识等列入档案业务人员培训内容。要加强对档案业务人员应用新技术、新设备、新方法的培训，普及信息技术知识，提高档案业务人员掌握和运用现代化技术的技能。要注意选择既能为学员提供档案信息化知识，又能为学员提供实训和操作机会的正规、专门的培训机构。通过有针对性地培训，培养一批既懂档案管理、档案工作业务，又掌握自动化、网络化技术等现代信息技术的复合型人才，以适应档案信息化建设的需要。

针对普遍存在的计算机及网络专业人员缺乏的情况，各级档案部门应采取倾斜政策，加快引进计算机及相关专业人才，确保档案信息化建设顺利开展。据国家档案局《2013年度全国档案行政管理部门和档案馆基本情况摘要》公布的数据，在全国7381个各级档案行政管理部门、各级各类档案馆的49141名专职人员中，具有大专以上档案专业学历的只有5866名，仅占总数的11.9%。所以，各级档案局（馆）要针对档案专业人员较少的问题，加大引进具有大专以上档案专业人才的力度，以确保档案信息化建设工作开展得更好。

4.完善体系，全面做好档案专业教育工作

我国当代档案专业教育，自1952年中国人民大学开办档案本科教育开始，到2015年，全国有30多所高校设了档案学院（系、专业），全国有3所档案中等职业学校。但

在全国高校中，无一所开办全日制大专层次的档案管理专业，也无专门的档案专科（高职）学院。这种状况导致整个档案专业教育的层次和结构不合理，因而难以形成合理的梯级档案人才队伍。即使在开办了档案专业本科以上教育的大学中，也无专门的档案信息化专业设置。

由于档案信息化建设是一项长期的、异常艰巨的工程，因此，档案信息化人才队伍建设应有长远打算，还应从全国范围来研究、布局，从而使地方、基层档案部门有源源不断的档案信息化人才引进。

一是应开办本科层次的档案信息化专业。在档案信息化建设实践中，无论档案专业的人员在经过信息化知识的培养、培训后从事档案信息化工作，还是信息技术专业的人员在经过档案知识的培养、培训后从事档案信息化工作，即使经过三五年的磨炼，都没有人能真正独立完成较复杂的档案信息化工作，而只能胜任基本操作性、运用性的档案信息化工作。因此，只有在本科层次把档案专业和信息化专业的知识、技术既独立传授，又有机融合传授，才能真正培养出档案信息化的复合型人才，从而及时满足档案信息化建设的需要。在没有开办档案信息化本科专业前，对档案本科专业的教学，应加大档案信息化课程的教学量。

二是应开办专科层次全日制档案管理专业。目前，我国专科层次的全日制高等教育主要定位是培养高技术、高技能型的人才，这也是高等职业教育承担的主要任务。对经济欠发达和经济落后的中西部地区的市级、县级基层档案部门而言，能引进全日制档案专科专业人才将会有效提高所在档案局（馆）的业务工作能力、有力提高所在地区的档案信息化水平。为了适应我国档案事业发展，遵循职业教育规律和技术技能人才成长规律，主动适应档案事业（行业）对技术技能人才培养的需要，应当抓紧设立"档案管理"高职专科专业，这样不但可以解决该专业上有本科层次的"档案学"专业、下有中专层次的"档案管理"专业，而中间断档无专科层次全日制"档案管理"专业的问题，还可以解决我国高职专科专业中缺失"档案管理"专业的问题。

三是应创建档案职业技术学院。2015年10月，教育部印发《高等职业教育创新发展行动计划（2015—2018年）》（以下简称《计划》），明确"坚持适应需求""推动高等职业教育与经济社会同步发展"，指出"通过三年建设，高等职业教育整体实力显著增强，人才培养的结构更加合理、质量持续提高，服务中国制造2025的能力和服务经济社会发展的水平显著提升，促使高等教育结构优化成效更加明显，推动现代职业教育体系日臻完善"，明确提出"鼓励行业参与职业教育。健全与行业联合召开职业教育工作会议的机制，联合制定行业职业教育发展指导意见。支持行业根据发展需要举办高等职业教育，切实履行举办方责任。鼓励和支持行业加强对本系统、本行业高等职业院校的规划与指导；扶持行业加强指导能力建设；以购买服务方式支持行业职业教育教学指导委员会在规定的领域范围内自主开展工作，在指导专业和课程改革、协调师资队伍建设、推进校企合作、开展教学评价等方面发挥作用。推动建立行业人力资源需求预测、就业形势分析、专业预警定期发布制度。办好全国职业院校技能大赛"。目前，我国档案事业快速发展，特别需要补齐档案高等职业教育这一短板。因此，应抓住这一大好机遇，加快档案高职院校创建步伐，全面规划、布局我国档案高职院校的发展。特别是在创建档案职业技术学院时，应同步考虑单独设置档案信息化专业，以确保全国档案信息化人才素质、结构的整体优化，从而有力促进我国档案信息化不断向前推进。

第三章　档案信息化基础

第一节　档案信息化建设的硬件设施

一、网络布局及整体安排

网络的组建，要从档案馆（室）本身的实际需求出发，根据组网经费的多少来务实地规划与设计网络。在采购好网络设备和服务器等设备后，如何对机房、办公地点进行合理的网络布局与布线，对档案信息化建设来说至关重要。本节的网络布局主要是指机房里的网络设备、服务器等设备如何放置，以及其与网络布线如何相连接等，总之，对网络布局要进行周全考虑。

（一）网络布局的原则

（1）实用性。档案馆（室）组建的局域网应当根据机房大小、设备多少来具体实施，根据网络布线的特点来体现网络布局实用性是非常重要的。

（2）全面性。组网过程中，网络、服务器等设备的放置位置应当统筹兼顾，尽量让各种设备和布线系统处于合理位置。

（3）可靠性。组网无论怎样布局，最终目的是保证该局域网的所有设备能可靠、稳定地运行，网络能正常运转。

（4）发展性。网络的组网不是一成不变的，随着IT业务的不断发展，原先组建的局域网需要不断地完善和扩充，为此在规划网络布局时就应该考虑到便于以后网络的维护与升级操作。

（二）网络布局的具体实施要求

在档案馆（室）网络建设中，需要对机房和档案查阅室进行布线。规划网络布局要考虑到机房的设备布局和布线系统的合理搭配，因此，首先要规划与设计好机房、布线系统，然后再全面地考虑网络的布局。

（1）机房的规划与设计。为了确保网络和计算机系统的稳定、安全、可靠运行，保障机房工作人员有良好的工作环境，要做到技术先进、经济合理、安全适用、确保质量，符合国家有关的机房设计规定。

（2）防静电。静电不仅会导致计算机运行出现随机故障，而且会导致某些元器件、双极性电路等的击穿和毁坏，还会影响操作人员与维护人员的正常工作和身心健康。

（3）防火、防盗。计算机房在设计时，重点要考虑机房的消防灭火设计。设计时可以根据消防防火级别来确定机房的设计方案，计算机房火灾报警要求在一楼设有值班室或监控点。机房里应注意防盗设施的安装，具体可采用防盗门、防盗锁、警卫、自动报警系统等。

（4）防雷。由于机房通信和供电电缆多从室外引入机房，易遭雷电的侵袭，因此，机房建筑的防雷设计尤其重要。计算机通信电缆的芯线、电话线均应加装避雷器。

（5）保湿、保温。机房里的湿度应保持在20%~80%，机房的温度应保持在15℃~35℃，通过安装空调来调节温度是解决此问题的最好办法。

（三）网络布局的规划与设计

网络设备大都采用机架式的结构（多为扁平式，像个抽屉），如交换机、路由器、硬件防火墙等。这些设备都需要按国际机柜标准进行设计，这样平面尺寸就基本统一，可一起安装在一个大型的立式标准机柜中。这样做的好处非常明显：一方面，可以使设备占用最小的空间；另一方面，便于与其他网络设备的连接和管理，同时，机房内也显得整洁、美观。网络管理人员经常接触到的机柜有机房里的网络机柜、服务器机柜以及综合布线柜，从这三个机柜的名字就可以看出其各自所起的作用。一般来说，网络设备如交换机、路由器、防火墙、加密机等以及网络通信设备如光端机、调制解调器等是放置在网络机柜里的。服务器机柜的宽度为19英寸，高度以U为单位（1U=1.75英寸=44.45毫米），通常有1U、2U、3U、4U几种标准的服务器。机柜的尺寸也是采用通用的工业标准，通常从22U到42U不等。机柜内按U的高度有可拆卸的滑动拖架，用户可以通过灵活调节自己服务器的标高，来存放服务器、集线器、磁盘阵列柜等设备。服务器摆放好后，其所有1/0线全部从机柜后方引出（机架服务器的所有接口也在后方），统一安置在机柜的线槽中，一般贴有标号，以便于管理。综合布线柜一般配有前后可移动的安装立柱，自由设定安装空间，可按需要配置隔板、风扇、电源插座等附件。配线架通常安装在机柜里，配线架的一面是RJ45口，并标有编号；另一面是跳线接口，上面也标有编号，这些编号和上面的RJ45口的编号是一一对应的。每一组跳线都标识有棕、蓝、橙、绿的颜色，双绞线的色线要和这些跳线一一对应，这样做不容易接错。配线架不仅便于管理线对，而且可以防止串扰，增加线对的隔离空间，从而可以提供 360 度的线对隔离。

在机房中，必须放置交换机、功能服务器群和网络打印设备以及局域网络连接 Internet 所需的各种设备，如路由器、防火墙以及网管工作站等，因此，机房的网络布局一般至少有三个机柜，分为综合布线机柜、网络交换机柜和服务器机柜。在网络布局中，每个机柜最好留点空间，便于以后网络设备、服务器设备的扩充，综合布线柜里有可能除网络布线外，还要布置电话线，所以要在机柜里留下一定空间。

从机柜内部线缆附设的角度看，机柜配置密度更高，容纳的 IT 设备更多，大量采用冗余配件（如冗余电源、存储阵列等），机柜内设备配置频繁变换，数据线和电缆随时增减。所以，机柜必须提供充足的线缆通道，能从机柜顶部、底部进出线缆。在机柜内部，线缆的敷设必须方便、有序，与设备的线缆接口靠近，以缩短布线距离；减少线缆的空间占用，保证设备在安装、调整、维护过程中不受布线干扰，并保证散热气流不会受到线缆的阻挡；同时，在故障情况下，能对设备布线进行快速定位。

供电系统和制冷系统是计算机机房的两个重要部分。在供电系统中，一般采用在线的 UPS 供电方式，蓄电池实际可供使用的容量与蓄电池的放电电流大小相同。蓄电池的环境工作温度、储存时间的长短以及负载的性质（电阻性、电感性、电容性）密切相关。制冷系统（空调）涉及机房的整个物理环境，包括空调、地板、机柜及房间布局等诸多方面，因此，也要考虑好将 UPS 和空调放置在一个合适的位置。如果机房空间较大，就可以将 UPS 和空调都放在机房里；如果空间较小，就可以把 UPS（包括蓄电池）放在配电房里。需要注意的是，即使大楼里安装有中央空调，机房里也必须安装独立的空调，因为中央空调不可能 24 小时都开着，上班时间可以利用中央空调，下班或节假日时间，如果服务器、网络设备需要正常运行的话，则必须打开机房里的独立空调。

机柜的扩展性表现在机柜内设备密度和机柜数量的扩展上，因此，在网络布局时必须将机柜的配风能力（通常称为散热能力）以及配电能力考虑在内。一方面，机柜内的设备需要温度、湿度适宜并且风量充足的冷风（冷空气）。这些冷风被机柜内的 IT 设备吸入，从而为设备内的部件（尤其是 CPU）降温。当机柜内设备增加到一定数量时，由地板出风口送出的冷风风量将不能满足所有设备的需求，从而形成部分 IT 设备配风不足而过热。解决机柜内设备密度扩展时遇到的这种局部热点问题，可以采用调配 IT 设备位置的方式。例如，把热负荷最大的设备安装在机柜中部位置，以便获得最大的配风风量。另外的解决方法是在机柜的上部或下部位置安装轴向水平的强排风扇，增强上部或下部的吸入能力（减小 IT 设备的入口静压），从而增加配风风量。另一方面，机柜内的设备需要供电以及与机柜外部进行通信。当机柜内的 IT 设备数量增加时，这些线缆、连接端子同时成倍地增加，从而对机架式电源排插的容量、插口数量都提出了扩展要求。机柜内的布线空间也是需要提前考虑的，因为当机柜内的功率密度提高时，设备后部的线缆将明显增加风阻，所以必须考虑线缆管理及走线空间的问题。

二、机房建设及应用系统需求

1. 总体要求

数据中心基础设施的建设，其中，很重要的一个环节就是计算机机房建设。由于计算机机房的环境必须满足计算机等各种微机电子设备和工作人员对温度、湿度、洁净度、电磁场强度、噪声干扰、安全保安、防漏、电源质量、振动、防雷和接地等要求，所以，一个合格的现代化计算机机房应该是安全可靠、舒适实用、节能高效和具有可扩充性的。

2. 机房装修要求

机房装修材料必须全部采用不燃或阻燃材料。地面铺设要求用全钢防静电活动地板，符合国家标准《计算机机房用活动地板技术条件》，活动地板的地面和四壁应按平整、耐磨、不起尘和易于清洁的要求进行装饰。全钢地板规格不低于 600 毫米×600 毫米×35 毫米。为防止楼层单位面积载重量超重，重量较重的 UPS、电池箱应安装钢座架，座架采用槽钢，其座架高度与活动地板面持平。机房所有震动较大的设备在安装时均应加橡胶底垫做减震防噪措施。

墙面装修采用彩钢夹芯板，其隔音、隔热性能好，并具有良好的保温效果；强度高，稳定性、抗冲击性、抗震性良好，并具有良好的耐腐蚀性、耐大气性。彩钢夹芯板厚度为 0.5 毫米，檩条和固护梁全部采用镀锌钢板材料。整体平面度应小于 2 毫米 /2 米，无波形折光，收口条制整齐，搭接严密无缝处。四周墙脚装饰 100 毫米高不锈钢踢脚板。

天花板采用 600 毫米×600 毫米的铝合金微孔吊顶板，厚度大于等于 0.8 毫米，距活动地板面 2.6 米。吊顶采用金属制造，美观质轻，防震、防潮、防火效果显著，结构简单。铝合金微孔吊顶配备特定龙骨及配件，可与灯饰、空调系统协调一致，而且易于拆装，将为吊顶上管线的检修提供极大方便。表面静电粉末喷涂，经久耐用，历久如新。微孔天花板背面贴上不助燃无纺布，吸音性能良好，吊顶、吊铺、前吊顶、上楼层（墙）面做防尘洁净化刷漆处理。吊顶、吊铺板面起拱度要准确，表面平整、接缝接口严密、板缝顺直、阴阳角收边方正。机房空调所覆盖部分的天花板、地面、墙面须做保温、防尘、平滑处理。机房接地系统应按照国标标准设计、施工。防静电地板、吊顶、金属墙面、金属线管等均需接地。为满足人身安全及计算机正常运行和系统设备的安全要求，机房应采用独立的直流地、交流工作地和防雷保护地。直流地的接地电阻应小于 1 欧姆，交流工作地的接地电阻不大于 4 欧姆，安全保护地的接地电阻不大于 4 欧姆。

机房内不但必须根据不同要求设计安装维修电源插座和测试电源插座，而且所有线管必须采用金属线管并全部做接地处理，还应在表面做颜色处理，以便与其他线管（弱电）区别。

机房内的供配电部分须根据各功能区域的设计和具体设备的负荷和位置设计施工。

机房供电系统须考虑市电和 UPS 供电的三相负荷平衡。

机房活动地板下安装计算机专用电源插座。采用 RVVP3X2.5 计算机专用电源屏蔽线穿金属线槽活动地板下敷设，每一个计算机专用插座采用两条专用供电回路。所有计算机设备供电均有漏电过载保护的功能。线槽至插座之间采用一段 1~1.5 米长的金属软管穿线连接，以方便插座移动。

机房内所有电源插座均使用三孔插座并全部接入保护接地（单相三线制）。

机房内的所有强电线管应尽量避免与弱电线管交叉，平行部分分管间距离相距不得小于 30 厘米。

3. 机房空调

机房空调应充分考虑机房的要求，根据实际应用面积和设备的将来扩容要求来合理选配空调设备。机房必须达到《电子信息系统机房设计规范》（GB50174）所规定的 A 级标准（开机时、关机时的温、湿度），为保证空调的可靠运行，要采用市电和发电机双回路的供电方式。

4. 监控系统要求

监控系统应采用现代通信技术、电子技术、计算机技术、传感器技术和图像处理技术等进行数据采集与处理、图像压缩编码和传输。系统集动力、环境、门禁监控于一体，可与通信管理网无缝连接，以完全满足集中监控的需要。

监控系统的设计必须符合国际工业监控与开放式设计标准。系统具备同本地网网管的标准接口，以适应不同监控系统和监控对象的需要。监控系统要符合国际电磁兼容性和电气隔离性能设计要求，按军用标准设计，可靠性高；硬件采用模块式，全隔离设计，抗高温、抗振动和强电磁干扰，具有防雷及过电压保护能力。

监控系统具有容错和自诊断功能，对通信中断、软硬件故障能够诊断并及时告警，对数据紊乱等可自动恢复。告警方式多样，系统能以声、光方式显示告警，并预留图像系统告警联动接口。软件系统设计应对系统管理和维护人员进行多级权限分类，通过区分、限制各级别用户对系统的访问和操作能力来保证系统操作的安全性。

监控系统对系统所做的管理和维护操作进行记录,为日后出现运行事故提供辅助分析,以追究相关责任人的事故责任。

5. 消防系统要求

消防系统必须严格按照中华人民共和国《火灾自动报警系统设计规范》摘录(GB50116—2013)及其他相关标准设计,充分考虑机房精密仪器的特点选用消防设备。

6. 供配电系统要求

机房应设独立的供配电系统,机房需配置一台动力配电柜。动力配电柜用作机房的市电的电源供电控制与分路。配电柜和分电柜采用模块化标准机架式安装的形式,配置开关和电源防雷器,具有过流、短路、分励脱扣保护、防雷功能。柜面要设有电流、电压、频率等显示。柜内应有独立的零、地汇流排。柜内的主空气开关应具有分励脱扣装置,在机房入口处安装紧急断电按钮。发生事故时,按下按钮可迅速切断机房内全部电源,以保证机房安全。

电源380/220伏,机房敷设两路电源进线电缆接至机房配电柜,一路供空调、照明辅助用电器等,另一路专供计算机UPS不间断电源,这样可尽量减少电网电压波动对计算机电源的影响。

机房配电应采用多级防雷,可以在机房配电柜安装一套电源防雷器,作为机房电源B+C级防雷,电源防雷器并联于三火一零线。正常情况下,防雷器处于高阻状态,当电网由于雷击或开关操作出现瞬时脉冲电压时,防雷器立即在纳秒级时间内迅速导通,将该脉冲电压短路到大地泄放,从而保护用户所有设备,当该脉冲电压流过防雷器后,防雷器又变为高阻状态,从而不影响设备的供电。

7. 门禁系统要求

门禁系统是利用计算机和自动化控制设备对各类出入口通道进行控制和管理的智能化管理系统。直观地讲,就是系统前端利用门禁控制设备(门禁控制器)和身份识别设备(如读卡器)对进出的人员进行身份识别,并控制门的开关状态;后台管理软件监控各个出入口(也就是各个门禁点)的人员进出情况并进行记录,对各种非法侵入等异常情况进行监测,及时上传告警信息,以方便管理。门禁系统改变了以往如闭路监控、防盗报警等安防产品被动的安防模式,以主动控制替代了被动监视。智能门禁主机不依赖协议转换及监控中心的控制可独立工作。

门禁系统管理要便捷,可任意修改数据(增加、删减卡片)、查询记录。权限分级方式应多级,系统可以对卡进行时间和地点两种方式的授权,这样的权限控制可以实现对人员的高效、准确管理。有独立授权功能,可以对每一个锁独立授权。前端刷卡信息存储功能，门禁主机能保存历史数据。

三、存储系统及数字化加工系统

1. 计算机存储系统

计算机的主存储器不能同时满足存取速度快、存储容量大和成本低的要求，在计算机中必须有速度由慢到快、容量由大到小的多级层次存储器，这样才能以最优的控制调度算法和合理成本，从而构成具有性能可接受的存储系统。存储系统的性能在计算机中的地位日趋重要，主要原因一是冯诺伊曼体系结构建立在存储程序概念的基础上，访存操作约占中央处理器（CPU）时间的70%左右。二是存储管理与组织的好坏影响着整机效率。三是现代的信息处理，如图像处理、数据库、知识库、语音识别、多媒体等对存储系统的要求很高。

2. 存储层次

在计算机系统中，存储层次可分为高速缓冲存储器、主存储器、辅助存储器三级。高速缓冲存储器用来改善主存储器与中央处理器的速度匹配问题，辅助存储器用于扩大存储空间。

3. 存储映像编辑

存储映像编辑是指完成逻辑地址空间和物理地址空间之间的变换，并合理地管理存储系统资源。逻辑地址是指程序员编制的程序地址，其构成逻辑地址空间。程序主存储器中的实际地址称为物理地址，其构成物理地址空间。存储映像基本上分为两种情况：一种是逻辑地址空间小于物理地址空间，映像要求可以访问所有的物理存储器；另一种是逻辑地址空间大于物理地址空间，映像要确定每个逻辑地址实际所对应的物理地址。

4. 存储保护

近代计算机系统资源为一同执行的多个用户程序所共享。就主存来说，它同时存有多个用户的程序和系统软件。为使系统正常工作，必须防止由于一个用户程序出错而破坏同时存在主存内的系统软件或其他用户的程序，还须防止一个用户程序不合法地访问并非分配给它的主存区域。因此，存储保护是多道程序和多处理机系统必不可少的部分。

主存保护是存储保护的重要环节。主存保护一般有存储区域保护和访问方式保护。存储区域保护可采用界限寄存器方式，由系统软件经特权指令给定上、下界寄存器内容，从而划定每个用户程序的区域，并禁止越界访问。

界限寄存器方式只适用于每个用户程序占用一个或几个连续的主存区域，而对虚拟存储器系统而言，由于一个用户的各页离散地分布于主存内，就需要采用键式保护和环状保护等方式。键式保护是由操作系统为每个存储页面规定存储键，存取存储器操作带有访问键，当两键符合时才允许执行存取操作，从而保护别的程序区域不被侵犯。环状保护是把系统程序和用户程序按重要性分层，称为环，对每个环都规定访问的级别，违反规定的存取操作是非法的，以此实现对正在执行程序的保护。

5. 主存储器编辑

主存储器是指能存放指令和数据，并能由中央处理器直接随机存取的存储器，有时也称操作存储器或初级存储器。主存储器的特点是速度比辅助存储器快，容量比高速缓冲存储器大。

主存储器被划分成若干用于存放数据或指令的存储单元中。为了区分不同的存储单元，给每一个存储单元分配一个编号，这个编号称为存储单元的地址，因此，主存是按地址存取信息的。在主存中，以字节作为编址单位，即一个存储单元的长度为8个二进制位。存储单位的地址编号从0开始，顺序加1，是一个无符号二进制整数，一般用十六进制数表示。

一般用随机存储器做主存储器。存取数据的时间与数据所在存储单元的地址无关。主存储器工作时，首先由中央处理器将地址送至存储器的地址寄存器并译码，同时接收由中央处理器发出的"读"或"写"命令。于是，存储器就按照地址译码的输出确定相应的存储单元。如果是"读"命令，则将存储单元的代码读出并送往代码缓冲寄存器；如果是"写"命令，代码缓冲寄存器接收新代码，接着写入存储体。为了提高数据的处理速度，存储器的读/写操作往往按2个字节、4个字节、8个字节、16个字节作为一组同时读出或写入。主存储器采用半导体存储器件。存储芯片是集成电路市场的支柱产品，主要采用MOS存储器。容量大而速度低的外围存储器主要采用磁盘、光盘、磁带等。

6. 常见的存储设备

（1）利用电能方式存储信息的设备，如各式存储器，即RAM、ROM等。RAM（Randon Access Memory）是随机存储内存，这种存储器在断电时将丢失其存储内容，主要用于存储短时间使用的程序。ROM（Read Only Memory）是只读内存，是一种只能读出事先所存数据的固态半导体存储器。

（2）利用磁能方式存储信息的设备，如硬磁盘（包括移动硬磁盘）、软磁盘（已经淘汰）、磁带、磁芯存储器、闪存卡、U盘。

（3）利用光学方式存储信息的设备，如CD、DVD或BD。CD全称为Compact Disk光盘，是最早出现的光学存储系统，容量700MB；DVD全称为Digital Versatile Disc，即数字通用光盘，容量为4.7GB；BD则是蓝光光盘，容量有25GB、50GB，甚至有更大的容量。

（4）利用磁光方式存储信息的设备，如MO（磁光盘）。MO全称为Magneto-Optical disk，即磁光盘。目前，MO驱动器主要有3.5英寸和5.25英寸两种，容量从128MB到2.6GB。

7. 其他存储设备

（1）网络附属存储系统编辑。NAS（网络附属存储，Network Attached Storage）是一种将分布、独立的数据整合为大型、集中化管理的数据中心，以便对不同主机和应用服务器进行访问的技术。简单说就是连接在网络上，具备资料存储功能的装置，因此也称为"网络存储器"。NAS是一种专用数据存储服务器。NAS以数据为中心，将存储设备与服务器彻底分离，集中管理数据，从而释放带宽、提高性能、降低总拥有成本、保护投资。NAS成本远远低于使用服务器存储，效率却大大高于后者。

通过与网络直接连接的磁盘阵列，NAS具备了磁盘阵列的所有主要特征：高容量、高效能、高可靠。NAS将存储设备通过标准的网络拓扑结构连接，无须服务器直接上网，不是依赖通用的操作系统，而是采用一个面向用户设计的、专门用于数据存储的简化操作系统，内置了与网络连接所需的协议，因此，使整个系统的管理和设置较为简单。另外，NAS是真正即插即用的产品，并且物理位置灵活，可放置在工作组内，也可放在其他地点与网络连接。

NAS使用传统以太网和TCP/IP协议，当进行文件共享时，则通过利用NFS和CIFS来沟通NT和UNIX系统。由于NFS和CIFS都是基于操作系统的文件共享协议，所以NAS的性能特点是进行小文件级的共享存取。NAS提供各种应用领域的异种文件共享和文件服务功能，包括内容传送和分发、统一的存储管理以及Web服务。NAS允许企业在不使服务器停机的前提下增加容量。

（2）磁盘阵列。磁盘阵列是把多个磁盘组成一个阵列，当作单一磁盘使用，它将数据以分段（striping）的方式储存在不同磁盘中，存取数据时，阵列中的相关磁盘一起动作，大幅减少了数据的存取时间，同时有更佳的空间利用率。磁盘阵列所利用的不同技术，称为RAID level，不同的level针对不同的系统及应用，以解决数据安全问题。

（3）磁带库。广义的磁带库产品包括自动加载磁带机和磁带库。自动加载磁带机和磁带库实际上是将磁带和磁带机有机结合组成的。自动加载磁带机是一个位于单机中的磁带驱动器和自动磁带更换装置，其不但可以从装有多盘磁带的磁带匣中拾取磁带并放入驱动器中，或执行相反的过程，而且可以备份单盘磁带容量3TB~6TB（LTO-6标准，LTO技术大约18个月更新一代，容量随之提升1倍）的数据。自动加载磁带机能够支持例行备份过程，自动为每日的备份工作装载新的磁带。一个拥有工作组服务器的小公司或分理处可以通过使用自动加载磁带机来自动完成备份工作。

（4）光盘库。光盘库是一种带有自动换盘机构（机械手）的光盘网络共享设备。光盘库一般由放置光盘的光盘架、自动换盘机构（机械手）和驱动器三部分组成。近年来，由于单张光盘的存储容量大大增加，光盘库相较常见的存储设备如磁盘阵列、磁带库等价格性能优势越来越显露出来。光盘库作为一种存储设备已开始渐渐被运用于各个领域，如银行的票据影像存储、保险机构的资料存储以及其他所有的大容量存储场合。

8. 数字化加工系统

数字化加工系统多为自主开发的档案数字化加工平台系统，可以高效、科学地进行档案数字化加工生产。该系统使得档案加工变得轻松、易于管理。数字化加工系统主要功能模块包括档案扫描、图像处理、档案补扫、图像优化、图像质检和著录、档案目录打印、图像导出和管理后台等。

该系统有以下特点。

①将整个数字化加工工作流程化，流水线式的加工可极大提高工作效率。

②档案在加工流程中方便流转，如有问题，就会被打回到上一个流程。

③软件稳定，操作简单，大量操作使用快捷键。

④好的系统可以自动处理旋转，可去黑边、去装订孔，让图像优化更轻松。

⑤好的系统有完善的报表，让决策者能监控整个加工过程，并做出合理调整和安排。

9. 投资及预算分析

档案信息化投资主要包括信息化管理、信息化利用和数字化加工三个方面的投资。档案馆（室）要实现信息化，对信息化管理和信息化利用的软硬件投资是必不可少的，对数字化加工投资的侧重点则不在软硬件建设上。信息化管理和信息化利用需要规划一个局域网，计算机、网络设备、管理平台和相应的软件，这些都需要进入预算。档案馆（室）投入资金购买数字化加工设备和软件，再聘请人员进行数字化加工，所投入的资金将远远大于外包加工。因此，数字化加工的预算，更多的是要统计需要数字化档案的数量，按照数字化加工市场价格，通过将档案数字化加工外包给数字化加工企业来进行预算。

第二节　数字档案馆硬件设施的配置要求

数字档案馆具有馆藏资源数字化、信息组织与传输网络化、服务范围扩大化、信息资源共享化、信息检索便捷化等诸多特点。

数字档案馆是一个内容管理系统、集成系统和数字信息长期保存系统的集合。作为以电子文件、档案以及其他信息资源等非结构化数据为主要管理对象的数字档案馆，它不仅仅起一个数据中心的作用，也不仅仅起发布利用的作用，而是具有有序处理和集成管理的功能。数字档案馆的有序处理和管理过程包括收集、创建、确认、转换、存档、管理、发布利用等涵盖文件生命周期管理实践的全过程。集成有综合、融合、整合成整体和一体化的意思。就数字档案馆而言，就是将集成管理理论应用于文件档案信息资源生命周期管理实践的全过程，即在管理思想上以集成理论为指导，在管理行为上以集成机制为核心，在管理视野上突破管理业务流程机构部门间的限制，并从全程管理和最优化管理的层面来对待各种档案信息资源要素，提高各种管理要素的交融度，以利于优化和增强档案信息资源的真实性、完整性、有效性和有序性，最终提供以用户需求为导向的档案信息集成服务。

一、数字档案馆硬件设施功能要求

数字档案馆系统硬件设施主要包括服务器、终端、网络、存储及其他配套设备。系统中每个独立任务应有相应的服务器来承担处理任务。根据在信息系统中的重要性不同，服务器可以分成主服务器和辅助服务器两类。主服务器主要承担信息系统数据存储和管理以及应用系统的运行，主服务器的选配必须充分考虑系统性、安全性和高性能。辅助服务器包括辅助应用服务器、网络管理服务器、文件服务器等，承担系统中非核心功能的处理任务。一个数字档案馆系统配备服务器的数量，取决于系统的实际功能，不必强调所有任务都有独立的服务器，可根据财力、数据规模、用户数量及其访问量等合理选定。

网络设备主要包括传输介质、集线器、交换机、路由器、光电转换等。双绞线和光纤是最常用的传输介质，物理分散的多台计算机只有通过传输介质才能连接在一起形成网络；集线器可以放大传输信号，主要用于小型网；交换机是一种基于点对点发送数据的网络连接设备，具有网络流量控制等性能，是大型网络组网的必需设备；要使网络之间互联，就必须配备路由器；光电转换设备是实现双绞线和光纤两种不同传输介质的信号转换的设备。

存储设备主要包括磁盘、光盘、磁带等。应根据数字档案馆的存储架构选择存储设备。

数字化设备包括扫描仪、数码照相机、数码摄像机、非线性编辑系统等。终端设备包括输入、输出设备，通常是指独立工作的计算机、打印机、复印机等。数字档案馆各项业务的开展必须依托这些设备，通过终端访问网络应用系统，完成信息处理工作。一个数字档案馆终端设置应考虑三种用户，即社会用户、档案馆工作人员、档案馆聘请的数据加工和处理人员。

二、数字档案馆硬件设施配置方案

数字档案馆硬件设施建设包括服务器、磁盘阵列、SAN 交换机、查阅用计算机等。

1. 服务器

服务器是网络环境中的高性能计算机，它侦听网络上的其他计算机（客户机）提交的服务请求，并提供相应服务，为此，服务器必须具有承担服务并且保障服务的能力、高速度的运算能力、长时间的可靠运行能力、强大的外部数据吞吐能力等。所以，服务器配置相对应该比较高。

数字化档案馆的服务器应包括应用服务器、数据库服务器、全文检索服务器和安全/管理服务器。

应用服务器、数据库服务器和安全/管理服务器，都建议用 4U 机架式服务器。建议配备 4 颗英特尔 Xcon E7-4850 CPU、64GB DDR3 内存；配备不少于 2 块 300GB SAS 15K SFF 2.5 热插拔硬盘，可支持 8 块以上 2.5 热插拔 SAS 硬盘；内置 RAID 控制器，支持 RAID0，1；配备双端口 8GB 光纤 HBA 卡，4 个千兆以太网络接口，支持负载均衡等功能；配备 DVD 光驱，热插拔冗余电源；须支持 64 位 Windows Server 2012 中文操作系统。

全文检索服务器也建议用 4U 机架式服务器。建议配备 2 颗英特尔 xeon7-4830CPU，32GBDDR3 内存；配备不少于 2 块 300GBSAS15KSFF2.5 热插拔硬盘，可支持 8 块以上 2.5 热插拔 SAS 硬盘；内置 RAID 控制器，支持 RAID0，1；配备双端口 8Gb 光纤 HBA 卡，4 个千兆以太网络接口；配备 DVD 光驱，热插拔冗余电源；要求支持 64 位 Windows Server 2012 中文操作系统。

2. 磁盘阵列

要求双控制器，支持控制器热插拔；每个控制器标配不少于 8GB 缓存容量；标配不少于 4 个 8Gb FC、4 个 1Gb iSCSI 主机接口；支持在同一个磁盘阵列柜子中混合使用不同类型、不同容量的硬盘，支持 SAS、SATA 硬盘混插以实现分层存储，支持不少于 100 块物理硬盘；支持分区无限制，支持多路径、自动精简配置、RAID 级别在线迁移、LUN 在线扩容等功能；RAID 支持 0，1，5，6，10；配备 24 块 1TB 7.2K SATA 硬盘和 24 块 600 GB 15K SAS 硬盘；提供完整的存储系统管理软件，支持集中式 GUI 管理。

3.SAN 交换机

建议 24 端口 8Gb ps 光纤交换机，含 24 个光纤交换模块及 24 根跳线，全端口激活。三年原厂售后服务，要求所投产品必须提供设备生产厂家出具的售后服务承诺以及该项目授权证明。

4. 查阅用计算机

操作间计算机用台式机，建议配置 Intel Core i7 处理器、4GB DDR31333MHz 内存、1TB SATA 硬盘、DVD 刻录机、1000Mbps 以太网卡、22 英寸 LCD 显示器、预装 Windows7 操作系统。

电子阅览室查阅用计算机用台式机，建议配置 Intel Core i3 3220 以上处理器、2GB DDR31333MHz 内存、500GB SATA 硬盘、DVD 光驱、集成显卡、1000Mbps 以太网卡、19 英寸显示器、预装 Windows7 操作系统。

另外，电子阅览室需配触摸查询一体机。建议配置 Intel Core i3 3220 以上处理器、2GB DDR3 1333MHz 内存、500GB SATA 硬盘、DVD 光驱、集成显卡、1000Mbps 以太网卡、19 英寸显示器、预装 Windows7 操作系统、配套内容编辑及管理软件。

5. 其他设备

包括身份证识读器、IC 卡阅读器、IC 卡、移动硬盘等设备，以方便管理。

第三节　数字档案室硬件设施的配置要求

档案室是各机关（包括团体、学校、工厂、企事业单位等）统一保存和管理本机关档案的内部机构，是整个机关的组成部分，也是机关的机要部门之一。对全国档案工作来说，档案室是国家档案工作组织体系中最普遍、最大量、最基层的业务机构。

数字档案室是指以电子档案为对象，以电子计算机等数字设备为手段，基于网络实现档案收集、整理、保管、保护、共享利用的档案管理模式。

一、数字档案室硬件设施功能要求

（一）网络基础设施

数字档案室网络基础设施是机关整体网络基础设施的有机组成部分，应统筹规划、设计和建设。一般情况下，应将数字档案室网络管理中心设于机关中心机房。机关中心机房应具备防雷、防静电、防磁、防火、防水、防盗、稳压、恒温、恒湿等基本管理条件，有条件的单位应建设符合《电子信息系统机房设计规范》（GB50174—2008）要求的B级机房。中心机房、网络综合布线的配置，要充分考虑各类电子文件采集、归档和数字档案资源安全管理、移交等工作要求。应为数字档案室配备足够数量的内部局域网、政务外网和政务内网网络信息点，网络性能应能适应图像、音频、视频等各类数据的传输、利用要求。

（二）系统硬件

1.服务器

专业服务器是数字档案室必备的基础设施。服务器性能和数量的配置，应能满足数字档案室应用系统以及数据库、中间件、全文检索、备份、防病毒等基础软件的部署和安全高效运行的需求，并适当冗余、可扩展。

2.存储与备份

为满足各门类电子档案和传统载体档案数字副本的存储、利用和备份要求，应为数字档案室配备先进、高效和稳定的磁盘阵列作为数字档案资源在线存储设备。根据机关制定的数字档案资源保存策略，确定近线或离线备份系统的配置，近线备份应选择磁带库或虚拟带库及相应的备份软件，离线备份可选择光盘、移动硬盘等脱机存储介质以及相应的备、检测设备。

3.基础软件

为确保各门类电子档案及其元数据的准确和及时采集、捕获、保存，提供便捷、有效的数字档案资源利用，应结合数字档案室应用系统开发或运行需要，为数字档案室配备必要的正版基础软件，包括数据库管理系统、网络操作系统、中间件、全文检索、光学字符识别（OCR）等软件。应选用主流数据库管理系统，如关系型数据库等，其性能应能支持本单位今后较长一个时期数字档案资源管理的需要。

4.终端及辅助设备

应结合工作需要，为数字档案室应用系统配备专用终端计算机、扫描仪、数码照相机、打印机等终端设备，以及恒温恒湿防磁柜、刻录机、移动存储介质等辅助设备。

二、数字档案室硬件设施配置方案

数字档案室的硬件设施包括服务器、计算机、扫描仪、光盘刻录机、不间断电源等设备。

1.服务器

档案室的服务器主要用于存储、运行档案信息，并提供档案的在线查阅利用，因此，其配置没必要如档案馆的服务器那么高，但仍需满足基本的使用要求。建议最低配置要求为 2U/PIII Xeon 2.0GHz/IGB。

2. 计算机

计算机是客户端用于访问服务器或进行档案数字化处理的终端设备。目前，市场主流计算机都能满足使用要求。

3. 扫描仪

扫描仪用于纸质、照片档案的数字化。建议配备 SCSI 接口、零边距，有自动旋转、彩色扫描功能，最大光学分辨率为 600~1200dpi 的 A3 幅面扫描仪。

工程、产品设计单位应该配备大型扫描仪。

4. 光盘刻录机

光盘刻录机用于纸质、数码照片、多媒体档案数字化的备份。目前，市场上的主流产品为 DVD 光盘刻录机，均能基本满足需求；对数据量较大的档案室应配备蓝光刻录机。

5. 不间断电源

不间断电源可用于所有设备的断电保护，保证档案信息的安全运行。在配备不间断电源时应注意电源的最大负荷。

第四节　档案信息化建设的软件环境

一、自动化办公系统（OA）

办公自动化（OA）是面向组织的日常运作和管理，员工及管理者使用频率最高的应用系统，自 1985 年国内召开第一次办公自动化规划会议以来，OA 在应用内容的深度与广度、IT 技术运用等方面都有了新的变化和发展，并成为组织中不可缺少的核心应用系统。其主要推行无纸化办公模式。

（一）OA 设计编辑

1. 可行性和适应性

所谓可行性，是指当计划所追求的目标，满足目标的主要功能，而不是超越当前技术水平空想。

所谓适应性，是指产品的实施条件和应用条件要与企业当前的环境吻合。核心需求的吻合度，吻合度是 OA 价值体现的保障，用户在工作流程、公文管理等方面的核心需求的满足度是项目成功的基础。

2. 前瞻性和实用性

OA 系统的开发设计，既要考虑最大限度地增加系统的价值，最大限度地吻合各应用者的需求，充分考虑系统今后功能扩展、应用扩展、集成扩展多层面的延伸，实施过程应始终贯彻面向应用、围绕应用、依靠应用部门、注重实效的方针，又要兼顾成本控制、项目周期控制等因素，因此，在功能的部署上也需要遵循实用主义。

3. 先进性和成熟性

先进的管理理念、技术和方法，可以提升企业的竞争力，延长系统的生命周期，但同时，又要注意软件系统、硬件设备、开发工具、软件产品是否成熟。只有在先进性和成熟性之间找到平衡点，才能成为价值最大化的关键。

4. 开放性和标准性

"数据孤岛""信息孤岛""应用孤岛"已经成为多年信息化建设的后遗症，而解决这些"孤岛"的关键因素在于开放，解决这些"孤岛"的效率取决于标准化。

如同插座和插头的关系、如同外设和 USB 接口的关系，OA 系统是否足够开放和标准化，成为其在架构设计时首要考虑的问题。

在当前和未来，OA 系统需要轻松与各种操作系统、中间件、数据库、业务系统及工具软件进行平滑对接，当前的主流厂商都在这方面做了充分考量。

5. 可靠性和稳定性

OA 系统里流转了大量的管理数据，因此，系统必须是可靠的。一般的人为和外部的异常事件不应该引起系统的崩溃；当系统出现问题后能在较短的时间内恢复，而且系统的数据是完整的，不会引起数据的不一致。

在负载均衡的情况下，3000 人同时在线时，系统登录（包括整个主界面加载）不超过 8 秒，数据浏览不超出 8 秒，数据查询不多于 8 秒，数据统计不多于 15 秒。

在 IBM 服务器上做过稳定性的测试，基本上可以做到以下几点。

平均无故障运行时间：大于 1 万小时；

可用率：系统总体平均可用率在 99.99% 以上；

稳定性：主机系统能够保持 7×24 稳定且不间断运行。

6. 安全性和保密性

OA 系统的开发设计既考虑信息资源的充分共享，又要注意信息的保护和隔离，因此，系统应分别针对不同的应用、不同的网络通信环境和不同的存储设备采取不同的措施，包括系统安全机制、数据存取的权限控制等以确保系统的安全性。其中，采取的措施包括但不限于以下几点。

一是平台安全。架构设计考虑安全性要求，平台软件达到安全设计标准。二是应用安全。权限控制、支持身份认证接口、防篡改、防暴力破解等措施完善，并且可以跟USBkey、CA、IP地址限制等各种安全措施进行方案组合。三是数据安全。支持文档安全软件整合技术，从而做到数据传输加密、远程安全访问、数据存储加密，并且可以VPN等各种安全方式进行绑定，支持入侵检测与防御系统、防火墙的应用。四是容灾备份。支持各种容灾的软硬件设备的使用等。

（二）OA产品的安全策略

管理安全。提供完善的日志功能，能够记录系统使用人员的关键操作，保证系统应用的安全。

密码策略。初始密码强制更改、启用图形验证码、支持USBkey接口、密码过期控制、密码错误次数控制、密码强度设置等，从而防止暴力破解和恶意攻击。

系统网卡MAC和IP的绑定。支持CA认证、数字签名加密技术；支持电子钥匙（hkey）技术和指纹hkey技术；支持安全套接（SSL）技术；软件系统严密、灵活的访问安全控制，功能授权与数据范围授权结合。

系统有整体的用户/权限管理体系，可统一进行用户/权限的管理，实现到字段级的查询、修改、管理权限控制；系统提供用户认证、数据传输、数据存储、数字签名等安全手段接口，可在各个环节提供对第三方安全认证系统的支持。

（三）OA系统的优势

1. 自动化

在手工办公的情况下，文档的检索存在非常大的难度。OA办公自动化系统使各种文档实现电子化，通过电子文件柜的形式实现对文档的保管，按权限进行使用和共享。企业实现OA办公自动化系统以后。例如，某个单位来了一个新员工，只要管理员给他注册一个身份文件，设置一个口令，他自己上网就能看到符合他身份权限范围内的企业内部积累下来的各种知识，这样就减少了很多培训环节。

2. 协同办公

OA系统支持多分支机构、跨地域的办公模式以及移动办公。目前，地域分布越来越广，移动办公和协同办公成为很迫切的一种需求，如果将文件保存在网盘或同步盘中，使相关人员能够随时随地有效地获得整体信息，提高整体的反应速度和决策能力。

（四）OA的发展方向

随着人们对OA的熟悉程度加深，传统OA如公文传递、人事、协作等功能已经不能满足企业日常办公需要，很多企业管理者对 OA 提出了新的要求。金融危机背景下，很多公司为了控制费用预算，希望把传统的费用报销流程整合到 OA 审批流程里，且希望有效管理资产，如资产的领用、流转、报修、报废等管理过程也希望整合到 OA 流程中，还有诸如视频会议等。

目前，对传统 OA 需求呼声最高的，还是希望能把 OA 扩展到手机上，公司管理者随时可以看到待审批事件。

OA 发展到如今，其内涵已经发生了根本转变，从最初的文档管理发展成为企业的信息化中心平台。当然，这个转变从理念上来说已经完成，但从应用上来说才刚刚开始，我们可以肯定地说，OA 平台化的时代已经到来。

OA 之所以要向平台化方向发展，就是因为 OA 的作用正从行政管理转移到行政和业务兼管，从沟通转移到协作，从单一应用转移到系统整合。在 OA 行业，一直是需求推动技术的发展，OA 这种转变正是这些年乃至未来企业发展的需求所致。

OA 要想解决以上的问题，必须具有平台化的特征，这个平台必须具有充分的开放性和灵活性，允许用户方便地自定义各种业务流程和表单，并与其他系统进行数据整合，生成各种统计报表。传统的 PHP 技术开发的 OA 因为不具有平台性而正在逐渐被淘汰，最具代表性的 OA 平台一般都是 JAVA 技术开发，在这种 OA 平台上，是在业务中做沟通，而不是在沟通中做业务，沟通、业务、组织、管理都是协同一致的。

二、数字档案管理系统

数字化档案管理是对传统档案管理工作的一次创新，能够实现对档案和档案材料收集、鉴别、整理、保管、转递、统计、查阅等日常工作的数字化管理，并可通过局域网实现档案的网上浏览和远程查、借阅。这为今后档案查阅等工作带来了极大方便。

数字档案管理系统分为日常业务管理系统、档案数字化采集系统、数字化档案在阅系统和安全保障系统四个部分。

1. 日常业务管理系统

主要实现档案日常管理工作，包括对干部档案及材料的收集、鉴别、整理、缺少材料登记、干部任前审核、档案转递、统计、查阅等业务处理功能。

2. 档案数字化采集系统

档案数字化采集系统主要批量完成对纸质档案材料的数字化采集处理工作。系统提供了目录编辑、档案采集、数据审核三大功能，并利用现代化网络技术，实现多人多客户端，对多本档案、不同材料可同时采集处理。

3. 数字化档案在阅系统

档案查阅系统以组织系统专用网为网络基础,采用 B/S(浏览器/服务器)模式架构,在组织系统内部实现了本地及远程查档、阅档功能。系统在安全方面进行了多方考虑;可按日期、时间或长期有效等多种方式,完成阅档授权;阅档过程进行详细的日志记录;信息采用加密信道传输等多种方式,使系统运行更加安全可靠。

4. 安全保障系统

应结合实际,参照信息系统安全等级保护有关要求,从多层面为数字档案室应用系统建立安全保障体系。涉密数字档案室应用系统必须按照国家有关涉密信息系统分级保护的规定执行。

应建立数字档案室应用系统的"三员"管理制度,明确系统管理员、安全管理员和安全审计员职责,并贯彻落实。

应结合"三员"管理制度,为数字档案室应用系统设计、实施完善的用户权限配置和管理功能,为数字档案资源的安全存储、管理提供保障。

应为数字档案室的应用系统配备正版杀毒软件。如有必要,应有选择地配备防火墙、用户认证、数字签名、移动存储介质管理软件、业务审计软件等安全管理工具。

三、档案网站建设

档案网站是档案馆在互联的公共信息网络上建立的站点,它以主页方式提供相关信息和相关服务,构成公共信息网络的一个节点。从微观上来讲,档案网站建设是档案馆网络化建设的第一步,是档案馆面向网络世界的窗口;从宏观上来讲,档案网站建设是国家档案信息化建设的基础,数字化、网络化是信息时代发展的趋势和社会信息化的必然要求。

(一)档案网站功能建设

1. 档案网站宣传功能

档案部门收集保管档案的目的是利用,而只有在了解认识档案的基础上才能更好地利用。宣传、介绍档案工作,扩大档案工作的影响,是档案利用工作的基础,而档案网站正是利用网络这一信息共享平台,打破时间、地域限制,通过档案馆指南、档案部门机构设置、职能简介、服务利用指南、档案政策研究等栏目的设置,全方位、多角度地进行宣传。

2. 档案网站展示功能

档案真实地记录和反映社会政治、经济、文化等各个领域的活动,具有原始真实性、较高的美学价值、一定的可欣赏性。档案网站通过对馆藏的展示，展现了社会的精神文化财富，反映了一种社会资源的共享性，不但体现了档案部门对人类文明的保护和推动作用，而且这种展示不局限于国内，通过互联网可以传到世界各地，对宣扬中华民族的璀璨文化起到事半功倍的效果。展示功能是突出档案部门自身文化内涵的一个重要方面。

3.档案网站服务利用功能

服务利用是发挥档案价值的直接途径。提高档案的利用效率，提升档案部门的服务水平，这是档案部门需要深入研究的问题。解决这一问题，一要丰富馆藏，二要提供周到快捷的服务方式。档案网站的建设对档案利用的服务方式有了全新的突破，一改过去"坐等上门""面对面查档"的传统服务方式，通过档案网站利用窗口的设立，可让利用者上网查找，搜索档案目录，调出要查找的档案，达到自己的利用目的。档案网站通过网上查档功能的设置，极大地方便了利用者，缩短了时间和空间的距离。

4.档案网站交互功能

档案网站能够广开言路，倾听利用者及访问者的意见建议，在服务提供者与服务对象之间架起一座信息沟通的桥梁。通过网站点击次数、统计档案工作论坛、利用者信箱、建言献策等栏目的设置，建立起与网站访问者的交互园地，使档案网站打破单向的输出方式，通过分门别类仔细分析研究访问者的反馈信息，并及时给予答复。尽可能满足访问者的需求，使档案网站建设在充分考虑访问者需要的基础上不断地完善，达到吸引访问者的目的，增加点击率和访问量，不断注入新的活力，从而使档案网站步入良性发展轨道。

（二）档案网站内容建设

网站内容不仅要包括大量的一次文献信息，还应该包括大量的二次、三次文献信息，以便满足不同用户的不同需要以及同一用户不同程度的需要。网站内容不仅要提供文本和图像信息，还应该提供多媒体档案信息，让档案信息资源能够全方位展现在利用者面前，从而还原档案、还原历史。

一方面，要坚持大量提供文书和照片档案信息；另一方面，还要提供大量实物、电影、音像等档案信息，增加档案网站的可读性和吸引力，丰富档案网站的内容和形式。

档案开放是档案事业发展的必然趋势。特色档案的网络化不仅不会危及档案的完整，反而会增添档案网站的品位和个性。网站的建设不在于"大而全""小面全"，而在于要有自己的特色，既要有区别于其他类型网站的内容和形式，又要有相同类型中自己网站的个性；既要有地方特色，又要把自己的"镇馆之宝"公之于众，如美国国家档案馆的三件"镇馆之宝"——《独立宣言》《人权法案》《美国宪法》。

在档案利用方面，我们还要考虑档案信息的互译问题，最大限度地消除语言障碍。例如，藏文档案我们可以增加相关翻译工具链接，针对经常性的、使用频率较高的档案信息，甚至可以考虑提供网络在线服务，由专业人士在线予以解决。

第五节 数字档案馆管理软件要求

一、档案收集

档案数字化之后，使得以在线或离线方式收集数字化的档案变成可能。以目前的档案管理方式，实体档案和数字化档案还将长期并存，实体档案将继续收集。在提供数字档案时可以分解数字化工作量，避免档案馆花费过多人力于档案的数字化工作。在档案馆人力、经费不足的情况下，可以通过制度来分解数字化工作，由档案的形成人或提供人完成数字化工作；在线收集档案的同时还要有明晰责任的作用。

文件、声像、图书、情报、资料、文献、实物，档案馆面对各种形态的档案，要统一数字化形式，首先要解决的是标准问题。除了实物，其他形式的档案从理论上来说都可以用数字化来存储。一个系统在启动之时，会制定所能接受的格式和规范，而这些格式和规范需要能包容本馆所预期数字化的馆藏。如图片资料等，现在所用的手段是扫描或照相，便要确定精度标准是多少。又如在启动时确定的规范是300dpi，但是后期发现这个精度对部分档案无法完美反映其细节，这个时候就会面临大量返工的尴尬局面。开始设置较高、超高精度，又会造成存储成本过大、使用困难。因此，标准应该是在对本馆馆藏特征进行全面分析的基础上制定的，既要符合数字档案馆的国家标准，又要扩充、调整相应的个性化标准以适应本馆的馆藏特点。

在目前的档案管理系统中，最大的安全隐患是档案的真实性问题。系统管理人员甚至是档案管理人员，都有可能去变更数据，而数字化的档案有别于传统档案的特点是很难发现变更的，即使发现变更也没有变更的痕迹。这样，档案的真实性就在很大程度上依赖管理人员的自觉性。档案的真实性是档案最严肃的要素，所以应该从技术手段和制度上加以保证。目前，已经非常成熟的数字证书技术是保证档案真实性非常好的方式。建立证书体系，由最后的责任人在入库前加盖数字印章。信息档案文件在采用数字印章或加密格式存放之后，需要使用系统密钥打开。

二、档案管理

信息技术在档案管理中逐渐使用，并呈现快速发展趋势，新的技术革命对档案工作产生了巨大影响。电子文件的大量产生以及档案馆中纸质档案的数字化速度的加快，使得档案实体与所包含的信息内容加速增长，档案工作本身也随之发生变化，档案实体管理与档案信息管理彻底分离。

1. 数字化档案管理的特点

一是信息管理数字化。采用先进数字化存储技术方案，具有通用性强、安全性高、标准化程度高、可视性强、支持计算机联网查询和实时浏览等特点。

二是资源管理虚拟化。通过网络互联和馆际互借来建设虚拟资源，实现档案馆馆际互借和文档服务，从而达到档案信息资源共享。

三是信息资源管理智能化。可以使利用者运用超文本及多媒体技术进行智能化检索，检索速度快、效率高、范围广，同时还可采用电子加密技术对档案进行机密处理。

四是用户使用方便化。用户可以在任何时间、任何地点通过计算机方便地使用档案信息，获取更为及时、准确、系统的信息，从而节省大量的人力、物力和财力资源。而且其查询速度快、保存时间长、保真性高，内容全面完整、真正实时在线。

2. 数字化档案信息资源管理主要包括的工作

一是以现代通信、计算机网络、多媒体信息技术设备为基础设施，在内部建立具备连接各个部门的计算机网络平台，外部建立调整信息的宽带公共通信网络。

二是以各个时期、各种类别的档案信息库及其他信息库为基础资源，包含传统档案数字化转换后获得的数据库、办公自动化系统生成的电子档案数据库以及来自政府机构和职能部门的各类信息库。

三是以智能信息处理技术为主，将原有的数据库转变为知识库，应用自然语言进行所谓的概念性全网络搜索。

四是建立全方位、立体化的应用体系，及时吸纳和提供各种各样的信息资源，并为信息资源的使用提供良好的维护和安全保密保障。

三、档案保存

数字化档案虽然是一种永不消失、永不磨损的信息，但是实际上磁信息或光信息会存在出错的现象。磁场、过热过冷、灰尘、多次读取等因素都有可能造成数字信息的变更。有些变更会导致部分信息缺失，有些错误却会导致整个文件无法打开，甚至导致数据仓库完全损坏。尤其是如果使用了加密格式存储，任何误码就会造成信息无法还原。所以，对数字档案的保管需要从技术方案上对数据安全提供足够的保证。一是建立基础的备份系统。二是建立定期自动核查例程，防止数据已损坏而未能发现。再好的备份系统也不可能无限量冗余备份，如果不及时发现问题，已损坏数据就很有可能会冲掉备份的正确数据。三是有条件的档案馆应建立实时异地备份。四是定期更新存储介质。

四、档案利用

保密是数字档案馆利用环节最需要关注的因素，以现在的信息技术手段，只要开放出去，再想保护就几乎没有可能，所以档案的调阅流程需要有严格的控制。一是对数据元的开放方式要有明确的界定，按不同的密级设定不同调阅方式的可见数据元。二是数据中心要有严格的安全措施，包括技术手段和管理手段。三是在无法做到物理隔离的情况下，要利用网闸等技术实行逻辑隔离。四是采用技术手段，严格控制调阅者来源和权限。五是档案数据库建立在内网，需要开放的部分可采用同步技术建立镜像供使用。六是建立调阅室，加强制度管理，采用技术手段防止通过网络或移动存储拷贝数据。七是要防止无线网络设备造成网络后门。总之，随着信息技术的高速发展，数字档案馆的建设在面对新空间、新思路的同时，也会面临着许多问题和困难。这就需要档案管理人员与时俱进，只有坚持学习和研究，才能不断给数字档案馆的发展注入新的生命力。

第六节　数字档案室管理软件要求

一、数字档案室管理软件的基本功能

1. 档案归档

档案文件验收归档保存。系统应该提供两种档案归档方式：自动归档（通过智能流程实现）、手工归档（通过档案管理员手工实现）。

2. 档案管理

可根据企业的档案管理要求，自定义档案分类。分类可实现无限目录结构，每一级均可挂接相应的档案信息，可自定义添加各级别的属性字段功能，搭建各类档案的基本框架结构，并自动生成基础功能，实现档案基本功能一键生成。对各种基础功能的管理，包括角色管理、字典管理、编号规则管理、导航菜单权限设置等功能。

实现档案案卷管理（包括对案卷及文件的查询、立卷、拆卷、合并卷、移卷等功能），同时，可实现案卷的标签打印功能，以方便档案人员进行管理。

3. 档案保存

主要是库房温控管理，显示库房温湿度及上下限的值，超过限度会进行短信提醒，并且有查询及导出功能，也可查询报警信息。

4. 档案利用

查询检索。通过建立全文搜索索引，实现编目查询、多条件组合查询、模糊查询、自定义查询条件等高级查询功能。

借阅管理。实现档案的借阅、审批、浏览、下载、过期回收、归还等功能，整个借阅环节中的消息提示通过即时消息系统传递给相关人员。系统提供第三方多格式文件查看器，实现任何格式的电子文件都可浏览，并有安全性的设置，保证浏览时不能获取可编辑类文件。

实现档案借阅下载的查询及验证功能，包括对借阅验证码进行核对后方可借阅，借阅后可提供借阅单的打印功能及对档案归档的处理功能。

5. 档案移交

电子档案移交与接收的主要流程为档案移交单位组织电子档案数据、验电子档案数据、移交电子档案数据，国家综合档案馆检验电子档案数据、办理交接手续、接收电子档案数据、著录保存交接信息、存储电子档案数据等。电子档案的移交与接收，本质上是数据从档案移交单位的档案管理系统或业务系统导出和数据向档案馆信息系统的导入。

二、软件系统建设

1. 电子文件归档管理系统

单位办公自动化系统的组成部分，应按照《电子文件归档与管理规范》（GB/T 18894—2016）和有关电子文件归档管理的规定设计开发，逐步实现电子文件实时归档、网上移交，主要包括归档鉴定、整理编目、数据加工、数据报送等功能。归档管理过程中应保证电子文件元数据和背景信息的完整性。

2. 数字档案室管理系统

应建立以数字档案信息收集、管理和利用为核心，涵盖整个档案室业务工作的管理系统，主要应包括电子档案接收、档案资料著录、整理加工、检索利用、档案编研、档案鉴定、数据统计、库房管理等功能。

3. 档案进馆和报送管理系统

按照网络环境下馆室一体化业务建设的模式，按照国家规定的档案数据及其目录数据格式要求，整理应进馆的档案、资料及现行文件，形成报送数据，通过网络或载体移交等方式向同级国家综合档案馆移交报送。

4. 档案查询利用系统

以电子档案管理系统的数据为资源，在浏览器/服务器模式下，实现在严格权限管理基础上的电子档案网上发布、高级检索和原文浏览。可以使档案利用者无须到档案部门现场办理手续，即可通过网络在自己的权限范围内，查询利用自己所需要的档案资料。

第四章 档案管理信息系统建设

档案信息化的实现需要借助先进、实用的档案管理信息平台，即档案管理信息应用系统。我国档案信息化起步以来，档案部门研制了大量的档案管理应用系统。由于各自分头建设，缺乏统一的规范，造成各应用系统的功能结构、数据结构、性能结构各异。影响档案信息资源互联共享，增加了系统使用和维护成本，迫切需要在统一规划、规范的指导下，进行系统整合，使档案管理信息系统的建设走上集约化、集成化发展的轨道。

第一节 档案管理信息系统的研制

一、档案管理信息系统的基本概念

档案管理信息系统是指各机关、团体、企事业单位和各级各类档案馆用于对档案信息和档案实体进行辅助管理的各种类型的计算机应用软件系统。

档案管理信息系统建设是按照档案事业发展的规划、标准和档案工作的实际需求，应用计算机基础设施，开发和使用档案管理应用软件系统的过程。

档案管理软件的开发和使用，要符合"规范、先进、实用"的质量要求，既要满足当前工作的需要，又要兼顾将来技术发展的趋势。

档案管理信息系统的应用价值来自应用系统的各项功能。其功能是指计算机应用软件系统辅助档案工作的某种能力，实质上是档案工作职能在计算机平台上的延伸。由于档案工作职能包括对档案的宏观管理和微观管理两方面的内容，因此，档案管理信息系统也相应分为两大类：一类是档案宏观管理信息系统，用于辅助档案工作者对整个档案工作的管理，又称档案行政管理系统，包括统筹规划，组织协调，统一制度，监督、指导和检查等档案工作的组织建设和事业管理。这类系统的建设主体主要是各级档案行政管理部门。另一类是档案微观管理信息系统，又称为档案管理业务系统，用于辅助具体的档案管理业务工作，包括档案的收集、整理、鉴定、保管、统计和利用等。这类系统的建设主体主要是各级各类档案馆（室）。鉴于机关档案室兼有上述两项职能，档案室信息系统应当兼有档案行政工作和档案管理业务功能。

然而，实际上多数档案部门并没有建立相互独立的档案行政工作和档案管理业务信息系统，而是在档案管理业务系统中嵌入一部分档案宏观管理功能。因此，本节所介绍的档案管理信息系统，主要是指档案管理业务系统。

二、档案管理信息系统的开发

档案管理信息系统的开发是在档案信息化规划和规范指导下，按照特定的档案管理需求，应用先进、实用的计算机软硬件和网络技术，研制档案信息管理应用系统的过程，其主要任务是研制档案管理应用软件。

1. 档案管理应用软件的基本要求

根据国家档案局2001年发布的《档案管理软件功能要求暂行规定》档案管理应用软件要符合以下基本要求。

（1）档案管理软件的开发研制与功能设计必须符合国家有关档案工作和计算机信息系统管理的法律法规和业务技术标准。

（2）档案管理软件的研制、安装和使用，必须具有严格的安全保密机制。

（3）档案管理软件应具有良好的实用性、兼容性及可扩展性，并做到界面友好、用语规范、操作简单、使用方便。

（4）档案管理软件应具备较强的数据独立性，确保在软、硬件环境发生变化时数据完整、安全迁移及有效利用。

（5）各种不同类型的档案数据，其文件格式均应尽量采用通用的文件格式。

（6）档案管理软件应配有完备的安装与使用技术资料，主要包括用户手册、系统管理员手册、数据实体关联图等。

2. 档案管理应用软件的基本功能结构

功能设置是实现档案管理系统价值的关键。档案管理应用软件种类很多，如电子文件归档管理系统、数字档案室系统、数字档案馆系统等。依据档案工作的基本职能，任何档案管理应用软件都应具备以下基本功能。这些功能既包括档案实体管理，又包括档案信息管理；既包括管理档案目录信息，又包括管理档案全文（内容）信息，并基本上覆盖档案各项管理业务。

三、档案管理信息系统开发的方法

　　档案管理信息系统的开发需要应用软件工程的原理和方法。软件工程是指导计算机软件开发和维护的工程学科，是采用工程的概念、原理、技术和方法来开发与维护软件的方法。该方法将任何软件产品从形成概念开始，经过开发、使用和不断增补修订，直到最后被淘汰的整个过程看作一个生命周期。该生命周期可以划分为若干相互区别又相互联系的四个阶段，即系统分析、系统设计、系统实现和系统运行维护。每个阶段都有相对独立、具体的任务，都要形成规范的文档，每阶段工作都要以上个阶段工作的成果作为依据，又为下阶段的工作创造条件。每阶段工作结束后都要从技术和管理两个方面进行严格审查，若发现前阶段有错，则需要返回前面的阶段进行整改，由此形成软件开发的规范化、高效化工作流程。

（一）系统分析

　　该阶段任务是确定系统的总目标，即解决系统应当"做什么"的问题。系统分析是系统开发的起点，决定系统设计的方向，此项工作由项目开发小组中的系统分析员实施。系统分析员是系统开发的高级人才，应当擅长档案管理业务和计算机技术，具有将二者有机结合、宏观策划、微观布局的能力。系统分析的主要任务如下。

　　1. 开展调研

　　由项目发起者或建设方开展初步的内部需求调研和外部市场调研，内部调研的对象主要是有关档案工作的领导、业务骨干和用户，调研他们对档案工作和档案信息的需求。外部调研主要了解信息技术发展的现状和趋势，及档案信息化的经验和规律。通过调研，提出系统设计的目标、任务、规模、实施路线，并分析项目风险、预测实施效果、安排工作进度、提出费用估算（包括财力、人力、设备等），最后形成《开题报告》或《计划任务书》，报决策者审批。

　　2. 组织开发小组

　　依据项目目标组织研制小组，确定该小组的负责人和成员，其成员一般应当包括专职档案专业人员、计算机专业人员、档案用户代表等。如果该项目采用外包设计的话，开发小组中还应当包括外包服务商有关领导和技术人员。

　　3. 可行性研究

　　（1）可行性研究的组织，需由有关领导、专家、业务骨干参加，对系统进行分析、评估、论证、成本效益分析。

　　（2）研究内容。一是必要性分析，确定系统开发是否必要、是否紧迫。分析系统应用的宏观效益、微观效益；社会效益、经济效益；直接效益、间接效益；短期效益、长期效益。二是可行性分析，包括经济可行性，即系统开发的资金投入、产出比；技术可行性，分析可利用的技术条件，包括硬件、软件、本单位、社会上可利用技术资源等；管理可行性，包括管理环境、管理标准化、规范化程度、已有档案数据资源等；操作可行性，分析操作中可能遇到的问题，是否具有解决能力。

（3）编制《可行性报告》，内容包括系统目标、可行性分析、工作进程、可利用资源、所需费用、结论意见等。

4. 开展用户需求分析

系统分析后编制《用户需求说明书》作为系统分析的结果和系统设计、验收的依据。《用户需求说明书》要从以下几个方面准确、具体地阐明用户对系统的需求：一是信息需求。系统需要处理的档案数据的门类、实体（如目录、表格、台账等）。二是功能需求。系统需要做哪些处理，如归档、编目、保管、统计、查询等。三是性能需求。系统需要达到哪些安全、保密、速度、效率、便捷、规范等性能要求。四是环境需求。系统实施需要哪些实施条件，如法规、制度、方法、技术、人才、资金等。五是近期和远期需求。区分需求的轻重缓急，提出分步实施的方案。

（二）系统设计

该阶段任务是对《用户需求说明书》中的各项内容提出具体设计方案，即解决系统应当"如何做"的问题。系统设计分概要设计和详细设计，其任务由系统分析员牵头的设计团队来承担。

1. 概要设计

（1）采用结构化设计方法。将整个系统按照层次和功能的逻辑关系，自上而下逐步细化为功能单一相对独立的计算机程序模块，以便于系统的编程、调用、调试、扩充、测试和维护。

（2）绘制功能模块图。绘制功能模块的层次结构，并以文字具体描述各模块的功能。功能模块图是描述软件功能层次结构的工具，用方框和连线表示软件功能模块之间的层次或网状关系，以及模块之间的调用关系。

2. 详细设计

详细设计是对概要设计的进一步细化，包括数据库结构设计、计算机输入输出设计、用户界面设计、用户代码设计、用户权限设计以及业务流程设计等。最后以模块为单位，编制《系统详细设计规格说明书》，详细说明各子系统和模块的输入设计、输出设计、界面设计、数据库设计、代码设计、程序设计语言等。为了说明这些细节，应采用数据流程图的描述方法。用户操作界面友好是系统性能的重要指标，要求做到操作方法简便，操作提示准确，用户一看就懂、一学就会。

（三）系统实现

该阶段任务是将设计结果转换成具体的系统，主要指软件的编制和测试、硬件设备的购置与安装、软件的实现人员配备和培训等。

1. 编写程序

为了设计应用系统，首先要购置或配置计算机软硬件及网络系统，安装数据库系统和软件编制工具。然后用工具软件写出正确的程序模块，即应用软件，这步工作也称为编码。程序模块设计要做到结构良好、清晰易读、容易维护。

编程工作一般由计算机专业人员来完成。编程要尽量选用第四、第五代语言和自动化程序设计工具，以降低程序开发成本、提高程序质量、缩短开发周期。

2. 软件测试

程序设计后须进行必要的测试。测试是为了发现程序中的错误并进行改正，以保证程序的正确性和可靠性。测试分为以下内容。

（1）模块测试，即逐个模块地测试，改正程序的局部错误。

（2）联合测试，即按功能结构设计的要求，测试功能调试模块之间的接口。

（3）验收测试，即按《系统详细设计规格说明书》进行整体联合测试。对系统进行正确性、可靠性、稳定性、响应时间、输入输出界面等综合测试，测试后形成《测试报告》。

3. 鉴定验收

（1）鉴定验收的内容。鉴定验收主要从系统运行的结果来考察系统是否达到预期的设计目标，具体要对以下内容做出评价：一是是否全面达到预定的系统目标；二是是否符合系统的各种效益指标；三是系统开发文档材料是否完整齐全；四是系统存在哪些问题，需要采取什么改进或补救措施。

（2）鉴定验收的条件。鉴定验收前系统需试运行半年以上，然后请系统的用户对系统的功能、性能、稳定性和实用性做出评价，并写出《用户使用报告》。

（3）技术测试。一是组织技术测试小组。鉴定前的测试不同于以往测试的是，需由上级档案行政管理部门委托或组织技术测试小组。二是编写测试大纲。测试组根据系统设计目标和有关介绍，编写测试大纲。测试内容包括软硬件环境、存储数据量、功能的完整适用性、查询响应时间、输出速度等技术指标，系统设计的技术特点和水平等。三是进行现场测试。在真实应用环境下，运用真实的数据，对系统进行测试，测试结果应记入测试大纲。四是审查软件开发文档。开发文档包括开题报告（或计划任务书）、可行性研究报告、用户需求说明书、功能模块结构图、详细设计规格说明书、研制报告、技术报告、测试报告、用户使用报告、使用说明书等。五是撰写《测试报告》。测试专家根据测试大纲反映的测试结果，撰写《测试报告》，作为专家鉴定的依据。

（4）组织鉴定会议

成立鉴定委员会，鉴定委员会主要由用户代表、计算机专家、档案管理专家以及测试小组组长等共同组成。鉴定会议议程主要有一是与会各方做《系统研制报告》《系统技术报告》《用户使用报告》《测试报告》。二是进行现场操作演示，并接受鉴定委员会的提问和质询。三是鉴定委员会讨论。拟写《鉴定意见》，并向全体与会者宣读并通过《鉴定意见》。

（四）系统运行、维护与评价

1. 系统运行

档案管理信息系统建设要改变重系统开发、轻系统运行和维护工作的片面认识。因为系统运行是实现档案信息化实用价值的关键环节，是测试系统质量的实战环境，是培养用户档案信息意识和实际操作技能的最佳平台。

新系统的运行取代原有的手工管理或旧的应用系统，会给操作流程和操作人员工作职责带来新的变化，也会遇到许多新的问题。为此，操作人员需要通过精心组织实施，化解问题，确保系统正常运行。运行组织工作包括以下几方面。

（1）制定档案管理信息系统操作制度。明确档案管理信息系统运行的分管领导、主管部门；明确系统操作人员的职责和操作要求。

（2）数据库建设。对以前没有建立过档案管理信息系统的单位，需要对现有传统档案进行目录数据录入或纸质档案数字化工作；对以前建立过档案管理系统的单位，需要将原有的档案数据迁移到新的数据库中。

（3）用户操作培训，提高用户操作技能。

（4）对系统运行中出现的问题，及时做好记录，以便为系统维护提供第一手材料。

2. 系统维护

系统维护是对运行中的系统进行不断修正和改进，以适合用户实际需要的工作。系统维护包括以下内容。

（1）改正性维护，即为改正程序设计中的错误而进行的维护。

（2）适应性维护，即为适应程序运行环境的变化而进行的维护。

（3）扩展性维护，即为满足用户在使用中提出的意见和更高的要求而对系统进行的改进或功能、性能上的扩展。

维护是一个时间较长的阶段，且可能反复多次。维护工作的流程是用户或设计人员提出维护要求→维护人员进行维护分析→制订维护计划→领导或有关主管部门审查维护计划（大的维护可能还要请专家论证）→维护人员实施维护→检查验收维护项目等。

3. 系统评价

系统评价是为了了解系统当前的功能、性能的适用性、可靠性，为系统验收和下一步改进提供依据。评价的指标主要包括如下方面。

（1）从档案工作的角度评价管理指标，即系统对档案工作业务需求的满足程度，对档案工作现在和将来的影响程度，如在提高工作效率、业务能力、服务质量、科学化和规范化管理水平等方面取得的效果。

（2）从计算机系统角度评价经济性和技术性。经济性即投入、产出分析，包括取得的经济效益、社会效益、直接效益、间接效益等；技术性即操作界面、响应速度、系统的可靠性、处理的灵活性等方面的技术性能。

第二节　数字档案室建设

各级、各类机关的档案室工作是国家档案事业的重要组成部分，是提高机构工作效率和质量的必要条件，也是档案馆工作的前端和基础。因此，数字档案室建设是档案信息化的重要内容，是连接机关办公自动化和数字档案馆，建设、集成机关档案信息资源，确保机关档案资源共享利用的关键环节。它对维护机关电子档案的真实、完整、有效和安全，提升档案室工作效率和服务能力，促进数字档案馆建设乃至档案信息化的全面、持续、有效发展具有重要意义。

一、数字档案室概述

（一）数字档案室的概念及内涵

《数字档案室建设指南》定义数字档案室是指机关在履行职能过程中，运用现代信息技术对电子档案和传统载体档案数字副本等数字档案信息进行采集、整理、存储、管理，并通过不同类型网络提供共享利用和有限公共档案信息服务的档案信息集成管理平台。

该概念包括以下内涵。

1. 建设和应用的主体是政府、企事业单位和各类社会组织的档案室，目的是更好地履行档案管理职能。

2. 技术条件是全面应用现代信息技术，包括数字技术和网络技术。其中网络系统应包括各种类型的网络平台。

3.管理对象主要是电子档案（归档电子文件）和数字化档案（传统载体档案数字副本）的信息。

4.管理的功能包括档案管理的各项业务，主要是满足机构内部职能活动的需要，同时实行有限的公共档案信息服务。其"有限性"是由机构所有档案的价值特征和档案工作的职能所决定的，它有别于数字档案馆。

5.建设要求是建立档案信息"集成"管理平台，为此需要强调统一规划、统一建设、统一实施、统一管理，做到数据集成、功能集成、流程集成，协调和处理好档案部门与文书部门、档案工作与业务工作、档案室与档案馆之间的关系。在文件生命周期中发挥好承上启下的信息枢纽港作用。

（二）数字档案室建设的原则

1.资源强档原则

数字档案资源建设要做到"三管齐下"：一是将来源于机构信息系统的电子档案收起来；二是将室藏传统档案的数字化工作做起来；三是将档案数据库建起来。数字档案资源是数字档案室的立足之本和利用之源，也是国家档案资源建设的入口和源头。只有从源头上将数字档案资源做大做强，才能做到"上游有水下游满"。所谓"做大"，就是严格按照归档范围，使档案资源做到应收尽收、门类齐全、内容完整；所谓"做强"，就是要确保数字档案资源的真实、完整、有效和安全，做到配置合理、格式规范、管理有序、特色鲜明。因此，实行机构重要数字信息的资源化管理应当成为数字档案室建设的永恒目标和基本条件。

2.标准先行原则

数字档案室建设应统筹协调文件管理与档案管理、业务工作与档案工作、档案室与档案馆之间的关系，确保数字档案室系统与前端办公自动化系统，后端数字档案馆系统的衔接。为此，应当严格遵循既有的标准和规范，以便在系统设计、建设、运行中能够步调一致，统一规范，真正形成文档一体、馆室一体的档案管理体系。

3.整体推进原则

数字档案室基础设施、信息资源、制度规范、人才队伍的建设，需要依靠管理体系和行政手段整体推进，特别要将数字档案室建设与机关电子政务、企业电子商务和社会信息化建设密切结合起来，确保这项工作全面、协调、可持续发展。

4.确保安全原则

数字档案室建设应建立健全与机关整体信息安全管理相匹配的档案信息安全管理制度，按照信息安全等级保护和分级保护要求采取安全保障技术方法，配备必要的软硬件设施。完善灾难恢复应急机制，确保数字档案室建设和运行的安全。

5. 系统集成原则

数字档案室分布点多面广，分头建设必然造成资源浪费和"信息孤岛"的问题。为此，应在国家统一规划、科学管理指导下，研制实用的数字档案室集成系统，采用先进的架构体系（如云平台、B/S架构等）推广应用，使数字档案室系统具备统一规范的功能设置、数据结构、业务流程、性能指标，并做到与数字档案馆资源的无缝对接。

二、数字档案室的建设任务

数字档案室建设任务包括基础设施建设、应用系统建设、数字档案资源建设、保障体系建设，需要机关、企事业单位的档案部门、信息化部门、业务部门和保密部门共同参与实施。

（一）基础设施建设

依托本单位信息化基础设施，建设相对独立、稳定可靠、兼容性强、能够满足数字档案室运行需求的网络、硬件、软件、安全保障等基础设施。

1. 网络基础设施

一般应将数字档案室网络管理中心设于机关、企事业单位的中心机房中。机房应具备防雷、防静电、防磁、防火、防水、防盗、稳压、恒温、恒湿等基本管理条件，有条件的单位应建设符合《电子信息系统机房设计规范》（GB 50174—2008）要求的B级机房。中心机房、网络综合布线的配置，应为数字档案室配备足够数量的网络信息点，网络性能应能适应图像、音频、视频等各类数据的传输、利用要求。数字档案室网络平台应当与单位办公网、业务网统一规划、统一建设。实现跨系统、跨平台的信息交换和利用的分级、分层授权。

数字档案室网络平台与本地区、本部门政务网、业务网互联的，应采取相应措施。确保档案数据安全。

数字档案室网络平台处理涉密信息时，应依据国家和本市有关涉密信息系统分级管理规定确定等级，明确安全域，按照《涉及国家秘密的信息系统分级保护技术要求》（BMB17—2006）进行建设，并应与单位非涉密办公网和业务网实现物理隔离，禁止接入互联网。

2. 系统硬件

（1）服务器。服务器性能和数量的配置，应能满足数字档案室应用系统以及数据库、中间件、全文检索、备份、防病毒等基础软件的部署和安全高效运行的需求，并适当冗余，可扩展。

（2）存储设备。应为数字档案室配备先进、高效和稳定的磁盘阵列作为数字档案资源在线存储设备。根据本单位制定的数字档案资源保存策略，确定近线或离线备份系统的配置，近线备份应选择感带库或虚拟带库及相应的备份软件，离线备份可选择光盘、移动硬盘等脱机存储介质以及相应的备份、检测设备。

3. 基础软件

应结合数字档案室应用系统开发或运行的需要，为数字档案室配备必要的正版基础软件，包括主流的数据库管理系统（一般采用关系型数据库）、网络操作系统、中间件、全文检索、文件格式转换与迁移、图像处理及多媒体编辑等软件。数字化软件包括扫描软件和图像处理软件、光学字符识别（OCR）软件等。

4. 安全保障系统

应结合实际，参照信息系统安全等级保护有关要求，从多层面为数字档案室应用系统建立安全保障体系。应用系统设计、实施完善的用户权限配置和管理功能，为数字档案资源的安全存储、管理提供保障。配备正版杀毒软件，如有必要，应有选择地配备防火墙、用户认证、数字签名、移动存储介质管理等软件，业务审计软件等安全管理工具。涉密数字档案室应用系统必须按照国家有关涉密信息系统分级保护的规定执行。

数字档案室应配备专用的电子档案柜，规范存放电子档案；设置门控系统、监控报警系统，配备磁带备份系统、光盘刻录系统、断电保护UPS系统等设备，健全环境安全和介质安全等功能，确保网络设备、设施、介质和信息的物理安全。数字档案室应健全系统备份、容灾恢复等功能，配备防火墙、入侵检测等相应技术设备，建立操作日志，通过身份认证、访问控制、信息加密、信息完整性校验、入侵检测等技术手段和管理方法确保档案数据得到有效保护。

5. 终端及辅助设备

为数字档案室应用系统配备专用终端计算机、扫描仪、数码照相机、打印机等终端设备，以及刻录机、移动存储介质等辅助设备。终端配置应充分考虑档案工作的特点和档案室实际需要，如配置宽幅、零边距、高速、底片扫描仪，光盘标签打印机等。

（二）应用系统建设

应用系统建设应能集成管理各门类数字档案资源，具备收集、元数据捕获、登记、分类、编目、著录、存储、数字签名、检索、利用、鉴定、统计、处置、格式转换、命名、移交、审计、备份、灾难恢复、用户管理、权限管理等基本功能，为电子档案的真实、完整、可用和安全提供保障，并达到灵活扩展、简单易用的基本要求。

（1）档案门类管理，包括电子档案和实体档案的门类、分类方案，元数据方案的调整及扩展管理。

（2）接收采集，包括文书、音像、科技和专业类电子文件及元数据的接收采集。

（3）分类编目，包括分类组织、归档存储、编目著录等。

（4）检索利用，包括档案检索、利用、编研等。

（5）鉴定统计，包括鉴定处理、统计报告等。

（6）系统管理，包括审计跟踪、用户与权限管理、数据维护、参数设置等。

（7）技术文档管理，收集保存应用软件研制。测评、运行、维护等过程形成的文档。

以上具体功能需求可参见《电子文件管理系统通用功能要求》（GB/T 29194—2012）。

（三）资源体系建设

按照国家档案局发布的《数字档案馆建设指南》（档办〔2010〕116号），数字档案室资源建设应当满足以下质量要求。

1. 文书类电子档案质量要求

文书类电子文件（档案）的收集、整理、鉴定等，应符合国家档案局令第8号、《归档文件整理规则》（DAT 22—2015）等要求。此外，由办公自动化等业务系统形成并归档保存的电子公文，其质量还需满足以下要求。

（1）完整性要求。关于同一事由的往来电子公文齐全、完整，电子公文的组件——正本、定稿、公文处理单、集中记录修改过程的彩色留痕稿以及确有必要保存的重要修改稿等齐全、完整；红头、电子印章齐全、完整；文件标题、文号、主送机关、正文、发文机关署名和成文日期等要素齐全、完整。

（2）版面格式要求。电子公文正本的公文格式应符合《党政机关公文处理工作条例》第三章的要求。正本的页面尺寸及版面要求、公文格式各要素编排规则、公文的特定格式、式样应分别符合《党政机关公文格式》（GB/T9704—2012）第5章、第7章、第10章、第11章的要求。

（3）文件格式要求。电子公文的正本、定稿、公文处理单应以OFD、PDF、PDF/A等版式文档格式归档保存，版式文档格式应符合《版式电子文件长期保存格式需求》（DA/T 47—2009）；集中记录修改过程的彩色留痕稿以及确有必要保存的重要修改稿可以以WPS、RTF、DOC等同级国家综合档案馆认可的格式归档保存。

（4）元数据捕获要求。应参照《文书类电子文件元数据方案》（DA/T 46—2009）设置、捕获电子公文元数据，至少应包括聚合层次、来源、立档单位名称、电子文件号、档号、年度、保管期限、内容描述、题名、日期、密级、形式特征、存储位置、脱机载体编号、权限管理、机构人员名称、业务状态、业务行为、行为时间、实体标识等20项。

（5）封装要求。若条件成熟，根据同级国家综合档案馆要求，可以对文书类电子档案与其元数据进行封装。封装可参照《基于XML的电子文件封装规范》（DA/T 48—2009）执行。

2. 音像类电子档案质量要求

（1）基本要求。音像类电子文件的归档范围应参考《照片档案管理规范》（GB/T 11821—2002）第4章或同级档案行政管理部门的具体要求执行。收集、归档的音像类电子文件应经过挑选和系统整理，应能系统、客观地记录本单位的重要职能活动，以及历次活动的主要内容、主要人物、主要场景等。按照客观事实编辑形成的录音、录像类电子文件可收集、归档。

（2）品质要求。音像类电子档案应主题鲜明、影像和语音清晰、人物形象端正。照片类电子档案应以TIFF、JPEG格式保存，其可交换图像文件EXIF，信息保存完整，像素数不低于300万；重要或珍贵的录音类电子档案以WAV格式保存，其他的以MP3格式保存，音频采样率不低于44.1kHz；录像类电子档案以MPG、MP4格式保存，比特率不低于8Mbps。

（3）照片类电子档案基本元数据集。应参照《照片类电子档案元数据方案》（DAT 54—2014）设置、捕获照片类电子档案元数据，至少应包括聚合层次、档号、年度、题名、摄影者、摄影时间、人物、地点、业务活动描述、保管期限、密级、计算机文件名、格式信息、计算机文件大小、垂直分辨率、水平分辨率、图像宽度、图像高度、色彩空间、捕获设备、固化信息，以及描述电子档案管理过程的机构人员、管理活动元数据。

（4）录音类电子档案基本元数据集。应参照相关元数据标准设置，捕获录音类电子档案元数据，至少应包括聚合层次、档号、年度、题名、录音者、录音时间、人物、地点、业务活动描述、保管期限、密级、计算机文件名、格式信息、计算机文件大小、时间长度、音额编码标准、音频比特率、音频采样率、音频采样精度、声道数、捕获设备、固化信息，以及描述电子档案管理过程的机构人员、管理活动元数据。

（5）录像类电子档案基本元数据集。应参照相关元数据标准设置、捕获录像类电子档案元数据，至少应包括聚合层次、档号、年度、题名、摄像者、编辑者、摄像时间、人物、地点、业务活动描述、保管期限、密级、计算机文件名、格式信息、计算机文件大小、时间长度、视频编码标准、色彩空间、帧大小、帧速率、视频比特率、音频编码标准、音频比特率、音频采样率、音频采样精度、声道数、捕获设备、固化信息，以及描述电子档案管理过程的机构人员、管理活动元数据。

（6）著录要求。为确保音像类电子档案的真实、完整和可用，电子文件形成部门、档案部门应按照国家、行业或地方相关标准规范，围绕音像类电子档案记录的中心内容，对题名、人物、地点、主题、业务活动描述等元数据进行全面著录。

3. 科技和专业类电子档案质量要求

（1）科技类电子文件归档的基本要求。科技类电子文件的收集、整理、鉴定、编目等应参照《科学技术档案案卷构成的一般要求》（GB/T 11822—2008）、《国家重大建设项目文件归档要求与档案整理规范》（DA/T 28—2002）等标准规范执行。图形类电子文件应以DWG等通用格式收集、归档，其他电子文件归档保存格式可参照文书、音像类电子文件执行。

（2）专业类电子文件归档的基本要求。在履行本单位主要职能过程中产生的专业类电子文件都应收集、归档，包括但不限于国家档案局颁布的第一批、第二批国家专业档案基本目录所列内容。各种专业类电子文件的整理、鉴定、编目参照相应的管理办法执行。仅以数据库形式存在的专业类电子文件，如人口、环境、农业等各种普查数据，可以XML等跨平台通用格式收集、归档，或直接以原数据库数据文件归档，同时归档一套完整的数据库设计文档。以电子文档形式存在的专业类电子文件，可参考文书类电子档案的各项管理要求执行。

（3）元数据的设置与捕获。应参照《档案著录规则》（DA/T 18—1999）、《文书类电子文件元数据方案》（DAT 46—2009）等有关标准，设置、捕获科技、专业类电子档案元数据，至少应包括聚合层次、档号、年度、题名、责任者、成文时间、文号、密级、稿本、保管期限、计算机文件名、格式信息、计算机文件大小，以及描述电子档案管理过程的机构人员、管理活动元数据。

4. 纸质档案数字副本质量要求

本部分仅对批量加工的文书、科技、专业等类纸质档案数字副本提出要求，电子环境中业务流程上的纸质文件数字化可参照执行。纸质档案数字化的各项技术要求按照《纸质档案数字化技术规范》（DA/T 31—2005）以及同级国家综合档案馆的相关要求执行。为保证数字副本的真实、完整、可用和安全，参照《缩微摄影技术缩微品的法律认可性》（GB/Z 20650—2006），《信息与文献——档案数字化实施指南》[ISO/TR 13028：2010（E）]等标准规范的相关规定，纸质档案数字化还应符合以下要求。

（1）数字化对象确认要求。应按完整性、规范性要求确定需数字化的纸质档案。原则上，年度内、每个案卷内或保管期限内关于同一事由的往来文件以及每份文件的组件应完整数字化。涉密纸质档案数字化应符合相应规范要求。推荐实行数字化对象审批制，拟数字化的档案原件应经过本单位相关负责人的审核签批。

（2）元数据捕获要求。在数字化过程中，纸质档案数字化系统应以件为单位自动捕获数字化元数据，至少应包括数字化授权信息、数字化日期与时间、水平分辨率、垂直分辨率、色彩空间、格式信息、计算机文件大小、数字化软硬件设备等。应将数字化元数据与目录数据组合形成纸质档案数字副本的元数据库，并导入数字档案室应用系统提供检索服务。

（3）数字化质量控制要求。应制定并在数字化过程中实行各种相应、有效的质量控制措施，对纸质档案的安全、数字副本的完整性和规范性、图像质量、元数据库的准确性等实施全程监控。

（4）数字化工作文档的管理要求。在数字化项目实施过程中形成的重要数字化工作文档应归档保存，应与纸质档案数字副本的保存期限相同。应归档的数字化工作文档包括数字化对象审批书、招投标文件、数字化成果验收报告、数字化流程单等。

5. 数字档案资源的备份

应着眼本单位电子信息系统整体备份需求制定数字档案资源备份策略，需明确备份对象，近线和离线备份策略及管理规范，配备必要的恒温、恒湿、防磁柜等设施设备。

（1）备份对象。数字档案资源备份对象应包括各门类电子档案、各门类传统载体档案数字副本、元数据库、目录数据库、各类数字资料、数字档案室应用系统配置文件与日志文件等。

（2）近线备份。近线备份应结合虚拟带库等备份系统运行机制和便于管理等情况，明确数字档案资源备份策略，包括容错级别、增量备份或全量备份、备份周期、核验和检测机制、磁带更新等。

（3）离线备份。离线备份应根据数字档案资源形成与大小特征等，确定各门类数字档案资源的离线备份介质与管理规范。应确定离线备份介质编号规则，推荐编号由数字档案资源门类代码、离线备份介质类别代码、备份年度、介质流水号等若干项构成。应按照规范的存储结构备份数字档案资源，推荐离线备份介质根目录下建立数据文件夹、目录文件夹、授权文件夹、其他文件夹及说明文件，数据文件夹存储各门类电子档案或传统载体档案数字副本，目录文件夹存储元数据、目录数据及数字档案室应用系统配置文件和日志文件等，授权文件夹存储数字化、备份、介质转换等的审批文件，说明文件用于描述离线备份介质制作有关的各方面情况。应定期检测、更新离线备份介质，并记录检测情况、介质转换情况等。除上述备份要求外，重要档案还应通过纸质或缩微胶片等方式进行异质备份。重要档案的范围按照国家或地方的相关规范执行。

（四）保障体系建设

数字档案室的建设、运行和维护需要建立以下保障体系。

1. 组织保障体系

组织保障体系应以"单位分管领导组织、档案职能部门实施、信息技术部门协同、业务部门配合"为原则，落实数字档案室建设工作的组织、协调和管理。建立专家咨询、示范测评、监督考核等机制，确保数字档案室建设工作有序开展。

2. 制度保障体系

在建设数字档案室的同时，必须重视本单位相关档案制度规范的制订、修订等工作，建立健全本单位的数字档案室管理制度，具体包括岗位职责、电子文件归档与管理办法、档案数字化技术标准、档案安全保密制度、电子档案开放控制办法、档案数据网上查询利用制度、档案数据管理维护制度、电子档案鉴定销毁制度、人才配备与经费保障制度、数字档案资源备份管理制度、数字档案室应用系统运维和安全管理制度，机关档案管理部门和电子文件形成部门、信息技术部门职责分工及奖惩制度等。

3. 人才保障体系

应为数字档案室配备满足工作需要的专职管理人员。配备人员应具备信息技术相关专业的学历，应具有较好的管理才能和计算机应用技能，应在制度上为专职档案管理人员的发展和进步提供保障。

4. 经费保障体系

应为数字档案室建设予以经费保障。要将各门类电子文件归档和电子档案管理、纸质档案数字化、数字档案资源备份管理以及数字档案室应用系统的运维和升级改造费用纳入本单位预算，给予长期的经费支持。

第三节 数字档案馆建设

一、数字档案馆概述

为了实现人类数字记忆的持续积累、完整采集、长期保存、集中管理、安全控制和有效利用，数字档案馆建设已经成为档案信息化的重要内容。

自从数字档案馆的概念出现以后，我国档案界一直在探讨数字档案馆的概念内涵，出现了各种定义，其中《数字档案馆建设指南》的定义是："数字档案馆是指各级各类档案馆为适应信息社会日益增长的对档案信息资源管理、利用需求，运用现代信息技术对数字档案信息进行采集、加工、存储、管理，并通过各种网络平台提供公共档案信息服务和共享利用的档案信息集成管理系统。"从该定义出发，数字档案馆包括以下内容。

1. 数字档案馆是传统档案馆功能的拓展和创新

信息社会催生了海量的数字信息，人类社会的生存和发展越来越依赖于数字信息的传播和传承。传统档案馆难以对信息实行全方位、持久性的保管和保护，提供跨时空、零距离、全天候、交互式的服务；数字档案馆能延伸和拓展传统档案馆的功能，承担起保护和利用数字时代社会记忆的历史使命。

2. 数字档案馆是国家基础数字信息的集散中心

数字化基础信息是国家的优质战略资源，数字档案馆通过科学、规范收集、整理、保管、保护、传递、开发、利用等方式，对分散于不同载体、不同地域、不同媒体、不同领域的基础信息实行数字化处理、集成化管理、网络化互联、虚拟化共享，使这些基础信息增值为真正意义上的资源，更好地造福于社会。

3. 数字档案馆是"数字化＋网络化"的档案馆

以数字化和网络化为支柱的信息技术的应用是数字档案馆生存发展的基础。数字档案馆的建设必须将信息技术与档案馆事业的发展需求紧密结合，必须以信息技术发展为强大的动力，全面、持续、创造性地应用数字化、网络化技术发展的最新成果，不断打造信息时代档案馆的"升级版"。在狭义上，数字档案馆是建立在数字化、网络化平台上的传统档案馆；在广义上，数字档案馆是基于网络环境的面向数字信息对象分布存储的狭义数字档案馆群。也就是说，广义数字档案馆可以被分解为一个个狭义数字档案馆实体。狭义数字档案馆是广义数字档案馆建设的基础，而广义数字档案馆是狭义数字档案馆发展的较高阶段或境界。

二、数字档案馆管理系统的功能要求

根据《数字档案馆建设指南》要求，数字档案管理系统应当具备"收集、管理、保存、利用"四项基本业务功能，以及用户权限管理、系统日志管理、数据备份与恢复、系统及其数据安全维护等功能。数字档案管理系统还应当采取必要措施保证馆藏数字档案信息，特别是由电子文件归档形成的电子档案信息的可靠性和可用性。数字档案管理系统的功能可以根据信息化发展和档案管理的要求有所侧重并不断拓展。

（一）收集功能要求

数字档案管理系统应当具备接收立档单位产生的电子文件及其元数据、对传统载体档案进行数字化和采集重要数字信息资源等功能。这主要包括：

（1）根据相关要求接收立档单位产生的各类电子文件及其元数据，并在建立一整套接收机制的基础上，保证接收过程责权明确，杜绝安全隐患，从源头上保证数字档案的真实、完整、可用。

（2）提供选择在线接收和离线接收方式。

（3）能够批量导入或导出数据，保证数据的可靠和可用。

（4）对在线或离线接收的档案数据进行真实性、完整性、可用性和安全性验证。

（5）具备目录数据和全文数据等多种信息资源的采集功能。

（二）管理功能要求

数字档案管理系统能够对所接收的各类数字档案信息进行整理、比对、分类、著录、挂接、鉴定、检索、统计等操作，使无序信息有序化，并实施有效控制。主要包括以下内容。

（1）按照设定的分类方案，将数字档案信息存储到系统中，或根据管理要求进行适当调整。

（2）过滤重份数据和重新分类、编号。

（3）对档案内容进行抽取和添加元数据等操作。目前档案管理都是基于数据库管理方式来实现的，将来不排除使用新的技术方法对数字档案进行有效管理。

（4）辅助人工完成档案的开放鉴定工作。

（5）对档案内容数据及其元数据等相关信息建立持久联系，形成长期保存档案数据包和利用数据包。

（6）对档案类型、数量大小等按照设定要求进行统计、显示或打印输出所需各类档案信息。

（7）辅助完成馆藏实体档案编目（著录、标引）、整理、出入库房管理等工作。

（8）制定档案业务流程或进行流程再造。

（三）长久保存要求

长久保存既是要求，也是策略，包括存储格式的选择、检测、备份和迁移等技术方法的采用等。长久保存的主要要求如下。

（1）应当选择符合国家标准的格式，暂时未制定标准的，选择开放格式或主流格式。

（2）定期对载体及其软硬件环境进行读取、测试，发现问题，及时解决。

（3）根据数据重要程度以及管理和利用的需要，选择在线、近线、离线、异地、异质和分级存储等技术和方式。

（4）计算机软硬件以及技术或标准规范发生重大变化或发生重大事件时，为了保证数字档案信息可读，应采取迁移等手段对所存储的数据进行技术处理。

（四）存储架构要求

根据档案数据量和管理目的不同采用不同的存储技术及其相关设备。安全性和稳定性是选择存储设备的首要因素。在数字档案馆建设过程中，应根据数字档案馆的数据量和并发用户数的需求，以保证数字档案馆合理安全的存储容量和较快的网络传输速度，适当选择采用单一应用平台，配备数据库服务器、文件存储器、备份服务器、备份软件等构成的存储服务平台，以及采用SAN、NAS、DAS或其他形式的存储技术方法。

（五）利用功能要求

数字档案管理系统应当根据档案信息的利用需求和网络条件，分别通过互联网、政务网、局域网等建立利用窗口，实现档案查询、资源发布、信息共享、开发利用、工作交流、统计分析等功能。利用功能主要包括如下内容。

（1）运用最新检索技术方法满足利用者在各种利用平台对档案数据进行快速、准确、全面的利用查询要求。

（2）通过网络平台或特定载体发布档案信息和共享档案资源。

（3）辅助进行档案信息智能编研、深度挖掘。

（4）为档案管理者和利用者提供在线交流平台、远程指导、远程教育。

（5）辅助开展数字档案的增值服务。

（6）进行档案利用访问量统计、分布分析、舆情分析等相关工作。

（7）对用户、数据项、功能组件进行利用权限的角色授权处理，能够进行门类设置、结构设定、字典定义等系统代码维护工作。

三、数字档案馆应用系统开发和服务平台构建

（一）应用系统开发

应用系统开发应当遵循整体性、开放性、稳定性等原则。鼓励软件开发公司采用先进技术手段对"收集、管理、保存、利用"各子系统和功能模块进行专业深度扩展和创新开发。

1.整体性

系统应考虑所配备和购置的软硬件及其网络平台环境，选择恰当的开发工具和技术路线，正确处理各子系统或模块的关系，形成一个整体。

2. 开放性

系统应能够随着信息技术的不断发展和档案管理的最新要求而具有兼容性和拓展性。

3. 稳定性

系统开发应采用先进、成熟、适用、稳定的技术，保证系统的稳定、可靠和安全。

（二）服务平台建设

数字档案馆网络架构一般应面向不同对象，立足现有网络资源，按照档案信息共享范围，构建三个服务平台，并提供相应层级的数字档案信息资源共享利用。

1. 基于局域网的档案服务平台

该平台运行于局域网，主要满足档案馆工作人员处理档案业务和来馆用户利用档案的需要，是数字档案馆的基础平台。该平台应当具备馆藏数字档案传输、交换、存储、安全防护的功能，承担档案馆"收集、管理、保存、利用"四项基本功能，满足数字档案馆日常业务工作和提供利用服务的需要，同时还要承担辅助档案实体管理的功能。

2. 基于政务网的档案服务平台

该平台运行于本级政务网，主要满足本级党政机关各立档单位的电子文件归档管理和档案信息共享利用需要，是数字档案馆连接本级各党政机关立档单位的主干平台。该平台能够为政务网用户提供在线档案查阅利用、档案业务指导或其他档案工作服务，实现党政机关的档案信息资源共享和资政服务。鼓励具备条件的档案馆探索采用云计算等先进技术为各立档单位提供软件服务和档案信息存储服务。

3. 基于互联网的档案服务平台

该平台运行于公众网，主要满足企业和社会公众查阅档案的需要；同时，通过档案网站，从社会采集具有重要保存价值的各类数字信息，整合档案资源，实现公众档案信息资源的社会共享，是档案馆实现社会服务和档案信息社会共享的公共平台。该平台还可采取必要的安全措施，实现馆际档案信息的互通共享。

第四节 档案网站建设

档案网站是档案部门在互联的公共信息网络上建立的站点。它以网页的方式提供相关信息和相关服务，构成公共信息网络的一个节点。档案网站建设是档案部门信息化建设的一项基础性工作和档案信息服务的重要手段。

档案网站最早于1995年在北美开始建设，如美国国家档案馆、加拿大国家档案馆等。至2002年年初，与联合国教科文组织档案门户网站实现链接的档案网站达到了4000多个，涵盖国际组织以及国家、城建、工商、军事、宗教等各种类型的档案馆，其中包含国家档案馆网站 95 个。

我国档案网站建设始于 20 世纪 90 年代中期。1996 年，北京市档案局（馆）在北京经济信息网上建立了主页；随后，上海市档案局（馆）于 1998 年 10 月通过上海科技信息网开通了自己的网站。目前，我国档案网站建设在数量上已初具规模，全国省级、市级档案局（馆）已建成 400 多家档案网站。国家档案门户网站的建成，以及各省级平台相继与政府门户网站实现互联，为逐步构建全国档案工作信息网奠定了基础。

一、档案网站的类型

随着信息技术和利用需求的发展，档案网站的功能和类型不断丰富，目前已建成的档案网站根据其所建环境、服务对象、建设主体和技术手段的不同分为不同类型。这里仅介绍根据不同主体建设的网站类型，主要有档案局（馆）网站、专业部门档案馆网站、企事业单位档案网站、档案刊物网站、档案教育与咨询网站、个人档案网站等。其中，前三种是主流档案网站。

1. 档案局（馆）网站

档案局（馆）网站包括国家档案局网站和地方档案局（馆）网站。国家档案局网站既是国家档案局的官方站点，也是全国档案信息网站的门户网站，始建于 2002 年 12 月。国家档案局网站上提供了全国各省、自治区、直辖市档案局（馆）网站的链接，起到了引领网站的作用。地方档案局（馆）网站是发展最快、数量最多的一类网站。这些网站依托地方档案馆的馆藏资源提供在线档案信息服务，同时在网络上实现档案行政管理和行政服务功能。因此，地方档案局（馆）网站兼具档案局政务窗口、网上档案馆和地方档案网站门户三重作用。地方档案局（馆）网站名称不一，如"上海档案信息网""北京档案信息网""天津档案网"等。

2. 专门档案馆网站

专门档案馆网站是基于国家专门档案馆馆藏而建立的网上专业档案利用、服务站点，如外交部档案馆网站、上海市城市建设档案馆网站、辽宁省地质资料档案馆网站、贵州省测绘资料档案馆网站等。

3. 企事业单位档案网站

企事业单位档案网站是企事业单位依托本单位档案馆（室）资源建立的提供档案宣传、查询和利用的站点，如上海大学档案馆网站、北京师范大学档案馆网站等。

4.档案刊物网站

档案刊物网站是档案杂志社或档案出版机构在网上建立的具有网络出版、网上发行功能的档案站点，是为档案学者和档案从业人员提供学术探讨、业务交流和专业资源共享的园地。档案刊物网站有"档案知网"（《档案学通讯》杂志社主办，现已停办）、"档案界"（《档案管理》杂志社主办）、中国档案资讯网（《中国档案报》社主办）。这些刊物网站起步晚、数量少。但形式活泼、发展较快、访问量较大，在档案学术界影响较大。此外，大多数省级档案刊物在本省的档案局（馆）网站上开辟了专门的板块或栏目。

5.档案教育与咨询网站

档案教育、咨询网站是档案教育机构、档案学会、档案研究机构或档案行政管理部门建立的，以档案教育、培训、咨询和档案业务交流、研讨为目的的档案站点。如"档案教育网"网站（中国档案学会主办）、"档案在线"网站（《中国档案信息主流网站发展状况及其用户需求的调查与分析》课题组主办）、上海大学图书情报档案系网站等。

6.个人档案网站

个人档案网站是由档案专家、学者、档案从业人员或在校学生创建的，以探讨学术思想、交流工作经验、传递专业信息、分享专业体验为目的的各种形式的档案站点（包括博客），如中国人民大学胡鸿杰教授的"我思故我在"、辽宁大学赵彦昌教授的"中国档案学研究"等。

二、档案网站的作用

1.档案宣传的新途径

档案网站为档案部门宣传档案工作提供了新的方式和新的窗口。互联网是继三大媒体（报纸、广播、电视）之后飞速发展起来的第四媒体，能够克服传统的档案宣传形式的诸多局限，成为档案部门加强和深化宣传工作的新窗口、新途径。

利用网站宣传档案工作主要的优点有：生动活泼，图文声影并茂，容易被广大利用者所接受；传递迅速，宣传面较广，不受时间及空间的限制；针对性比较强，档案网站的来访及利用者的素质一般都比较高，能够通过自助方式找到所需信息资源，取得较好的宣传效果；兼容并蓄，能与报纸、杂志、广播、电视等多种宣传途径互联互补；档案宣传与档案利用结合得比较紧密，宣传的同时也可提供档案信息资源利用，使受知者更乐于接受，这是网站宣传的独特魅力。

2.档案信息服务的新手段

档案网站为档案馆提供了改善服务的新手段、新渠道。档案馆可以充分利用网络分布广泛性、开放性、动态性和非线性等特点,在网上公布馆藏指南和检索目录,定期或不定期进行特色档案信息发布等,通过网站为社会各界开辟一个档案信息服务的新通道。如北京市档案馆在其网站上载了对外开放的70余万条开放档案目录,开通以来访问人次已经超过20万,效果非常明显。

为提高档案信息资源的利用效率,充分发挥档案信息资源的作用,除正常接待查档外,许多档案馆开展了代查、代复制、档案咨询等多种形式的服务活动。互联网的发展为档案馆提供了新的服务手段。电子邮件是互联网提供的一种快速、高效、方便、价廉的信息传递方式,通过电子邮件,不仅可以传递文字信息,还可以传递声音、图像、影像等多媒体信息。档案馆通过电子邮件这种形式可以突破函电代查、代抄、代复制的局限,为利用者提供更加及时、准确、全面的信息服务。一般档案馆都在主页上公布一个可供联系的电子邮件地址,这样远在外地、海外的利用者就可以将其查档要求通过电子邮件告知档案馆,档案馆根据其要求查阅后,将查档结果以电子邮件的形式传送给用户。

三、档案网站的具体功能

不同类型的档案网站由于所依托的档案资源、运行的网络环境和服务的对象不同,功能并不相同。

1. 档案检索

这是档案网站最基本的功能。其检索内容包括政府现行文件、主动公开信息、历史档案以及其他文献资料,检索层次可以是目录信息、全文信息或编研成果,检索途径有题名、档号、关键词、分类号等,检索方式可有简单检索、高级检索等。网上档案信息检索还可采取动态检索链接机制。提供"站内检索""站外检索"或"复合式检索",实现跨库检索。对于内网网站,采用身份识别、权限控制、内容分级管理等机制;对于面向社会公众的外网网站,目前仅限于开放档案的目录查询和部分开放档案的全文查阅。

2. 档案管理

档案馆(室)将其档案管理业务的某些环节或内容延伸至档案网站,以适应管理环境的网络化,提高档案管理效率。基于外网的档案网站,除提供上述的检索业务外,一般兼有档案发布、档案征集、在线移交、档案展览、业务咨询、借阅服务等功能。基于档案馆、室内部局域网的档案网站,通常是整个档案馆(室)业务管理系统的统一平台,网站上集成了档案管理业务的各个方面。

3. 档案行政

同样,档案行政管理部门将其行政管理职能拓展至档案网站。档案局(馆)网站主页一般设有"政务公开""政策法规""业务指导""在线审批""行政投诉"等栏目，具有政策解读、规范性文件发布、网上办公等政务功能。

4. 档案宣传

档案机构可利用网站这一信息平台，通过设置"馆室概况""馆（室）藏介绍""服务指南""工作动态""行业要闻"等栏目，全方位、多角度地宣传、介绍档案机构、档案工作和档案职业，帮助公众了解已有的档案馆（室）藏和档案信息服务，使档案网站成为网络环境中档案机构形象和档案职业形象的缩影，提升档案机构的社会影响力，增强社会大众的档案意识。

5. 交流互动

档案网站可通过设立"建言献策""用户园地"（BBS）、"统计调查"等专题栏目，开辟用户博客、微博空间，提供电子邮箱、微信公众号及其二维码，开通网上实时咨询（IM），开通手机 APP 程序模块等功能，收集档案用户的反馈意见，征询社会各界对档案工作的建议。答复各类用户的咨询、提问，在档案机构与社会公众之间架起双向沟通的桥梁，使档案网站成为档案用户、档案管理者、档案形成者、档案专家多方交流、协助互动的信息平台。

6. 文化展示

档案网站可设立"珍藏集萃""特藏展室""专题展览""在线参观""名人档案"等栏目，利用信息网络极强的辐射力展示具有重要历史意义和美学欣赏价值的珍贵档案藏品。通过网上展览，展示人类社会发展的文明财富，弘扬民族文化，传承历史记忆，提升档案网站的文化品位，体现档案机构的文化内涵及其对保护人类文明的重要意义。

7. 专业教育

档案网站通过设立"教学园地""网上课堂""知识天地"等栏目，利用组合教育资源的优势和分散式教学模式的便利，及时发布专业教育信息，上传课程教育资源，面向档案从业者和社会公众开设档案专业培训和档案文化讲座。例如，美国 NARA 网站的 Educators and Students 栏目，为在校学生和社会公众准备了形象生动的多媒体教育资源，以丰富的档案史料串联起来的学习内容，使访问者在浏览中提高了档案意识和档案技能。中国档案学会还专门建立了"文件与档案工作者继续教育园地——档案教育网"网站。

四、中外档案网站典型案例

1. 上海档案信息网建设实例

（1）网站上线。上海档案信息网是档案部门参与政府门户网站建设，在政府门户网站框架内构筑起的,既是上海地区档案信息专业网站,又是上海市政府门户网站的重要组成部分。它设有机构概况、领导简介、服务之窗、馆藏指南、珍品集萃、档案查询、史料园地、史话沙龙等栏目。上海档案信息网主要介绍上海市档案局馆以及内设机构的基本职能、档案行政管理的政务项目、查档手续、全宗指南、开放目录、档案展览、馆藏史料、沪上掌故及馆刊《档案与史学》等。其中的档案查询服务功能支持利用者网上查询开放档案目录。

2012年8月25日,新改版的上海档案信息网正式上线运行,它采用了新颖的设计思路,着重增加了档案与上海的文化元素,整合、优化了网站栏目设置,完善了网站功能,重新设计了页面风格和网站布局。新版上海档案信息网重点突出了珍贵档案展示、档案史料研究和网上展览等用户关注的城市记忆内容,增加了网站的专业性和文化性看点。栏目设置简洁、清晰,信息丰富,检索功能齐全,操作简便,便于读者查询和阅读。

(2)网站的主要功能。上海档案信息网功能多样。除了菜单栏目之外,该网站的主页上还包括开放档案一站式查询、档案行政管理系统、专题报道、史料研究、档案集萃、网上展览、上海记忆、档案博客、网上调查以及网站链接等。

2. 美国国家档案馆网站建设

美国国家档案馆(National Archives of the United States)是美国国家级综合性档案馆,是美国保管联邦政府档案文件的机构,由美国国家档案与文件管理署(National Archives and Records Administration,简称NARA)管理,馆址在华盛顿,1968年在费城、芝加哥、堪萨斯、西雅图等11个城市建立分馆,保存联邦政府在地区性活动中产生的档案文件和国家档案馆馆藏中对地方研究有价值的档案缩微副本。国家档案馆及其分馆均向社会开放,已出版6部档案馆指南。

第五章　档案信息化保障体系建设

档案信息化是一项开拓创新的事业，同时也是一个充满风险的领域。这项事业的健康发展和逐步奏效，需要一系列相互作用、协调配套的支持条件，即档案信息化的保障体系。档案信息化保障体系主要包括宏观管理体系、制度标准体系、安全控制体系、人才队伍体系和信息技术体系。

第一节　宏观管理保障体系

档案信息化是档案事业发展的战略举措，也是档案现代化的立体战役。为了确保这项工作循序渐进、卓有成效，需要自上而下地进行总体规划和精心地组织实施。

一、档案信息化规划

档案信息化规划是档案行政管理部门针对档案信息化事业发展制订的全局性、长远性计划，是对发展目标、任务、措施的宏观思维、精准描述和权威部署，是反映发展规律、驾驭发展大局、破解发展难题的顶层设计，具有定位目标、激发士气、凝聚人心、统一步伐的作用。

（一）规划制订的原则

1. 统揽全局的原则

规划首先要明确档案信息化的指导思想、基本目标、工作任务、措施步骤、保障体系、评价指标等，为此，档案信息化规划要有前瞻性、系统性、严肃性、权威性和操作性。在目标的确定上既要起点高，又不能不切实际地盲目拔高；在任务确定上既要全面覆盖，又要重点突出；在措施的确定上既要宏观布局，又要微观落地；在保障体系的确定上既要营造动力机制，又要设定约束机制；在评价指标的确定上既要定性，又要尽可能地定量。特别要做到与本单位档案事业发展规划和本地区信息化发展规划相衔接，争取取得组织、资金和人力上的支持。为了落实好规划，要建立集规划制订、协调、监督、意见反馈、补充完善于一体的规划执行机制。通过落实责任、考核和目标管理，努力实现预定的信息化蓝图。

2.分步实施的原则

档案信息化涉及面广、工作量大、制约因素多，因此不可能毕其功于一役。在制订规划时，要充分考虑国家、地区信息化战略的实施进度，档案信息化的近期需求，档案基础工作条件，管理制度和业务规范的配套情况，以及经费、人力的投入能力等。要在全局性、长远性目标的指导下，根据需要和可能，将总目标分解为若干阶段性目标，以便分步实施。阶段性目标要处理好前后衔接关系，每一阶段的目标任务既要继承前阶段的成果，又要为后阶段创造条件。特别要将档案信息资源建设列入阶段性目标的主要任务，并提出量化的指标要求，如电子文件归档和传统存量档案数字化应当达到多少百分比等。

3.需求驱动的原则

长期以来，信息技术领域有一句行话"以需求为导向"，它是信息技术应用的一条重要规律。现代信息技术几乎无所不能，然而，只有与特定的需求相结合，才能实现信息化的价值。需求决定计算机应用的发展方向、检验标准和实际效能，是信息系统建设的出发点、归属点和动力源泉。不重视需求或找不准需求，必然使档案信息化偏离正确的轨道，甚至付出沉重代价。2002年，美国国家档案馆为了建立电子文件档案馆（ERA），制定了电子文件档案馆的需求体系文件，之后用了八年时间对该需求进行了四次版本升级，可见他们对需求研究的重视程度，也说明精准把握需求的难度。

4.突出重点的原则

所谓突出重点，就是规划要满足重点需求。需求是一个相当具有"弹性"的概念。在分类上有：一般需求和主要需求、潜在需求和现实需求、表面需求和本质需求、当前需求和长远需求等。突出重点就是要在调查研究的基础上，分析出和把握住主要需求、现实需求、本质需求、当前需求和紧迫需求。为此，在制订规划时，要从本单位、本行业的实际出发，以问题为导向，以必要性和可行性统一为基础，找准需求，定义总目标和阶段性目标，一步一个脚印地有序推进档案信息化工作。

（二）规划制订的步骤

1.组织机构

档案信息化规划的制订事关大局、事关长远，应当建立由单位主要领导主持，信息化管理人员、相关业务技术人员和档案管理人员参加的规划起草小组，具体负责规划制定的全过程工作。为了开阔眼界、借用外脑，还可以聘请外单位有关档案信息化的专家，对规划起草人员进行培训，对起草工作给予咨询、审核、把关，或直接负责规划的撰写工作。

2. 调查研究

调研主要包括四个方面：一是对国际、国内、本地区、本行业档案信息化发展战略和规划的调研，了解其对档案信息化目标、任务、措施的定位，以便于为本单位规划制订提供参考。二是对同行业或相近行业档案信息化的先行单位进行调研，以便学习和借鉴他们的成熟经验。三是对社会信息化发展状况进行调研，了解其软硬件技术发展水平，以及哪些技术适用于本单位。四是对本单位档案工作和档案信息化需求进行调研，发现和分析存在的问题，研究利用信息化手段破解问题的对策。

3. 撰写规划

对调研结果进行归纳总结、撰写调研报告。根据调研报告撰写规划大纲，并征求有关领导、专家或业务技术骨干的意见。根据拟订的规划大纲，撰写规划初稿。初稿完成后组织专家进行科学性和可行性论证，并广泛征求机关各业务部门和相关单位的意见，修改完善后交本单位领导审核、签发，然后正式颁发。

4. 规划颁发

规划颁发时要一并提出规划执行的指标要求、进度要求和责任要求，并按照"言必信，行必果"的要求，跟踪规划的执行情况。

（三）规划的主要内容

1. 回顾总结

回顾总结本单位档案信息化的进程、现状、取得的基本经验或主要体会，以及存在的主要问题。对于尚未建立档案管理信息系统的单位可以总结本单位档案工作的现状，以及为档案信息化创造的基础工作条件，如档案制度化、标准化建设，档案资源建设，档案人才队伍培养等。

2. 目标定位

目标是对档案信息化建设预期前最好效果的描述。目标可以分总体目标和具体目标两部分。目标定位要有以下"五个度"：高度，即体现高起点、高标准、高水平；宽度，即做到档案业务工作的全覆盖；深度，即要致力解决发展中遇到的热点、难点问题；亮度，即要有创新点和闪光点；温度，即要满怀热情地贴近时代、社会、生活、百姓。总目标的实施周期应尽量与本单位发展规划相吻合，一般为五年。

3. 任务部署

任务是对目标的细化。目标一般比较原则、概括和宏观，任务则要尽量具体和微观。任务一般按档案信息化的要素细分，包括基础设施建设、信息资源建设、应用系统建设和保障体系建设等。任务部署要尽量做到定时、定量，如纸质档案数字化工作每年要达到多少页、占馆（室）藏总量的百分比是多少等。

4. 措施落实

措施是指实施档案信息化的必要条件，一般包括人员观念的改变、档案基础工作的跟进、技术平台的建设、信息安全的落实、资金持续投入以及人才队伍培养等。其中档案基础工作部分要特别强调"兵马未到，粮草先行"，即提前、重点做好电子文件归档、纸质档案数字化工作。

二、档案信息化组织

制订科学的规划是档案信息化的起点。它使信息化建设者在目标、任务、措施等方面达成了共识，统一了步骤。接着，就需要通过强有力的组织，即通过指挥、协调、监督、指导、服务等管理方式和行政手段，确保规划的贯彻落实。执行力不足会使一个好的规划流于形式，创新规划的执行体系和执行手段，是提高规划的权威性和约束力的关键举措。

1. 思想观念更新

档案信息化是新时期档案工作顺应潮流、抓住机遇、加快发展的重大战略。规划是战略实施的顶层设计，是长远性、全局性的谋划，是避免战略实施随意性和盲目性的有效举措。只有充分认识规划实施的重要意义，才能增强实施规划的责任心和自觉性。

同时，要认识到实施规划要有新思路、新对策。要改变过去重规划，轻实施；重技术，轻管理；重平台建设，轻资源建设；重档案科研，轻成果应用等片面、落后的观念。以崇尚科技、重视改革、锐意进取、尊重人才、创新务实、真抓实干的新思路、新对策，来破解规划实施中的难题，化解来自各方面的阻力，推进规划的顺利实施。

2. 组织体系创新

档案信息化应当是"一把手工程"，必须由机构的主要领导分管档案信息化工作，并建立集规划、执行于一体的档案信息化主管部门，才能及时高效地协调处理档案信息化建设中遇到的复杂关系，避免因多头管理而造成政出多门、相互推诿的现象。

档案信息系统的建设和运行涉及与外界系统的互联。前端与办公自动化互联，确保对归档电子文件的前端控制。后端与本单位各种业务系统互联，确保为社会或本单位行政业务系统提供档案信息服务。单靠档案部门难以处理与档案外部系统的关系，必须由本单位主要领导牵头挂帅，才能做好跨部门的组织协调工作。为此，各单位分管档案工作的领导应当同时分管档案信息化工作，负责实施档案信息化规划的各项组织工作，负责将规划实施列入本单位信息化发展规划和年度计划，使这项工作在机构、岗位设置，人员、经费投入等方面得到满足，保障规划的实施。

第二节 标准规范保障体系

一、标准规范建设的原则

（一）适度超前原则

档案信息化标准是对档案信息化建设过程中出现的各种重复性事物和概念所做的统一规定，标准的对象在档案信息化建设中是随着时间的变化、技术的更新而不断变化的。因此，在档案信息化标准规范建设过程中，要考虑信息时代和网络环境的变化，要有前瞻性和预见性，能在一定程度上预测社会和技术的发展方向，并充分考虑相关标准的制定时机。坚持适度超前原则。标准的制定时机过于超前，可能会使标准因缺乏实践基础而偏离主题，甚至给档案信息化工作造成误导；过于滞后，则会造成大量既成事实的不统一，需要耗费大量的人力、物力进行返工统一。档案信息化标准规范建设，要在有初步经验的基础上，根据现实情况并结合未来档案信息化发展状况开展相关工作。

（二）坚持开放原则

当今社会是一个开放的社会，各行业的开放程度、行业之间的交叉融合程度越来越高。在进行档案信息化标准规范建设过程中，应自始至终坚持开放性原则。

1. 要采纳各种开放标准

开放标准是指那些知识产权明确属于公共领域、采用开放语言和标准格式描述、有可靠的公共登记和持续的维护机制、有可靠的开放转换和扩展机制、公开发布详细技术文件并可公共获取的标准规范。在档案信息化标准规范建设过程中，首先应考虑采用开放标准，既可以避免重复劳动，又可以保证较高的标准化水平。

2. 要采纳各种国际标准

国际标准是由国际标准化组织所制定的标准，是由世界各国的专家参与制定的，它含有大量科技成果和成熟的管理经验，代表着当代科学技术和生产管理水平。档案信息化建设并不是我国独有的工作，世界各国同行都在进行着一项工作，其中不乏一些起步较早、水平较高的档案信息化建设案例。在档案信息化标准体系建设过程中，我们应认真学习先进的国际标准，如 ISO15489《信息与文献-文件管理》和 ISO14721《开放档案信息系统参考模型》（Open）等，并根据自身的实际情况进行定制、修改及扩展，既能保证标准水平的提高，又能加快我国档案信息化建设与国际接轨的速度。

3.要参照相关专业的信息化标准

"他山之石，可以攻玉。"档案工作与图书馆工作、情报工作、博物馆工作等相关专业工作存在着一定的相似性。在进行档案信息化标准体系建设过程中，应当充分吸收相关专业在信息化标准建设方面的成功经验，尤其是图书馆在信息化标准体系建设方面较成功的经验。

4.要考虑与相关标准的兼容性

在制定本单位、本行业标准规范时，要注意处理好和国际、国内信息界相关标准规范的兼容关系，还要注意和其他相关领域，如电子政务、数字图书馆建设之间的兼容关系，特别要处理好与国际、国家、行业、区域有关标准规范之间的兼容关系，以便在档案信息系统建设后能与其他相关系统顺利衔接、资源共享。

二、标准规范建设的主要内容

档案信息化标准规范建设可以从管理、业务、技术和评价等层面来制定和推行。

1.管理性标准规范

管理性标准规范是对电子档案信息资源建设和档案信息化建设、运行维护工作进行管理的一套规则，包括计算机安全法规与标准、数字档案信息资源合法性的确认等，它需要国家档案行政管理部门统一制定并推广实施，以保证电子档案信息的统一规范和资源共享。

档案信息化管理性标准规范包括两个方面：一是对人的管理性标准，主要是指对与档案信息化建设相关的人员进行管理的标准，包括档案工作人员管理标准、软件设计人员管理标准、用户管理标准、用户角色控制标准、用户权限审批标准等，明确档案工作人员的职责和任务，以及用户的权利和义务，以保证档案信息化建设各项工作的正常开展。二是对物的管理性标准，主要是指对数字档案信息资源实体的全过程规范化管理，以及对信息化设备，如机房、硬件、软件存储载体的规范化管理，主要规范这些资源可以给谁用、如何使用和如何保管的问题。

2.业务性标准规范

业务性标准规范是对档案信息化及电子档案业务处理进行的规定，解决业务操作行为不统一的问题。其范围包含与档案信息化相关的术语标准；档案信息采集标准，包括数字信息资源建设所涉及的数字化加工、元数据、资源创建、描述等；信息管理标准，包括数字信息资源组织、资源互操作；信息利用标准，包括数字信息资源检索服务；信息存储标准包括数字信息资源长期保存等；电子档案的术语标准及管理规范，包括电子档案的基本术语、资源的标识、描述电子档案的文件格式、元数据格式、对象数据格式等，如《电子档案管理基本术语》(DAT58—2014)。

第三节　信息安全保障体系

一、安全法律法规体系

信息安全首先需要建立档案信息安全法律法规体系，做到有法可依。该法律法规分布于档案专业的内部和外部。内部有涉及安全问题的档案法律法规，外部有涵盖档案管理的信息安全法律法规。

（一）涉及安全问题的档案法律法规

《中华人民共和国档案法》是我国档案法律法规的基石，在《档案法》及其实施办法的基础上，近年来我国档案界陆续制定出一些关于或涉及档案信息安全的规章、标准和规范性文件。如国家档案局2002年颁发的《全国档案信息化建设实施纲要》和国家标准《电子文件归档与管理规范》中均有针对档案信息安全的具体规定；2013年组织制定了《档案信息系统安全等级保护定级工作指南》（档办发〔2013〕5号），以落实国家信息安全等级保护制度。很多地方和单位也颁发了档案信息安全保管方面的规章制度，如上海市档案局颁发的《上海市档案条例》《上海市档案信息化建设实施意见》中均有关于确保档案安全的条款。江苏省档案局颁发的《江苏省档案信息化建设保密管理办法》，黑龙江省档案局颁发的《黑龙江省档案信息化建设保密管理办法》等都专门针对档案信息化安全体系建设。

（二）涵盖档案管理的信息安全法律法规

我国档案信息化建设尚处发展初期，专门针对档案信息安全制定的法律法规较少，档案信息安全法律法规体系的主要内容仍由涵盖或涉及档案信息安全的信息安全法规构成。这些综合性的信息安全法律法规为档案信息安全提供了基本的法律规范，也应列入档案信息安全法律法规知晓和执行的范畴，同时，对制定和完善档案信息化的专门法律法规具有依据和参考价值。

我国自20世纪90年代初开始重视信息安全的法律法规建设。1997年3月修订的刑法中开始加入了信息安全方面的内容。《中华人民共和国刑法》第二百八十五条规定："违反国家规定，侵入国家事务、国防建设、尖端科学技术领域的计算机信息系统的，处三年以下有期徒刑或者拘役。"第二百八十六条规定："违反国家规定，对计算机信息系统功能进行删除、修改、增加、干扰，造成计算机信息系统不能正常进行，后果严重的，处五年以下有期徒刑或者拘役；后果特别严重的，处五年以上有期徒刑。违反国家规定，对计算机信息系统中存储、处理或者传输的数据和应用程序进行删除、修改、增加的操作，后果严重的，依照前款的规定处罚。故意制作、传播计算机病毒等破坏性程序，影响计算机系统正常运行，后果严重的，依照第一款的规定处罚。"第二百八十七条规定："利用计算机实施金融诈骗、盗窃、贪污、挪用公款、窃取国家秘密或者其他犯罪的，依照本法有关规定定罪处罚。"2009年通过的《中华人民共和国刑法修正案（七）》中对惩治网络"黑客"的违法犯罪行为也增加了相关条款于第二百八十五条之下："违反国家规定，侵入前款规定以外的计算机信息系统或者采用其他技术手段，获取该计算机信息系统中存储、处理或者传输的数据，或者对该计算机信息系统实施非法控制，情节严重的，处三年以下有期徒刑或者拘役，并处或者单处罚金；情节特别严重的，处三年以上七年以下有期徒刑，并处罚金。""提供专门用于侵入、非法控制计算机信息系统的程序、工具，或者明知他人实施侵入、非法控制计算机信息系统的违法犯罪行为而为其提供程序、工具，情节严重的，依照前款的规定处罚。"这些条文从惩戒计算机犯罪角度来保障网络系统的安全。作为国家最重要的法律之一，刑法条款对计算机犯罪具有相当的威慑力。

二、安全管理体系

档案信息安全是基于技术的管理工程。从管理层面上来讲，就是要确保档案信息的安全，必须在风险分析的基础上确立档案信息安全的策略、方针和目标，成立相应的管理机构，确立合理的管理机制，制订安全管理计划，分解安全管理职责，执行安全管理制度和管理标准，建立并实施完善的档案信息安全体系。因此，风险识别与风险评估是档案信息安全管理的基础，风险控制则是安全管理的最终目的。

（一）档案信息安全系统管理模式

新的风险在不断出现，档案信息系统的安全需求也会随之不断变化，因此安全管理应是动态的、不断改进的、持续发展的过程。档案信息安全管理模型可选择PDCA模式，即计划（Plan）、执行（Do）、检查（Check）和行动（Action）的持续改进模式。采用PDCA管理模式，每一次的安全管理活动循环都是在已有的安全管理策略指导下进行，每次循环都会通过检查环节发现新的问题并采取行动予以改进，从而形成安全管理策略和活动的螺旋式提升。

（二）档案信息安全系统管理的具体实施

在档案信息安全管理模式中，档案信息安全管理中心是整个系统的核心，每一个环节都要定期与档案信息安全管理中心进行安全信息交流，当档案信息安全管理中心认为有必要对其安全目标进行修改时，要及时向上级领导汇报，等待最终的定夺。

1. 完善组织机构

有条件的档案部门可以成立档案信息安全管理中心，负责实施和监控整个档案信息安全管理活动。安全管理中的每一个环节都必须与安全管理中心进行信息交流，安全管理中心还具备评价数字档案信息安全管理体系运作情况的功能，可以对安全方针、安全制度和安全措施的实施结果进行调查，并分析这些安全举措对档案信息安全的影响，然后提出相应的改进方案。数字档案信息安全管理中心由部门领导、信息管理专家、信息技术专家和技术雄厚、人员稳定的开发队伍以及有关工作人员组成。

2. 进行风险评估

根据最新研究数据，在全部计算机安全事件中，约有60%是人为因素造成的，属于管理方面的失误比重高达70%，在这些安全问题中，95%是可以通过科学的风险评估来避免的。

因此，档案部门必须清楚档案信息系统现有以及潜在的风险，充分评估风险可能带来的威胁和影响，这是档案信息化建设必须首先解决的问题，也是制定信息安全策略的基础与依据。进行风险评估，不只在明确风险，更重要的是为数字档案信息安全管理提供基础和依据。

3. 制定安全策略

制定档案信息的安全策略，要在完善配套、科学合理的有关数字档案信息安全的法制和标准体系下，通过有效的信息安全技术和安全管理遏制来自外部和内部的攻击，增强安全防护能力和隐患发现能力，确保数字档案信息资源内容和信息载体的安全，达到所需的安全级别，具体安全策略可分为内部建设安全策略和网间互联安全策略等，循序渐进逐步加以完善，最终形成功能强大的数字档案信息安全管理体系。

制定安全策略时不能脱离实际，过于理论化或限制性太强的安全策略可能导致工作人员的漠视。因此在安全策略制定时必须遵循以下原则：越符合现状越容易推行，越简单越容易操作，改动越小越容易被接受。档案信息安全策略需要根据信息技术发展、自身的安全需求进行不断的修改和更新，以保证档案信息安全不受新的信息安全风险的影响。

第四节 人才队伍保障体系

一、人才队伍的素养要求

（一）创新思想观念

观念虽然无形，但是对提升档案信息化人才的决策能力和执行能力具有决定性的作用。为此，需要培育以下七种新思维。

（1）开拓思维。树立追求理想、崇尚科技、奋力改革、不断开放、不畏艰险、不甘落后、奋勇拼搏、图存图强的开拓意识，破除守旧、提难、不作为的落后意识。

（2）战略思维。战略是对事业发展全局性、长远性的谋划，战略眼光是大视野，战略目标是大手笔。为此要将档案信息化和社会发展的大趋势，如改革开放、经济繁荣、知识管理、文化传播等紧密联系起来，将社会需求作为档案信息化的目标，形成科学的"顶层设计"，自上而下、积极稳步地组织和推进档案信息化工作，改变过去各自为政、分头重复建设的粗放型发展格局。

（3）策略思维。策略是又快又好地实现战略目标的最佳路径。当前针对档案信息化的薄弱环节，应当实行"内合外联"的策略，即对内实行档案技术和信息资源的整合，以整合的实力提升外联的能力；对外实行与外部信息系统的外联，将优质档案信息资源接收进来、辐射出去，使档案信息系统成为社会信息的集散枢纽。

（4）人本思维。档案信息系统要真正做到"以用户为中心"，即以档案利用者和档案工作者应用度、满意度作为信息系统建设的出发点和归属点。为此，信息系统要尽可能满足用户，特别是社会大众的需求，且做到操作简便、界面友好、富有人性。

（5）开放思维。网络化是一个开放平台，只有开放才能充分发挥网络化的优势。因此，档案信息系统要积极致力于与各种社会信息系统互联互通、无缝对接，在互联中获取更多的数字档案资源，在网络化服务中提升档案工作的社会影响力和认可度。

（6）忧患思维。电子档案的存储密集性、传播快捷性、技术依赖性和表现虚拟性，使其失真、失全、失效、失密的风险日益增大，而且数字化带来的灾难往往具有一瞬间、毁灭性的特点。由此，档案信息化建设要居安思危，未雨绸缪，警钟长鸣，一手抓技防，一手抓人防，两手都要过得硬。

（7）辩证思维。档案信息化会遇到许多矛盾的对立面和统一体，如资金的投入与产出、数据的存入与取出、配置的集中与分散、信息的共享与保密、文件的有纸与无纸、资源的增量与存量等，需要我们用联系的方式和发展的眼光去认识，处理好对立统一的关系，避免非此即彼或顾此失彼的僵化思维方式。

（二）重构知识结构

按照档案信息化的需要，现代档案工作者的知识结构需要做以下补充。

（1）信息鉴定知识。信息时代的档案信息在规模上是海量的，在门类上是多维的，在价值上是多元的。档案工作者只有具备电子档案信息内容价值和技术状况的鉴定知识，才能及时、准确地捕捉和收集具有档案价值的信息，并根据其重要程度划定保管期限。

（2）科学决策知识。档案信息化迫切需要科学规划。档案工作者只有具备开展调查研究，制订科学战略规划和规划实施方案的能力，才能把握大局、把握方向、登高望远、运筹帷幄，避免信息化走弯路、受损失。

（3）宏观管理知识。档案行政是档案信息化的直接动力。档案工作者应当具备组织、指挥档案信息化工作的业务能力，有关档案信息化法规、制度、标准、规范的专业知识，以及从档案业务和信息技术的结合上依法行政的执行力。

二、人才队伍建设的策略

（一）预测与规划

人才的引进与培养不可能一蹴而就，特别是从档案队伍中培养信息化人才需要较长的时间。为此，各单位要按照本单位、本行业档案信息化长远规划和可行条件，分析人才总量、结构、分布与需求的差距，对人才需要进行前瞻性预测，对人才引进和培养方式进行决策、制订计划、纳入编制，然后有步骤地引进和培养人才。规划要综合考虑到人才的知识结构、技能结构和类型结构。

（二）组织与管理

1. 加强人才队伍建设工作

各机构要真正树立起科技是第一生产力和人才是"第一资源"的意识，把档案信息化人才队伍建设工作摆上重要议事日程，定期讨论研究，解决人才配备、培养、使用中遇到的难题。

2. 加强人才资源的行政管理

人力资源管理人员要注重发现有潜质的人才，将他们安排在适当的岗位，为他们提供施展才华的舞台；要培养人才的创业精神和实践能力，对在信息化建设中做出贡献者给予必要的奖励；要提供必要的工作条件、保障经费，加强对信息化人员的继续教育和岗位培训，提高他们的综合素质、服务意识和档案信息安全意识；要重视对人才理论、人才成长规律和管理规律的研究，学习借鉴国外人才资源开发的经验。

（三）培养与使用

1. 人才培养的途径

（1）对现有档案人员的教育与培训。加强档案业务人员培训是解决档案信息化建设所需人才的主要措施，是提高现有档案人员信息化能力和技能的主要途径。

在培训内容方面，《全国档案信息化建设实施纲要》提出："坚持各级档案部门领导干部进修制度，把档案信息化建设相关的计算机应用基础知识、数字化技术知识、网络技术知识、现代管理技术知识等列入指导性教学计划；加强对档案业务人员应用新技术、新设备、新方法的培训，普及信息技术知识，提高档案业务人员掌握和运用现代化技术的技能。"

在培训方式方面，要把档案部门自主培训和社会辅助培训结合起来，发挥各方面的优势，提高培训效果。档案部门自主培训的方法包括：建立人才培训中心，根据实际需求分期分批地进行轮训，有条件的单位可以设立研究机构，培养高级信息人才。借助社会协助培养包括：利用高校优势，加大档案信息专业培训力度，与国内外教育或信息、技术机构合作建立人才培训中心，选拔有培养前途的档案业务人员到高校深造。不管采取何种培训方式，首要的一点是要有科学的规划和必要的投入。有了规划，人才培训机制才能得以建立，培训工作才能坚持始终。投入，是培训工作的资金保证。没有投入，即便有再好的规划，培训工作也难以落实。同时，要把档案信息化建设的实践作为锻炼队伍培训人才的过程，成为边学习、边实践、不断总结、不断提高档案业务人员信息化建设能力和实际操作技能的过程。

（2）引进人才。档案信息化建设需要的信息技术、信息管理专业人才，很难在短时间内从档案工作者中培养。为了满足急用之需，需要从社会上引进IT人才。引进的人才一定要综合素质高，事业心、责任心强，信息技术能力强，团队协作意识强。为此，在引进人才时要严格审核，特别要考察其解决实际问题的能力，避免盲引进。对引进的IT人才，要尽快使其掌握档案理论和业务知识。

（3）短期聘用人才。IT人才也分各种层次和专长，他们适用于档案信息化建设的各个阶段和岗位，如系统分析员适用于系统建设的前期阶段。该阶段结束后，就不需要系统分析员了。因此，档案信息化建设中涉及的一些高级技术人才和纯技术性工作的人才，可以用外包、合作或聘用的办法加以解决。档案信息化建设所需要的法律人才、外语人才、多媒体编研人才、数据库管理人才、系统维护人才，也都可采取这种方式解决。

2. 人才培养的方式

人才培养的方式应当是多层次的。高等院校是档案信息化专业人才的培养基地，具有较强的师资力量、较高的科研水平和完备的教学设施，是我国档案人才培养的骨干和主体。目前，全国有档案学专业的高等院校35所，设立档案学专业硕士点的高校28所，每年培养档案学专业人才千余名。然而，这些院校现有的教学规模仍不能满足档案信息化人才发展的需要，而且单纯的学历教育难以满足档案信息化实践的需要。因此，必须通过继续教育、岗位培训、专题短训等方式，对具有档案专业背景和信息技术背景的人才，按照"缺什么，补什么"的原则，进行各种专业知识和技能的突击培训，完善人才的知识结构，以解档案部门复合型人才缺乏的燃眉之急。

3. 人才的使用

档案信息化建设要想吸引人才、留住人才、调动人才为档案事业奉献的自觉性和主动性，就需要制定相应的人才吸引政策；关注档案信息化人才的切身利益；给人才安排适当的岗位，使其发挥专长；给人才提供继续教育和实现自身价值的机会，真正做到以"事业留人""感情留人""适当的待遇留人"，真正做到人尽其才、才尽其用。

第六章 信息存储概论

第一节 信息存储的发展与类型

信息的表现形态很简单，主要是数据、文字、声音和图像。远古时期，人类主要依靠大脑来记忆和保存信息。一个人的大脑大约可存储1012个信息。但是，人们很早就知道单凭脑子记忆是不够的，因此，最初人们还借助一些实物如不同形状和色彩的石块、在绳上打结等进行记事。可以认为这是信息存储的开始。文字的出现、造纸术和印刷术的发明，使信息存储技术得到了飞速发展。直至今日，在纸张上书写或印刷信息的方式仍然是人们最普遍采用的信息记录方式。

随着科学技术的发展，社会信息量剧增，信息资料的飞速增长已成为当今社会的一大特点。

据统计，科技文献资料的数量约每七年翻一番，一般的情报资料以每隔2~3年翻一番的速度增加。由于纸张存储存在体积大、查阅速度慢和维护不便（要防止纸张受潮、微烂和虫蛀）等问题，用纸张存储信息的局限性越来越明显地暴露出来。

光学仪器的发展和照相技术的进步使缩微胶卷在信息存储中得到了应用。20世纪40年代发展起来的缩微技术能在按动一次快门之际捕获大量详尽的资料信息，把它们记录在非常小的面积上（如将一页文字记录在1~2平方厘米范围内）。此外该技术还具有成本低、复制方便、寿命长和易于保存等优点。

目前，图书馆等信息资源部门已广泛采用缩微胶卷存储图书、资料、文献、档案。缩微胶卷的缺点是胶卷上的疵点和划痕极易产生错码，不宜存储二进位数据。此外，胶卷需要显影定影处理，难于做到实时存取和随机存取，因此不便于和计算机联用。

1955年前后，为了能使计算机实现程序存储，首先出现了水银柱延迟线存储器。以后不久，研制出了阴极射线管存储器和磁鼓，其中磁鼓多用于主存储器。这个时期的特点是，所研制的存储器都基于完全不同的原理。水银柱延迟线存储器是利用水银槽内超声波传播的存储器。阴极射线管存储器是将由电子束存储在荧光屏上的电荷用邻近的平面电极进行存取的存储器。磁鼓存储器是利用磁化状态来存储信息的存储器，但是只能作为廉价的主存储器。这种存储器逐渐由磁芯存储器所取代。

20世纪60年代，计算机信息处理技术得到了迅速发展和推广，从而促进了各种存储技术的发展。1963年前后，开始采用磁芯存储器。在磁芯存储器中，存储一位信息用一个具有方形磁滞特性的铁氧体磁芯，根据剩余磁通的方向使之对应于"1"和"0"。由于磁带可以脱机，所以可认为磁带是存储容量不受限制的存储器，其主要缺点是存取时间较长。

1970年前后，已开始使用磁盘存储器。这种存储器具有利用浮力使磁头旋转表面的距离大致保持一定的浮动磁头，沿半径方向移动磁头便可选择磁道，可进行准随机存取，因而计算机系统成了文件的中心。

另外，随着集成电路技术的发展，比磁芯存储器具有更短存取时间的半导体存储器迅速地发展起来。1980年前后，在主存储器中正式采用半导体存储器，磁盘的性能继续改进，出现了一种磁带超大容量存储器。此外，为了补充主存储器与辅助存储器之间的存取间隙，还研制了高速辅助存储器用的电荷积合器件（CCD）等电荷转移器件和磁泡存储器件。

20世纪70年代末，出现了光盘存储技术。它的存储容量比磁盘高1~2个数量级，使用寿命长，信息可保存10年以上，系统可靠，光头与记录介质不接触。目前，可探重写的光盘材料已经出现，读出速度和查找数据速度正在改进，接近磁盘。

20世纪80年代末，具有非易失性和抗辐射性的铁电薄膜重新引起科学界的重视。1988年，铁电薄膜半导体随机存储器研制成功。由于铁电存储器具有高速抗辐射、非易失、高密度等特点，已成为20世纪90年代存储技术的研究热点。

20世纪90年代，存储技术的研究主要集中在磁、光和铁电三种存储技术上。近年来，磁存储技术在新型介质材料、磁头材料和结构、伺服定位及磁盘界面等方面都有了重大突破。目前，磁存储技术已经非常成熟，并已成为20世纪90年代最主要的、使用最广泛的存储技术。

与此同时，光存储技术也已进入实用阶段并日趋完善。1990年年底日美欧市场出现可擦重写光盘后，相变光盘作为全光存储的初级产品也已问世。CD（Compact Disc）可擦光盘将成为下一代的CD产品。有机记录介质如菁染料等将会在CD系列产品中发挥它们的作用。人们正致力于光存储技术的改进和发展工作，并不断探索一些基于更新记录原理的光存储技术，如光化学烧孔存储、全息记录存储、双光子激发三维存储等。

随着近年来超微细加工技术和图像显示测试技术的发展，信息存储正朝超高密度方向发展。在磁存储领域利用磁力和近场扫描方法预期能实现 100Gb/in2 的存储密度。这方面主要的研究有以下内容。

1. 量子磁盘

它是利用电子束刻蚀和电镀方法，在镀金的硅基底上生长出直径为 35 纳米（nm）、高 120nm、周期为 100nm 的镍柱。

2. 近场扫描光学显微镜

根据光学原理，聚焦斑的尺度不能小于入射光的波长，这就限制了聚焦斑（即信息位的尺度）的进一步减小。为了克服这一困难，可利用光导纤维将激光引到光盘的盘面上。因为光纤可以做得很细，利用这样的技术在 Pt/Co 多层膜上已实现 80nm 尺度的记录磁畴，这相当于 100Gb/in2 的存储密度。

第二节　信息存储的形式

和物质资源比较起来，信息资源是抽象的，它通常需要存储在一定物质载体上，便于交流和利用。信息存储是指将经过加工处理之后的信息资源（包括文字、图像、数据、报表、档案、声像、动画等），采用特定的技术手段，按照一定的规定和秩序记录，存放在相应的信息载体上的信息处理活动。

信息存储有着悠久的历史。人类最早依靠大脑的记忆功能存储信息，因此可以说大脑是人类初始信息的存储载体。此外，语言也是人类较早的信息存储载体之一，长时间以来人们一直通过语言来实现传递信息、沟通思想的目的。随着时代的进步，文字载体存储逐渐产生。记录文字信息的材料由最初的石头、甲骨逐渐发展到后来的简版、帛和纸张，又到现代的软盘、硬盘、微缩胶片、光盘及网络等，充分显示了现代信息存储载体及技术飞速发展的历程。根据存储介质及存储技术，现代信息存储可以划分为如下形式。

一、信息的印刷存储

造纸和印刷术的发明为现代信息存储与交流带来了深刻影响。印刷术是指将数字、图形等原稿信息经过一定的工艺操作成批量复制出来的活动。随着印刷术的日益完善，在各种物质载体，如纸张、纺织品、皮革、塑料、玻璃、陶瓷上印刷文字与图像信息的效果，已经达到相当完美的程度。但是纸张以外的印刷载体尽管也能起到存储、传递、交流传信的作用，但其主要意义还是为生活用品及装饰用品增添艺术色彩。纸张印刷品为人类积累和传播文化知识所做的贡献是其他存储方式所不可比拟的。由于纸张上的文字、图形信息直观易读、携带方便，直到今天仍然是用户所乐于接受的最常使用的信息载体。纸张载体的弊端是存储信息的密度太低、占用空间大、存储速度慢（印刷周期长）、难以实现信息内容的快速传递；此外，纸张载体易受温度、湿度、光线、灰尘、蛀虫影响，难以长期保管。

因此，虽然印刷存储目前仍然是信息存储的主要方式，但丝毫不影响人们越来越多地采用其他更为先进的信息存储技术，以弥补印刷存储之不足。

二、信息的微缩存储

微缩存储是微缩摄影技术的简称，主要利用摄影机将印刷资料微缩拍摄到感光胶片上，冲洗微缩胶片后保存起来，以供复制发行、检索与阅读之用。

微缩存储的主要特点有：存储容量大、密度高、体积小、重量轻；忠实于信息原件，不出差错；成本低、价格便宜，保存时间长（一般可保存 50 年），便于计算机检索等。微缩存储主要有卷式胶片和片式胶片两种类型。

当前最令人注目的进展就是微缩存储技术与计算机技术、通信技术及其他存储技术的相互结合，大大拓宽了应用领域，其主要发展有计算机输出微缩胶片（COM）技术、计算机输入微缩胶片（CIM）技术、计算机辅助微缩胶片检索系统（CAR）、视频微缩系统、激光全息微缩片和微缩传真等。

微缩存储已经发展成为一种相当成熟的信息处理技术，并且已广泛应用于保存珍贵文献和典籍的领域。例如，世界各地大型图书馆均采用该技术对珍藏本、善本和孤本进行微缩处理或利用计算机辅助微缩品检索系统和视频微缩系统实现全文检索或通过通信网络实现微缩品自动存储检索和微缩全文资源共享等。

三、信息的磁存储

在现代信息存储技术中，磁存储也是主要手段之一。尤其是硬磁盘存储系统，是现今各类计算机系统最主要的存储设备。

（一）磁存储的主要特点

（1）能够存储一切可以转换成电信号的信息，如文字、声音、图像等。

（2）可长久保存在磁带中，可重复使用，可随时抹去，重新记录新信息。

（3）能同时进行多路信息的存储，并保证信息之间的时间和相位关系。

（4）存储频带宽广，可存储直流 2MHz 以上的信号。

（5）可根据需要或高速存入高频信息慢速复放或慢速存入低频信息快速复放。

（二）磁存储的主要类型

1. 计算机磁带

磁带是较早出现的一种磁表面存储载体，它始于录音介质，主要用于记录模拟信号。自美国 IBM 公司完成了将磁带作为计算机信息存储载体研究之后，磁带存储有了广泛的应用。磁带存储的主要优点是：价格便宜存储量大、占用空间小、性能价格比高。其缺点是只适用于顺序存储而且速度有限；工作时由于磁头与磁带表面的接触容易损坏磁表面层，磁带存储器的顺序存储方式决定了其特别适用于大批量的回溯检索。

2. 硬盘

硬盘又称为硬磁盘，是在铝合金圆盘上涂有磁表面记录层的磁载体。硬盘的直径有 14 英寸、8 英寸、5.25 英寸和 3.5 英寸等多种，其中 14 英寸的硬盘用得最多。硬盘通常由多个盘片组成，称为盘组。磁盘组可在磁盘驱动器的带动下旋转以便读写数据。

磁盘存储器的最大优点是能够随机存储所需数据、数据传输速度快，适合作为计算机大容量的外部存储设备。

3. 软盘

软盘又称为软磁盘，是在柔性的塑料圆盘上涂有磁记录层的载体，有直径 8 英寸、5.25 英寸、3.5 英寸等几种类型。新的直径为 3.5 英寸的硬质软盘的存储容量在 10MD 以上，存储速度比普通软盘快 20 倍。

软盘的优点是，驱动器体积小、重量轻、结构简单、价格低，缺点是存储容量小，存取速度与数据传输率较低，容易携带病毒。

4. 温盘

温盘是温彻斯特磁盘的简称，是 20 世纪 70 年代发展起来的新磁盘技术，目前大多数硬盘都采用这种技术，有 14 英寸、8 英寸和 5.25 英寸等类型。

温盘存储具有以下特点：采用组合件方法消除影响磁头定位精度的机械变动因素；采用密封防尘结构降低浮动高度和有效记录磁道宽度；采用体积小、重量轻、负荷小的磁头和表面润滑的磁盘，从而消除磁头集中加载对盘面的冲击可能造成的头盘损伤；采用薄的高性能磁盘媒体，提升读写能力；采用读写集成电路，并尽可能把它安装在靠近磁头处，以改善高频信号的传输质量。温盘的上述特征增加了系统的稳定性与可靠性，起到了重要的作用。

四、半导体存储

半导体存储（Semiconductor Memory）是采用集成化的技术将存储单元电路及其外围电路直接置放在半导体芯片上制成的。按照半导体存储器的功能可分为随机存取存储器和只读存储器。

1. 随机存取存储器

随机存取存储器（RAM）是易失性存储器，一旦去掉电源，信息将全部丢失。RAM工作的特点是，可以按照需要随时向其任一存储单元写入信息，也可以随时从其任一存储单元读出信息。

RAM有双极型的也有MOS型的。静态的RAM特点是几乎不需要附加的控制电路，可以和微处理器连接，但集成度低，成本较高，适用于小容量的存取系统。动态的RAM和处理机的接口电路较复杂，需要定时、动态刷新，但集成度高，耗电少，成本低，适用于大容量的存取系统。

2. 只读存储器

只读存储器（Read Only Memory ROM）是非易失存储器，去掉电源后信息仍保持不变。ROM的工作特点是：存储的信息一般不变，可以随时读取任一存储单元的信息，但不能随时写入信息。

ROM有双极型的，也有MOS型的。根据信息写入存储器的情况不同，分为固定ROM、可编程PROM和可擦可编程EPROM、固定ROM的信息由制造厂家按需要写入；可编程PROM的信息可由用户自行编程写入，但只能写一次；可擦可编程EPROM信息可由用户加以改变。

半导体存储器通常由地址缓冲器、地址译码器、存储矩阵、读写电路、数据缓冲器和控制线路组成。

五、光盘存储

信息的光盘存储起始于20世纪60年代，在20世纪70年代得到迅速发展。早期主要是研制激光式电视唱片。光盘存储器的出现是信息存储技术的重大突破，其海量存储的特点为信息检索提供了广阔的发展前景。

光盘是用聚焦成直径小于1μm的激光束在记录介质上写入与读出信息的高密度存储载体，其基本结构分为3层：基体、信息层和保护层。基体的材料可以是有机玻璃、塑料等；信息层是由极薄的金属薄膜或色素薄膜、非晶体薄膜、光磁材料等制成的；保护层是一层透明聚合物,有利于防尘和防划痕。

(一)光盘载体的特点

1. 信息存储密度极高、容量大

光盘的存储密度在目前的大容量存储器中是最高的,是磁盘存储密度的 50 多倍。它不仅可以用来存储计算机中的数据和文字信息,而且可以广泛用于声音和图像信息的存储。

2. 价格低廉,便于复制

价格仅为同样容量磁盘的千分之一,且体积小得多,易于保存和携带。如果将存有信息的光盘制成有凹凸的模板,就可以像压印唱片一样被大量复制,其价格也与普通唱片相仿。

3. 具有随机存取特性,便于和计算机连接

光盘的信息分布在盘层表面,读写头能迅速访问,可随机存取和快速检索,不受时间限制。

4. 可以存储和显示多种信息

光盘既能存储文字和数字,又能记录彩色活动图像;它不仅能用于存储视频信息,而且能存储音频信息。

5. 坚固耐用,存储寿命长

光盘密封性能好,不易受到周围尘土、潮气及其周围杂散电磁场的破坏,寿命可达 10 年以上。

光盘的主要缺点是:误码率比较高,核对误码需占 20%~30% 的光盘空间。

(二)光盘的类型

目前,投放市场的光盘产品主要有三类。

1. 只读型光盘

只读型光盘是最早实用化的光盘。盘片在出厂前由厂家预先用激光光束蚀刻上视频、音频、数字信息,出厂后只能读上面的内容而不能添加或修改。其技术成熟、容量大、易复制、价格低,主要应用于电子出版业、联机检索系统、计算机辅助设计、办公自动化、辅助教学等。由于只读光盘能够在微机上使用,因此迅速得到普及。目前国际上各种主要公众检索数据库都已制成只读光盘,方便人们使用。

2. 一次性光盘

用户可以根据自己的需要自由地进行信息记录,但只能写一次,且不能修改和涂抹,所以如有变动则需要在未记录部分追加记录。其技术已经成熟,比较稳定可靠,主要应

用于用户自建数据库以及文献等信息的存储，可以作为计算机外存。

3. 可擦型光盘

这种光盘在写入信息后还可以抹掉重写新的信息，制造这种光盘难度较大。传统上有两种擦除重写方式：一是用激光将过时的信息擦掉，再用激光束写入新信息；二是擦除和记录用两束激光分别同时进行。可擦型光盘适用于保存更新较快的信息和信息的短期存储。

光盘存储技术以及其众多的优点，如记录密度高、存储容量大、工作稳定可靠、环境要求低、信息保存时间长等，促使人们广泛使用，并且光盘存取系统发展相当迅速，普及面越来越广，已成为人们生活和科研中较好的辅助工具。

六、网络存储

随着网络信息的爆炸性增长以及人们对网络信息检索要求的不断增强，网络信息存储已成为计算机网络设计中一个十分重要的环节，传统的附服务器的直接连接存储方案由于自身存在的 I/O 瓶颈、可扩展性差等问题，难以完全满足现有的网络存储需要，因此又相继产生了两种全新的网络方案，即网络存储和存储区域网络。

1. 直接连接存储

直接连接存储又被称为附服务器存储，这是我们最熟悉的最基本的一种存储结构，是如今在校园网或办公环境中最常见的一种。存储器通过一个通用服务器连接在网络上，存储器与服务器之间通过传统的 I/O 总线通信。客户机如果需要访问存储器的数据，首先必须给文件服务器发送一个请求消息，文件服务器解析这个请求并给存储器发送访问消息，存储器访问数据发送至文件服务器的内存，最终服务器把数据传给客户机。

这种结构的最大缺点是：客户机访问的所有数据都需要通过通用文件服务器存储转发，占用服务器的内存 CUPU 和 I/O 总线等系统资源并产生严重的 I/O 瓶颈。

另外，这种存储结构可扩展性差，其扩充网络存储容量的方法是为服务器增加更新、更快的硬盘。如果需要更多的空间，就增加一个硬盘。如果服务器上可供连接的驱动器已满，就需要另买一台昂贵的服务器来扩容。随之而来的是响应时间变长，复杂性维护及管理负载增加等问题，另外，增加几个硬盘的价格虽不昂贵，但是关掉服务器安装存储盘所造成的停工（Down Time）使用户的服务得不到保障，给用户带来经济损失。

2. 附网存储

附网存储是计算机信息存储领域中的最新技术之一，可以简单、可靠、经济、有效地在网络中添加共享存储区，从而使各部门和工作组可以通过网络快速访问数据，并实现多人同时访问。这种方案中的存储设备与网络设备直接相连,有利于客户机与存储器之间直接传递数据,减轻服务器的工作负载,大大改善服务器的工作性能。NAS 之所以对设备的要求低且易于维护,是因为它采用了瘦服务器这项最新技术。

瘦服务器是专门执行单一功能的服务器,一般包括微机处理器,与多数主流网络拓扑结构兼容的操作系统、内置 Web 接口或管理工具以及便于升级的内存等。很多共享设备,如传真、扫描、Web、CD-ROM、电子邮件、硬盘存储的功能都可以通过瘦服务器技术实现资源共享。NAS 技术的推出,实现了用户在数据存储中要求加快产品安装速度、降低网络维护成本,提高数据可访问性、改进信息存储管理和降低网络吞吐量负担的愿望。

NAS 是 1996 年以来最佳的网络存储解决方案。一个 NAS 可以是一个与平台无关的服务器或一组专门用于存储的服务器群,在这样一个体系结构中,磁盘空间的扩展就如同在网络上添加打印机一样简捷。但是每一个 NAS 节点必须分别管理,对于快速发展的企业而言,这一解决方案会变得过于复杂。这种配置比较适合于工作组或部门级的数据存储操作的服务器在 5 个以内的情况。

3. 存储区域网络

1998 年底,存储区域网作为网络存储的另外一种选择出现在市场上,这一全新的解决方案有希望突破 NAS 所受的诸多限制。

SAN 是一种数据存储设备及服务器间通信的专用网络,能够提供几乎无限的信息交换能力。存储区域网络的服务器可以通过 SAN 直接访问存储设备,而无须通过局域网。SAN 是一种几乎拥有无限存储空间的分布式网络,非常适合作为企业存储系统的核心。SAN 基于一个极为简单的原则,即任何一个服务器可以与任何存储设备直接进行数据交换,而不受 NAS 体系结构的限制。SAN 不仅可以容纳 Web 服务器、Extranet Intranet 上的所有信息,而且可以在一个中心节点上完成对所有数据的管理。

作为一个离散的网络,一个完整的 SAN 包含存储设备(服务器和磁盘阵列,甚至磁带库)、一个高带宽的网络通道(一般由光纤通道构成)、用于通道连接的共享式或交换式集线器、用于设备或服务器的数据交换的路由器以及将这一切连接起来的应用软件。

由于存储设备直接连入 SAN 并且建立了一个可以让每台服务器都能够获得数据的存储池,SAN 上的所有数据都可以进行集中管理,而集中管理意味着简化企业级的数据管理工作和较低的管理成本。

这一分布式的网络通常由连接服务器和存储设备的光纤通道环构成,通过多个环通道,用户可以建立冗余、容错的拓扑结构。两台服务器可以同时通过两个通道访问同一台存储设备。即使其中一台服务器发生故障，使用者仍然可以通过另一台服务器继续完成数据的访问工作。

七、存储的发展趋势

无论是纸质印刷文献的存储，还是缩微存储、磁存储、光盘存储，它们各自都具备其他技术不能代替的长处，因此，它们将在较长的时期内并存、互为补充。这是信息存储技术的一个发展趋势。

信息存储技术的另一发展趋势是各项信息存储技术的相互结合。

1. 磁存储与光存储的结合磁光存储技术

这是一种利用激光在磁光存储材料上进行信息的写入和读出的技术，磁光存储技术结合了磁存储和光盘存储的优点，存储密度高、存储容量大，而且存取时间短。

2. 采用缩微片和光盘两种存储媒介的复合系统

在随录随用、检索速度、影像远距离传送等方面，光盘优于缩微片，而在输入速度、复制发行、存储寿命、法律依据等方面，缩微片又优于光盘，因此，日本的佳能和富士公司先后推出了一种由采用缩微片和光盘两种存储媒质组成的所谓复合系统。采用复合系统的另一个优点是，原来已拥有大量缩微片的旧系统仍可继续使用，并能顺利地向新系统过渡。

3. "三合一"的存储系统

即将缩微、磁和光盘存储技术结合在一起的复合系统柯达公司目前正在研究这种系统。

信息存储技术将有一个新的比例分配，是其发展的又一必然趋势。为了实现我国信息工作的现代化，必须采取有力措施来积极推动信息存储技术的这种转化。信息存储技术在比例上的重新分配也是为了更好地发挥各种信息存储技术的特长，扬长避短。所谓"新的比例分配"是指，传统的纸质印刷文献由于存储空间、存储条件等限制，一些利用率较低的印刷型文献将被缩微存储替代。

对于图像资料，为了保持图像的色彩，最好用光盘存储。当然也可以用彩色缩微摄影保存，但效果并不十分理想。

为了充分利用光盘处理计算机信息的功能，可用光盘代替磁盘存储信息机构的书目信息和情报检索信息。通过光盘可以快速向用户提供检索服务，也可以利用电子传输通信为远程终端提供书目信息。

存储计算机信息过去主要依靠 COM 技术，随着光盘技术的发展，COM 技术可能被光盘代替。

　　根据光盘存储信息寿命短，但检索功能强及检索速度快的特点，可以考虑将检索频率高的科技期刊、科技报告、标准和法律文献及一些词典工具书等存入光盘。根据科学信息老化规律，科技文献的引用期平均也只有 10 年，正好与光盘保存信息的寿命相当。

第七章 信息存储技术

第一节 信息存储技术概述

一、信息存储技术的发展

第一次信息革命是人类创造了第一个信息载体——岩画和壁画，人类拿起石块、木炭作为工具把自己大脑中的思维形象刻画在岩石、洞壁上，人类的信息思维有了确切的存储载体。第二次信息革命是人类创造了语言和文字，接着出现了文献，语言、文献是当时信息存在的形式，也是信息交流和存储的工具。

第三次信息革命是造纸和印刷技术的出现，这次革命结束了人们单纯利用龟板、竹筒，依靠手抄、篆刻记录文献的时代，使得知识可以大量生产、存储和流通，进一步扩大了信息交流和存储的范围。

第四次信息革命是电报、电话、计算机和现代通信技术的有效结合，使信息的处理速度、传递速度和存储效率得到惊人的提高，人类处理信息、利用信息的能力达到空前的高度。在人类信息技术发展史上，数字技术是一项划时代的成就。综观 IT 发展史，数字技术已有过两次发展浪潮。

第一次是以处理技术为中心，以处理器的发展为核心动力，产生了计算机产业，特别是 PC 产业，促使计算机迅速普及和应用。

第二次是以传输技术为中心，以网络的发展为核心动力，通过互联网，人们无论在何处都可以方便地获取和传递信息。这两次浪潮极大地加速了信息数字化进程，越来越多的信息活动转变为数字形式，使数字化信息爆炸性增长，从而引发了数字技术的第三次浪潮——存储技术浪潮。

实际上，数字技术在任何时候都是处理、传输和存储技术的三位一体，缺一不可。数据存储技术一直都在发展与进步，但它一直在后台，被处理技术和网络技术的光辉所掩盖，现在它终于走上了前台，成为数字化舞台的主角之一。随着信息资源的不断增加，信息存储空间越来越紧张，查找信息也变得越加困难，因此人们在不断地寻找新的信息存储介质。

1998年，图灵奖获得者 Jim Gray 提出了一个新的经验定律：网络环境下每18个月产生的数据量等于有史以来数据量之和。信息资源的爆炸性增长，对存储系统在存储容量、数据可用性以及 I/O 性能等方面提出了越来越高的要求。存储产品不再是附属于服务器的辅助设备，而成为互联网中最主要的花费所在。信息技术已从以计算设备为核心的迁徙时代进入以存储设备为核心的存储时代，网络化存储将成为未来存储市场的热点。甚至有人说，网络存储已成为继计算机浪潮和互联网浪潮之后的第三次浪潮。在数字化和网络互联时代，在多用户并行环境中，大规模应用系统的广泛部署对网络存储系统的性能和功能提出了巨大挑战，主要表现为高性能、可扩展、可共享、自适应、可管理性以及高可靠性和可用性。

二、存储器的类型

存储器是具有记忆功能的部件，随着信息技术特别是计算机结构与器件的发展，存储器的种类日益繁多，分类方法也有很多种。

（一）按存取方式分类

1. 随机访问存储器 RAM（Random Access Memory）

RAM 特点是随机读写，既可以读出，又可以写入。对存储器内部任何一个存储单元的读出和写入时间是一样的，与其所处的位置无关，即存取时间是相同的、固定不变的。RAM 主要用作主存，也可用作高速缓冲存储器。RAM 中每个字的地址是由地址寄存器来确定的，无须用户进行干预和考虑。译码器译出地址，从而直接找到并加以读取。

2. 只读存储器 ROM（Read Only Memory）

ROM 是 RAM 的一种特殊方式，只能随机地读出信息而不能写入信息。信息一旦写入存储器就固定不变了，所以又称为固定存储器，常用来存放无须改变的信息，如管理程序、监控程序、汇编程序、各种诊断程序以及专用子程序等。

3. 顺序存取存储器 SAM（Sequential Access Memory）

SAM 的存取方式与前两种存储器完全不同，信息一般是以文件或数据块的形式按顺序存放，信息在载体上没有唯一对应的地址。因此，要找到所需信息，就必须知道一些关于所存信息的详细说明。例如，它在哪个模块中，用什么格式将约定的信息段与要求的输入信息做比较等。否则，不论在逻辑上还是物理上都无法找到有关信息。信息存取时间的长短与其在载体上的位置有关，只能用平均读写时间作为衡量的指标。磁带机就是这类存储器。

4. 直接存取存储器 DAM（Direct Access Memory）

DAM 既不像 ROM 那样能随机地访问任一存储单元，也不像 SAM 那样完全按顺序存取，而是介于两者之间。当要存取所需信息时，第一步是直接指向整个存储器中的某个小区域（如磁盘上的磁道），第二步是在小区域内顺序检索或等待，直到找到目标后进行读写。这种存储器的存取时间与信息所在的位置也是相关的。磁盘、磁鼓就属于这类存储器。有些书上将 SAM 和 DAM 归入一类，称为申行访问存储器。

（二）按存储介质分类

1. 磁存储器

用磁性材料做成的存储器称为磁存储器，它包括磁心、磁包、磁膜、磁鼓、磁带、磁盘等。从 20 世纪 50 年代开始，磁芯存储器曾一度成为主存储器的主要存储介质，但因磁芯存储器容量小、速度低、体积小、可靠性较低，从 20 世纪 70 年代开始，已被半导体存储器逐渐取代。

2. 半导体存储器

目前绝大多数计算机都使用半导体存储器作主存，主要分为 RAM 和 ROM。按照生产工艺，半导体 RAM 可以分为双极型 RAW 和 MOS 型 RAM 两大类。MOS 型 RAM 又可以分为静态 RAM（SRAM）和动态 RAM（DRAM）两种。

双极型 RAM 的特点是速度快，但成本高、功耗大、集成度较低，一般用作高速缓冲存储器，也有一些巨型机用它作主存。由于构成触发器的电路形式不同，又可分为 TTL 型和 ECL 型两种。

MOS 型 SRAM 是由 MOS 双稳态触发器来记忆信息的，它的集成度高于双极型 RAM，且功耗低于双极型，但存取速度也低于双极型。

MOS 型 DRAM 比 SRAM 的集成度更高，功耗更低，它是靠 MOS 电路中的栅极电容来保存信息的。由于电容上的电荷会泄漏，因此需要定时给予补充。其存取速度低于 SRAM。

半导体 RAM 存储的信息会因断电而丢失，称为易失性存储器，半导体 ROM 是非易失性存储器，但它只能读不能写。

3. 铁电存储器

铁电存储器利用铁电材料的两种极化状态存储信息。它不仅具有铁电薄膜的非易失性和抗辐射性，而且具有速度高、存储密度大、成本小、功耗低等优点，因而已成为 20 世纪 90 年代存储器的研究重点。

4. 光存储器

用激光束聚焦为亚微米尺寸光点记录在光盘介质上，可用激光束读出记录信息。作为外存储器，光存储器的存储密度是磁存储器的十几倍，寿命也长得多，但目前存取速度还不及磁存储器。

5. 其他介质存储器

其他的存储介质还有很多，如光电存储、电荷耦合器件存储器等。

从原理上讲，只要具有两种明显稳定的物理状态的器件和介质都能用来存储二进制信息，但真正能用来做存储器的器件和介质还需要满足各类存储器技术指标的要求。

（三）按功能分类

1. 寄存器型存储器

寄存器型存储器是由电子线路组成的在速度上与 CPU 相匹配。现代计算机内部都设有几个至几十个通用寄存器。这种类型的存储器存放着当前要执行的指令和使用的数据。它们的容量很小，但工作速度却很快，其长度等于机器字长。

2. 高速缓冲存储器

高速缓冲存储器通常位于主存和 CPU 之间，存放当前要执行的程序段，以便向 CPU 高速提供马上要执行的指令。目前，高速缓冲存储器一般采用双极型半导体存储器，速度较高，可以与 CPU 速度匹配，存取时间几纳秒至几十纳秒，但其存储容量较小，一般在一千至几十千字节。

3. 主存储器

主存储器是主机内部的存储器，故又称为内存。主存用来存放计算机运行期间正在执行的程序和数据，容量在几十千至几十兆字节之间，CPU 的指令系统能直接读写主存中的存储单元。主存用来存放计算机运行期存取时间可达 100ns 至 2μs。

4. 外存储器

外存储器也称辅助存储器或后缓存储器，它用于存入系统程序、大型数据文件等当前暂不参与运行的大量信息。外存设在主机外部，容量极大而速度较低。CPU 不能直接访问它，必须通过专门的程序把所需信息与主存进行成批交换，只有调入主存后才能使用。

三、存储器的主要技术指标

存储器的技术参数和指标较多，此处仅给出最主要也是最常用的规范技术参数指标。

1. 存储容量

存储容量是指存储器所能容纳的二进制信息总量。对于计算机的内存储器，存储容量就是存储单元的数量或者是存储地址的数量，通常用 K 表示存储容量的单位。例如，某一计算机内存储器的存储容量为 16KB，即有 16384 个存储单元。但严格地讲，对于不同的机器，由于存储单元的长度不同，因此存储容量的真实大小，应该用它所能存放二进制信息的总数来衡量，即存储容量＝存储单元个数 X 存储字长。外存储器的存储容量常以"字节"（Byte）作为计算单位。一个字节就是二进制数八位数字。常记为 KB（千字节）、MB（兆字节）、GB（吉字节）。也用比特（bit）作计算单位，1bit 就是二进制数一位数字，常记为 KB、MB、GB 对存储器进行信息的存取时，不能存取单个位，而是用字节来工作的。

存储方式不同，存储容量的大小也不一样。此外，随着存储技术的发展，各种存储器的存储容量也在不断增加。从 20 世纪 40 年代的几十个字节开始，经历了千字节、兆字节到目前的吉字节，还在不断扩大。

2. 存储密度

存储密度包括位密度、道密度和两者的乘积——面密度。位密度是指单位长度上写入的二进制比特数，用比特/英寸（b/in）或比特/毫米（b/mm）表示，有时也称为线密度。面密度是指单位面积上所能记存的二进制比特数，常用比特/平方英寸（b/in²）或比特/平方厘米（b/cm²）表示。对磁记录而言，常用道密度。磁盘用来存储数据的许多同心圆称作磁通。道密度是指磁盘径向单位长度内所允许记录的磁道数，用每英寸的磁道数表示，记为 t/in。也可用每毫米的磁道数表示，记为 t/mm，计算机磁带不用道密度，而是规定在某种磁带上记录定量的磁迹数。如 12.7mm 宽计算机磁带上记录 7 磁迹或 9 磁迹。

3. 存取时间（存取速度）

存取时间是指从启动一次存储器操作开始到完成该操作所经历的时间。例如，从发出指令到读出数据为止。它包括查找时间和旋转等待时间。

4. 存取周期与数据传送率

存取周期是反映存储器件性能的一个重要参数。

它是指存储器从接受读写命令信号开始，信息读出或写入后，直到允许接受下一个命令为止所需的全部时间，也就是允许连续存取操作的最小时间间隔。通常，存取周期略大于存取时间。因为对于任何一种存储器，在读写操作之后，总要有一段恢复内部状态的复原时间。对于以破坏性读出方式工作的磁芯存储器和 MOS 型 DRAM，存取周期往往要比存取时间大得多。存取周期的倒数 1/tM 是单位时间内能读写存储器的最大次数。1/tM 乘以存储总线宽度 w 是单位时间内可写入存储器或从存储器取出信息的最大数量，称为数据传送率。

5. 可靠性

通常用平均无故障时间 MTBF（Mean Time Between Failures）来衡量可靠性。以理解为两次故障之间的平均时间间隔，MTBF 越长，可靠性越高。

6. 功耗

功耗是一个不可忽视的问题，它反映了存储器件耗电的多少，同时也反映了发热的程度，通常要求功耗小，这对存储器件工作稳定性有好处。大多数半导体存储器的工作功耗与维持功耗是不同的，后者远远小于前者。

7. 性能价格比

性能价格比是一个综合性指标，其中性能包括前述的各项指标，而价格包括信息存储单元本身的成本和存储器运行的外围电路的成本。这项指标关系到存储器有无实用价值。

四、信息存储应用特点

过去谈到存储技术的发展趋势，总是用大容量、高速度、低价格和小型化来形容。但随着越来越多的关键信息转变为数字形式，使得应用对存储技术产生了新的需求。

1. 数据已成为最宝贵的财富

数据是信息的符号，数据的价值取决于信息的价值。对于很多行业甚至个人而言，保存在存储系统中的数据是最为宝贵的财富。很多情况下，数据要比计算机系统设备本身的价值高得多，对金融、电信、商业、社保和军事等部门来说更是如此。设备坏了可以花钱再买，而数据丢失了对企业来讲损失将是无法弥补的，甚至是毁灭性的。因此，信息存储系统的可靠性和可用性，数据备份和灾难恢复能力往往是企业用户首先要考虑的问题。为防止地震、火灾和战争等重大事件对数据的毁坏，关键数据还要考虑异地备份和容灾问题。

2. 计算机应用模式发生变化

计算机系统结构设计中有一条重要原理：加快经常性事件（即占用时间最多的事件）。计算机应用模式对经常性事件有决定性的作用。早期计算机仅用于计算，CPU 活动是经常的事件，加快其速度最重要。之后在网络应用中，计算机通信成为占时间最多的事件，加快网络速度就成为当务之急。目前在大部分应用中，存储已成为经常性事件，计算瓶颈已从过去的 CPU、内存和网络变为现在的存储。因此，存储是最值得加快的经常性事件。

3. 数据量不断增长

人们在信息活动中不断产生数字化信息，数据量总是在不断增长。对于大部分应用，CPU和网络的速度达到某个值就满足了要求，但对存储容量的需求却是没有止境的，因为永远都有新的数据产生。因此，存储系统要有良好的可扩展性，还要求扩展时不中断现在的业务。

4. 全天候服务已成大势

在大部分网络服务应用中，7×24小时的全天候服务已是大势所趋。这不仅意味着没有营业时间的概念，还意味着营业不能中断。调查数据表明：停机数小时对现代企业的损失是相当大的；停机超过一天，对一个企业来讲是不能忍受的；停机一周则将是毁灭性的。全天候服务要求存储系统具有可用性和快速的灾难恢复能力，集群系统实时备份、灾难恢复都是为全天候服务所开发的技术。

5. 存储管理和维护自动化

以前的存储管理和维护工作大部分由人工完成，由于存储系统越来越复杂，对管理维护人员的素质要求具有易管理性，出差错的可能性也越来越大，稍不注意就会丢失数据。现代存储系统要求具有易管理性，最好具有智能化的自动管理和维护功能。

6. 多平台的互操作性和数据共享

由于历史原因，企业中存在着多种信息平台，既有各种操作系统的服务器，又有各厂家不同型号的存储设备。多平台的互操作性和数据共享对应用的方便性，减少重复投资和保护已有投资是非常重要的。存储系统要有足够的开放性，除了标准和协议的制订外，各厂家之间的合作也是十分必要的。

五、信息存储的要求

信息的存储是各种科学技术得以存在和发展的基础。信息必须经载体的存储才能实现共享，得以传递。长期以来，人类一直在不断地探索和寻求保存信息的方法和载体。结绳、刻痕是人类最早的保存信息方法。泥土、石块、甲骨、竹简、丝帛都曾作为信息的主要载体。文字、纸张，印刷术这些技术革命的成果是人类解决信息存储、信息表达、信息交流、信息载体的一次飞跃，它使信息的交流和传播能到达更广泛的接收者（读者）和流传更长的时间。存储技术发展到今天，印刷存储技术、缩微存储技术、磁存储技术、半导体存储技术、激光存储技术以及数字照相与图像扫描技术等都先后出现，为信息的存储提供了广阔前景。

信息从信息源传播到受众是通过信息通道传播。"存储"即是传播通道的终端之一

（即把信息保存起来），存储的信息可以作为下一轮传播的信息源。特别是在传输信息的链路中，由于各个环节的速度可能不相同，还需要存储器作为中间环节。因此，存储器也可以看成信息，传播过程中具有延时和中继功能的重要设备。

人的大脑作为信息的归宿，其存储容量在1015位以上，相当于美国目录档案馆全部馆藏量的10倍，至今还没有任何单个存储器件能够超过人脑的存储容量。人们对存储器件性能的要求，首先是容量（密度）、存取数据的传输速度、存取等待时间、持久性（保存期和可使用期）、误码率和噪声特征、符号间干扰和串扰，可否直接重写，非破坏性读出和选择性擦除、功耗和热耗散等要求。此外，对整个存储系统还要考虑其可靠性、可否拆卸、可移动性、器件和系统的成本等因素。当代科学技术的发展，特别是计算技术和通信技术的发展要求有大容量、高速度和低成本的存储器件。

第二节　信息的印刷存储

一、信息印刷技术的起源

（一）印刷术产生的前提——文字的产生

文字的产生是发明印刷术的前提条件之一。原始社会人类在同大自然斗争的过程中，为了表达自己的意志、愿望等思想感情，往往会借助手势，模仿周围自然界的声响，把音节和意思结合起来，就逐渐形成了原始语言。这就是我们今天使用的丰富多彩、准确凝练的现代语言的起源。

语言的产生和应用使人类得以在劳动中充分表达思想，交流经验，有力地促进了生产的发展。随着生产规模和范围的扩大，生产事务日趋繁杂，单凭大脑记忆已逐渐不能适应，而语言又无法长久保留或传至远方，于是就产生了帮助记忆的原始方式。

一是结绳记事，记事是通过在绳子上结成疙瘩完成的。大事结大疙瘩，小事结小疙瘩，涉及数量多少，通过疙瘩多少来表示。

二是刻木记事，古代又称"书锲"，就是用刀在竹或木上刻画。

三是绘画记事，以绘画记载事物或事情发生的简单过程，这种图画是最早的文字。

以后，我们的祖先把周围环境中与生活有密切关系的动物、植物、自然现象等画在居住的洞穴石壁上来表达事物。图画本来只是反映具体事物的形象，但在人们习惯于用这些图画来表达一定思想之后，就逐渐简化为一定形式的图案符号，人们看见这些符号就会想起它们所代表的意思并与语言相对应。这样，这些符号就逐渐成为人们交换思想、沟通意愿和表达感情的一种工具，从而产生了最原始的文字——象形文字。

商周时代，刻在龟甲上的文字，大多属于形声字，由独体趋向合体，是最古老的文字。商、周战国时代铸造各种青铜器，铸或刻在青铜器上的铭文就叫"金文"或"钟鼎文"。战国末年，字体逐渐和小篆接近。

秦始皇统一全国后，推行统一文字的政策，以小篆为正字，淘汰通行于其他地区的异体文字，对汉字的规范起了很大作用。秦末，篆书简化演变成隶书，在汉代通行的是小篆的快写字体。

魏晋兴起行书，是简化楷书笔画，兼采草书的笔法。字体的演变，总的趋势是删繁就简，避难趋易，显示了汉字发展的简化规律。

文字的发明是人类文明的一大进步。文字的应用使得语言信息得以准确、完整、形象地再现，给以后的刻石，以至抄书、印书创造了便捷的条件，促进了印刷术的诞生。随着文字的形成和演进，存留文字的手段也在不断发展。这主要是指作为书写用的笔、纸、墨的发明，以及复制文字和图画的盖印和拓石方法的产生。

（二）发明印刷术的物质基础——笔、纸、墨的发明

笔、纸、墨的相继发明为文字的存留打下了必要的物质基础，同时也是印刷术发明的物质基础。

1. 毛笔

毛笔是我国的传统书写工具，在相当长的历史时期里，雄居世界笔坛之首，它比古埃及的芦管笔、欧洲的羽毛笔历史更悠久。传说毛笔是秦始皇的大臣蒙恬发明的，因而有人称其为"恬笔"。其实在此之前，毛笔早已存在，经考证，早在3000多年前的商朝已有毛笔。春秋战国时期对毛笔的称呼不一：吴国称为"不律"、燕国称为"弗"、秦国称为"笔"。毛笔的应用对汉字的发展演变具有推动作用，使汉字很快成为易于书写和镌刻的规范文字，同时它为印刷术提供了手写上版、书写字样的工具，因此毛笔对印刷术的发明是不可少的。

2. 纸

现在一般人都认为纸是中国古代四大发明之一，对人类文明产生了一定的影响。实际上，自从16世纪以来，西方学者只列举印刷术、火药及指南针三大发明，纸并不在其中。欧洲人一直认为造纸术源自阿拉伯，直到19世纪中叶，西方的中国通还说纸墨是由西方传到中国的。一直到20世纪初年，由于古纸相继被考古发现，经过化学分析，并引证古代文献，纸的起源说才被国际学者所否定。至于纸成为中国的四大发明之一，乃是1925年卡特所著《中国印刷术的发明及其西传》书中首先提出的。从此，纸才被正式列入所谓中国四大发明之一。

纸源自中国，虽为世界所公认，但关于最早用纸的时代，仍有很多不同的意见。传统的说法是根据《后汉书》的《蔡伦传》："伦乃造诣用树肤、麻头及敝布、渔网以为纸"，人称"蔡侯纸"。纸张具有轻便柔软、韧性良好、制造容易、价格便宜等优点，是十分合适的书写材料，很快取代了笨重的竹简和昂贵的丝帛。但自宋代以来，就有人提出疑问，因为文献中有多处记载在蔡伦以前已有纸的存在，年代可以上溯至西汉。

1990年在敦煌悬泉置汉代遗址出土的西汉残纸，上有隶书药名"付子""薰力""细辛"等字迹，为汉武帝时代至昭帝时代（前156—前74年）的成品，是迄今所见最早有字的纸。

3. 墨

墨在中国文化中的重要性极为显著，它不仅用于书写，且兼具艺术品质和学术上的地位，向来为文人学士所乐道。中国造纸工及印刷工的姓名、事迹为人们所知甚少，可是数以百计的墨匠却被广泛载录于文献中。而历代专门记述墨的专书，为数也很多。对于墨的评价早有定论：在中国，名墨精品价等黄金；在国外，东方及西方皆有中国墨的传入和仿制。

从公元前14世纪至公元4世纪间，在甲骨、玉石、陶泥、简牍、缣帛及纸张上以黑墨或彩色所书写之实物，乃是中国最早用墨的例证。公元前3世纪，至公元3世纪和4世纪的一些墨块实物，近年也有出土，稍晚于此的墨制品仍见存于今。然而因实物不多，且尚未予以详细分析，故目前研究墨的质地、成分及制造，仍有赖于文献资料，但古籍对于汉代以前的制墨方法甚少记载。

根据传说，中国墨的发明一向归功于东汉书法家韦诞（179—253），即公元3世纪初。然而考古发掘及文献上的证据均说明各种墨的普遍使用，或类似墨的书写材料，当远早于此。陕西半坡出土的彩陶上所见的早期花纹及符号，显示红色及黑色颜料的使用可远溯至新石器时代。在商代后期，占卜甲骨上残留的红黑两色的字迹，红色颜料已鉴定为朱砂，碳质黑色颜料经鉴定证明为墨。此外，在商代的石器、玉器及陶器上也发现以黑色汁液所写的文字。自13世纪以来，学者即认为中国墨的发展可分为三个阶段：最初以漆所制，嗣以矿物，最后则以松烟及油烟为之。

（三）发明印刷术的技术条件——盖印与拓石

早在公元前4世纪（战国时代）就有了印章。先秦以及秦、汉的印章多用作封发物件，把印盖于封泥上，以防私拆，并作信验。官印又是权力的象征，当时都是刻成凹入的阴文。公元1世纪（两汉时代）以后逐渐改刻成凸起的阳文。

公元 4 世纪（东晋时代）的道教徒扩大了印章的面积，使之能容纳比较长的符咒，曾有刻过 120 个字的符咒，可见当时已经能用盖印的方法复制一篇短文了。

拓石是印刷术发明的另一渊源。在公元前 7 世纪，我国就有了石刻文字。为了免去从石刻上抄写的劳动，公元 4 世纪左右，就发明了以湿纸紧覆在石碑上，盖以毡布，然后用木槌和刷子轻敲和拂拭，直到纸嵌入石碑的字体凹槽为止，等到纸张干了，用刷子蘸着黑墨，均匀地刷到纸上（凹下的文字刷不到墨），最后把纸张揭下来，就成为黑底白字的拓本。这种方法所印出的文献，叫作"拓石"。

后来，又将刻在石碑上的文字刻在木板上，再进行传拓，所以刚开始在木板上雕刻文字是供传拓用的。石刻的文字是阴文正写，这就提供了从阴文正写取得正字的复制技术。

黑底白字不如白底黑字醒目。因此，如果将碑上阴文正写的字，仿照印章的办法，换成阳文反写的字，在版上刷墨再转印到纸上，或者扩大印章的面积使之成为一块小木板，板上刷墨铺纸，仿照拓石方法来拓印，就能得到清楚的白底黑字，这就是雕刻印刷。雕刻印刷是我国印刷术的最早形式，是印章盖印和捶拓碑石两种方法的结合和逐步演变，所以，印章和拓石为印刷技术的发明准备了技术条件，是印刷术的先驱。

（四）印刷术的发明与进展

雕版印刷术的演进在印章和拓石的基础上，我们的祖先发明了雕版印刷技术。一般是把硬度较大的木材如梨木或枣木刨平、锯开，表面刷一层稀糨糊，然后把写好字的透明薄纸，字面向下贴在木板上，干燥后用刀雕刻出反向、凸起的阳文反字成为凸版。经过在版面上刷墨、铺纸、加压力后，便得到了正写的文字印刷品。

从目前的考古资料可知：中国是世界上最早发明和利用印刷术的国家。唐朝咸通九年（868）雕版印刷的《金刚经》是目前可以证明的最早实物，上面雕印佛像插图与佛经文字，线条流畅，制作非常精良，插图极具装饰性，现存于英国大不列颠博物馆中。

学术界关于中国雕版印刷的起始时间，说法不一。张秀明先生在其所著的《中国印刷史》中，论证了东汉、六朝、后赵、北齐及隋朝尚没有雕版印刷的书籍被发现，认为雕版印刷始于唐贞观年间（627—649）。使用这种技术印刷的书籍包括国家典籍、诗文稿、民间戏曲、小说等，品种繁多，直到 19 世纪才逐渐退出了图书制作。可以说，雕版印刷术的发明和发展直接形成了中国传统的图书装帧艺术。

近代中国的印刷与图书设计制作开始于清嘉庆十二年（1807），当时英国传教士马礼逊雇人刻制了中文字模铸造铅活字，并首次在中国使用西方铅活字技术制作中文活字，距离毕昇发明胶泥活字已有近八百年；1860 年美华书馆创制了华文字模，使用西方印刷机械印刷，这标志着中国印刷开始走向机械化批量生产的道路。中文书籍为了满足传播西方文化的需求，逐渐开始采用横排方式排版，同时，石印技术也传入中国。

1874年，上海天主教会在土山湾成立了石印印刷部，印刷了《康熙字典》等书籍；1854年，英国人美查出版了中国第一份石印画报《点石斋画报》，版面设计精美，图片生动，颇受欢迎。

1904年，商务印书馆首次使用新式标点符号横排印刷了严复的《英文汉话》。这一时期中国的印刷直接使用国外的先进印刷机械和技术，图书装帧设计在设计思维、版式等方面都向西方学习、靠拢，甚至有些书籍的插图就直接采用国外的插图版本。在此情况下，包括雕版和活字在内的传统图书制作方式退出市场成为历史的必然选择。直到20世纪80年代，我国大部分地区的书籍生产仍然以铅活字印刷方式为主，随着国家"748工程"的成功完成，我国才进入了计算机—激光中文排版输出的时代。

为何中国雕版印刷的主导地位与活字印刷举步维艰？

首先，中国是世界上封建社会最长的国家。自宋代以来，封建政治与经济开始走下坡路，统治阶级重文轻武，文人掌握国家的政权，读书人大多通过读书，科举考试走上仕途之路，因此，图书成为那个时代人们生活的必需品。但是，封建统治阶级闭关自守，使得商业发展缓慢，产品流通范围狭小且缓慢，虽然在全国也出现了几大图书印制中心，但是图书的规模化、市场化难以形成，使得印刷技术不能有效地得到发展与创新。在经济上，统治者重农轻商，大大抑制了工商业的发展与壮大，工匠没有社会地位，经济上也非常窘迫，根本没有人力和财力来进行技术创造与革新，即使匠人在实践中有了一些发明与创造，也很难得到统治阶级的重视，要不是因为沈括在《梦溪笔谈》中谈到了毕昇的活字技术，恐怕这项发明就根本无法得到考证。相反，15世纪的欧洲，战争减少，笼罩欧洲几百年的瘟疫势头减缓，欧洲封建专制国家基本已经形成，经济复苏，正逐渐朝健康的方向发展。欧洲各地形成了专业的地区经济，各地的长途互惠贸易创造了新的商业平衡，东西方城市间的贸易也相当繁荣，这些都刺激了欧洲商业的发展与繁荣。金属活字印刷术就是在这样的商业发展背景之下产生与发展的。

其次，从使用材料的角度看，古腾堡发明的金属活字印刷术，在发明之时，由于采用金属铸造，意味着它已经是一种较完整、成熟的技术，在工业革命的驱动下能够直接过渡到机器批量的生产方式，几百年后，直到20世纪，仍然在使用它，并没有太大的改变；而中国虽然最早发明了胶泥活字印刷，继而又发明了木活字等技术，但由于材料和技术的局限性，决定了这种技术在中国的发展有限。

中国人在唐朝时就有了技艺高超的雕版印刷术，相对于西方人对石头的"偏爱"，中国人对木质材料的喜欢是由来已久的，这可以从中国现存的大量古代木结构建筑艺中看到，用木材做活字，似乎更能得心应手；另外，在封建社会晚期，活字印刷的发展也与衰落的封建经济状况有关，金属活字相对于木活字来说，材料贵，且不容易铸造，因而，直到清乾隆年间，有名的皇家印书处——"武英殿修书处"还专门刻制了木活字25万余个，用于印刷《武英殿聚珍版书》系列书籍。可见，材料的选择也是印刷术产生与发展的重要因素之一。

从人的角度来说，中国古代知识分子是使用图书最多的人群，他们十分推崇传统的书法艺术，更趋向于有欣赏价值的线条，因而，他们宁愿手工抄书，或者选择自己喜欢的书法形式来印刷书籍或文稿，雕版印刷就是他们最好的选择。在不同的版面上，他们可以按照自己的喜好选择不同的书法形式，或者在同一版面也可以印刷不同的书法字体。而活字印刷的字模是由刻工一个一个刻出来的，为了方便印刷，只能采取标准化的方法，在篆刻字模时使用统一的字体风格，以便于风格的统一和协调，这些字模被刻成几何化的形式，印刷出来的书籍自然显得机械、呆板，无艺术感而言，显然无法讨得文人士大夫们的欢心。另外，活字印刷术在宋代产生的时候，各种技术、工艺水平都不高，根本无法与雕版这种成熟的技术相抗衡。

最后，封建制度下，统治阶级推行的科举考试制度与法律法规也是限制活字印刷发展的重要因素。自隋唐开科举考试先河以来，统治阶级非常重视科举考试用的书籍，轻视甚至限制戏曲小说类书籍的出版、发行。知识分子只需熟读四书五经之类的书籍，便可走上仕途。这些常用的书籍，使用雕版印刷相对方便、快捷，因为需求量很大，并且一次刻成，保留整版，便可以反复印刷。明朝的戏曲、小说插图印本达到了历史的巅峰，这种书籍也大多采用雕版印刷的模式，而到清代，这种戏曲小说类的书籍就开始衰落，这与清朝政府多次下令禁书有关。雍正、乾隆年间，几乎年年都有这样的禁书令，这使得戏曲小说书籍印刷质量越来越粗陋不堪，日趋衰落。对于那些需求量小的科技书籍，印刷就更少了。

可见，统治阶级的政策直接影响到了图书生产技术的革新。至清代，由于统治阶级对书籍的限制，连雕版的发展也受到限制，更谈不上推广活字技术了。最后，汉字本身的构造也是阻碍活字印刷在中国发展、推广的重要因素。汉字自产生数千年以来，字数越来越多，汉代许慎撰写的《说文解字》中连重复的文字在内，总共10516个，而当代出版的、供中等文化程度读者使用的《现代汉语词典》中所收条目，包括字、词、词组、熟语、成语等，共约55000余条。并且，汉字是象形文字，无法像拉丁文字母那样进行自由拼写与组合。

拉丁文字是一种拼音文字，在活字印刷时，只需要铸造几种系列字母，由这些字母进行组合就可以印刷，造字成本相对低，速度快；而使用汉字活字印刷，必须铸造大量汉字，加上一些常用字需要重复铸造，因而速度慢，成本高，并且在存储、拣字、归字方面都非常费时、费力，不如雕版省事；而雕版印刷，只需选择整块木版，选用熟练的刻字工人就可以完成，程序要简单得多。

影响中国活字印刷术推广、运用、改良的因素很多，虽然活字印刷术在宋代就已经发明，但是它始终没有能够在中国生根、发芽，直至成材。清中期以后，西方先进的印刷技术传入我国，特别是石印技术，由于其成本比木刻更加低廉，效果更加细腻真实，给传统的刻书业带来了极大冲击，直接导致了传统版刻书籍退出图书印刷市场。近代之后，中国的印刷和图书出版业的历史开始由外国人或外国技术主导，图书的装帧设计与制作出版也开始走向西方学习的道路。

虽然中国最早发明了活字印刷，但是由于政治、经济、制度、人文等因素，它无法给我们传统的图书设计和生产带来持续的革新。几百年来，主导中国传统图书装帧艺术的始终是雕版印刷技术，而也正是因为使用了这种印刷方式，才使得我们的祖先创造出了代表我们优秀传统文化的独特形式。

二、信息印刷存储简介

印刷是指将文字、图形等信息经过一定的工艺操作，成批量地复制出来。随着印刷术的日益精湛，在各种类型的印刷载体上，例如，纸张、纺织品、皮革、木材、塑料、金属、玻璃、陶瓷，印刷的效果已经达到了相当精的程度。

纸张以外的印刷载体，如纺织品等，尽管也起到了存储、传递、交流信息的作用，但主要还是作为生活用品及装饰用品，它们并不适合作为积累和保存大量信息的载体。长期以来，世界各国的图书馆档案馆、文献信息中心、资料室等公益性的文献存储机构，一般是以纸张印刷文献为主分类保存，实现文献资源共享，达到信息存储、交流、利用的目的。

信息的印刷存储对人类文明进程起到了巨大的促进作用，人们至今仍离不开它。可是，这种存储技术存在着许多弊端。

首先，随着信息的日益膨胀，印刷存储的速度过于缓慢。缓慢的原因一是印刷过程的复杂程度高，使得印刷周期长，二是印刷文献管理复杂。

其次，人们从印刷文献中获取信息的速度慢。在图书馆、档案馆等获取的信息已经被印刷过程、出版发行过程、地域分隔必要的传递过程、采购上架过程几次延误。

最后，纸张印刷文献的寿命有限。灰尘、光线、湿度、温度、蛀虫等都是影响印刷文献寿命的外界因素，内在因素是纸张质量。因而，人类在利用印刷存储技术的同时，仍不断地寻找新的信息存储技术。

1. 中国早期记录信息的载体类型

（1）陶器——距今四五千年，人类祖先就已在陶器上刻画示意符号。

（2）甲骨——到了3000多年前的商代后期，当时的文字大都刻在龟甲或兽骨上。

（3）青铜器——青铜器是铜锡合金铸成的器件，一直沿用到西汉。

（4）石刻——《墨子》中即有"镂于金石"之说，现存最早的石刻系秦国的石鼓。由于形状和作用不同，石刻有碑、碣、摩崖等不同名称。到东汉末年，石碑成为重要典籍的标准本。

（5）简牍——早在商朝，已开始用竹片或木片作为信息载体。用以书写的竹片叫作"简"，又称"策"；用于书写的木片，叫作"方"，又称"牍"。"古无纸，专用简牍""学富五车"的典故，反映了在相当一个历史时期内所使用的存储手段。

（6）缣帛——到春秋战国之际，以丝织品为书写的载体开始出现，称为"缣书""帛书"。《墨子》一书中有"书之竹帛，传遗后世子孙"的记载。可见，当时帛和竹木简已经同时使用。

2. 造纸术

造纸术是中国古代四大发明之一，通常以"蔡侯纸"即东汉的蔡伦于公元105年研制出的轻便、便宜而又能大量生产的植物纤维纸为标志。蔡伦和有关工匠总结前人的造纸经验，以树皮、麻头、破布等为原料，并以捣、抄一套工艺技术，使造纸术达到了成熟阶段。到了魏晋时代（约5世纪初），纸张逐渐取代了笨重的竹木简和昂贵的缣帛。随着造纸原料的不断拓宽，造纸技术的不断提高，纸的品种也不断增加，用途也更加广泛。

3. 印刷术

印刷术也是中国古代四大发明之一，它与造纸术的发明和纸张的普遍使用有着密切关系。纸至5世纪已成为主要书写材料，社会上纸写本读物迅速增加，促进了文化、教育、科学和宗教的发展，只有社会对纸写本读物的繁重劳动感到厌倦，才产生了机械复制方法代管手抄的。也就是说，印刷术是在造纸术经历较长时期发展和书写本读物达到高潮之后才可能出现。

印刷史专家从以下三点对印刷术做了概括：印刷必有印版，以"刷拭"为手段，通过印墨将印版上的图文转印到承印物上；印刷是工艺技术，从印版制作到刷印出产品，有一套完善的工艺方法和过程。中国古代（传统）印刷术包括雕版印刷术和活版印刷术。

著名的中国科技史专家、英国剑桥大学李约瑟博士说："对人类文化史来说，我想象不出能有比造纸术与印刷术的发展这一更重要的题目。"漫长的历史中，在信息的记录和传播方面，只有发明造纸术和印刷术之后，人类才找到了理想的载体和手段。

三、信息印刷的种类与特性

印刷方法有多种，方法不同，制作也不同，印成的效果亦各异。传统使用的印刷方法主要可分为凸版、平版、凹版及孔版印刷四种。凸版印刷，凡是印刷面是突出的，而非印纹部分凹下的，称之为凸版印刷、凸版印刷，其包括活版与橡胶版两种。

（一）凸版印刷

1. 活版印刷

活版印刷是在早期胶泥活字到木刻活字及铅铸活字发展而成，延至近代大多数是以铅字排版为主，活版印刷所用的印版，除了文字部分使用铅字排版外，其他如特殊字体或图案、图片之类，则使用照相制版方法，制成锌版，后来发展至尼龙胶版，改良网点印制效果。一般活版印刷的版是平的，但有一些情况下，需将平的印刷版复制成曲形的铅版，这可装上卷筒式轮转凸印机上，以供大量印刷，如报纸等。

2. 橡胶版印刷

橡胶版印刷和活版印刷相似，不同的是印版是一块软胶。有如盖图章作的橡胶。

（二）平版印刷

凡是平版的印刷部分与非印刷部分均没有高低之差别，亦即是平面的，它利用水油不相混合原理使印纹部分保持一层富有油脂的油膜，而非印纹部分上的版面则可以吸收适当的水分，在版面上油墨之后，印纹部分便排斥水分而吸收了油墨，而非印纹部分则吸收水分而形成抗墨作用。此种印刷法，就称为"平版印刷"。平版印刷在操作上较为简单，成本低廉，是现今印刷中使用最多的方法。早期的早版印刷为平版平压型，到后来发展为平版平压型及图版圆压型两种。平版印刷的优点是：制版工作简便，成本低廉，套色装版准确，印刷版复制容易，印刷物柔和软调，可以大数量印刷；缺点是：因印刷时水胶之影响，色调再现力减低，鲜艳度缺乏，版面油墨稀薄。

（三）凹版印刷

凹版印刷基本原理是印纹部分与无印纹部分高低差别甚多，与凸版恰恰相反。即印版者量的部分有明显的凹陷状于版面之下，而无印纹部分则是光泽平滑，印刷时需先把油墨滚在版面上。则油墨自然落入凹陷的印谊部分，随后将表面黏着的油墨擦抹干净。再放上纸张后使用较大的压力把凹陷之印纹油墨压印在纸上。凹版印刷的优点是：色调丰富，颜色再现力强，印刷数量大，应用的纸张范围广泛，纸张以外的材料亦可印刷。缺点是：制版费、印刷费昂贵，制版工作较为复杂，少量印件不适合。因为凹版印刷线条精美，不容易假冒，故均被利用在印制有价证券方面，如钞票、股票、礼券、邮票等。

（四）孔版印刷

孔版印刷基本原理是印纹部分呈孔状，并利用这种方式印刷均称之为孔版印刷。一般用钢针在蜡纸上刻字或用电子版的油印机印刷，这便是孔版印刷。而在设计或工业上应用到的是丝网印刷。在制版方面已利用照相制版方法制版。因其墨色浓厚，另有一种特殊感觉，常用于特殊效果印件。孔版印刷的优点是：油墨微厚，色调鲜丽，可对任何材料印刷，曲面印刷亦可能。缺点是：速度慢，生产量低，彩色印刷表现困难等。

（五）CTP印刷

CTP（Computer To Plate）即计算机直接制版。直接制版技术是将电子印前处理系统（CEPS）或彩色桌面系统中编辑的数字或页面直接转移到印版的制版技术。图文处理系统的开放性及数字化、网络化已成为当今电子印前系统的基本特征。

CTP的特点是：在材料方面，省去了感光胶及反其感光化学品；在工艺方面，省去了胶片曝光冲洗、修版、晒版等环节；在设备方面，省去了暗室及胶片曝光冲洗设备；在效益方面，降低了成本，节省了时间和空间；在质量方面，影像转移质量明显提高。

CTP系统采用全新的物理成像技术思路，彻底摆脱激光和感光材料的使用。利用喷墨设备直接在胶片、纸张、PS版面上打印出所需的图文部分，减少了图像转移的次数，真正实现100%转印，无内容损失，直接输出大幅面，无须拼版、修版。

CTP系统采用了6PL墨滴控制技术、智能墨摘变换技术、微压电技术和6色速干墨水，适合Windows95/98/NTMac平台支持网络，并且兼容北大方正排版系统，可直接在苹果和PC机上发排多种软件制作的版面。印刷软件具有良好的数据接口，操作简便，加网质量高（最高可达175线），功能强大全面，解释速度快并有任务队列、拼版、预览等功能。进行大幅面输出时，还可自动计算胶片宽度、版面宽度，自动将小版拼成大版输出，也可手工控制拼版布局。专用CTP胶片和PS版均有经特殊处理的涂层。

近几年来，高科技对印刷出版领域的渗透表现在计算机直接制版、数字印刷和彩色打样三个方面，它们都被称为CTP技术。

（六）数字印刷

数字印刷的出现，无疑是未来印刷发展的一个趋势。但就目前来看，数字印刷并不是要完全取代传统印刷，而是一个对传统印刷中存在的问题与难题的解决方案。所以，数字印刷和传统印刷在一定时期中应该是一个互补关系。

传统印刷中，印刷带有号码的印刷品，一直是令人头痛的事。一般的彩色印刷厂都没有专门打号的机器设备。为解决可变票据的印刷难题，爱普生公司与前景集团合作开发了"数字可变印刷系统"。它由EPSONEPL—C8200彩色激光打印机EPSONEPL—N4000激光打印机和有PROSPECTS Wellformed数字票券印刷系统组成，解决了上述问题。

纸张作为存储、传递、交流信息的主要载体，较其他材料更适合于积累和保存大量信息。长期以来，世界各国的图书馆、档案馆、文献信息中心、资料室等机构，一直都是以纸张印刷为主保存信息资料，实现资源共享，达到信息存储、交流、利用的目的。

印刷存储技术广泛应用于报纸、杂志、书籍、资料、广告等文化宣传媒体上。这是目前人们俗称的第一媒体。尽管它受到广播、电视、网络等媒体的巨大冲击，但在今天仍然有着强大的生命力，是目前信息传播的主要手段。读书看报仍然是人们学习知识最自然、最主要的方式，因为它更易接近普通民众。

随着各种存储技术的发展，以及社会信息量的日益膨胀，印刷存储也显露出许多不足之处。印刷出版周期过长，印刷速度过慢是其最明显的缺点，尽管计算机技术应用于印刷技术，使人们从传统的活字印刷术中解放出来，告别了铅与火，走向了光与电，但相比较而言，这一缺点仍然是存在的；印刷品的管理上大多需经手工操作，因而较为烦琐、繁重和复杂；此外，人们从印刷制品中获取信息的速度较慢，文献传输速度慢，信息存储密度小；同时，纸张印刷制品的寿命较为有限，保存保管对环境要求高，保存场地（空间）大。为了克服这些缺点，人们仍在不断地寻找新的信息存储技术。

四、信息印刷存储技术对文献生产的影响

1. 产量增多

印刷术发明之前，文献的生产是以手画、手刻和手写等方式进行。这种手工生产文献数量很有限，供应的复本非常少。在雕版印刷中，一个熟练的印刷工人每日工作十小时，可印制三千六百张，每块书版初印可达一万六千张，字迹清楚，其后略加修整，可再印。估计当时平均每版印一百部书不成问题。最突出的是篇幅巨大的宗教文献的印制和流传，若没有雕版印刷的应用是不可想象的。如《大藏经》先后印制了六种以上不同

版本，每种多达五六千卷。同时，佛教徒也刊印《道藏》，达数千卷。印成之后的宗教经典在国内外广泛流传。若采用手抄，如此众多文献的复制是不可能完成的，也就不可能传播广远。到活字印刷时，印数比雕版时稍有增加，且速度加快。据专家比较考究，认为活字印刷速度比雕版快了十倍。正是有了印刷技术，短期内一次印成上百部、千部的文献才能成为现实。

十五世纪末以前，中国书籍出版的总数，据著录约有两万五千种、二十五万卷，大大超过西方各国的图书总量。十四世纪之前，欧洲的书籍以手抄复制，仅有几千册。十五世纪中叶古登堡的活字印刷术发明应用后，书籍的产量激增，十五世纪末，欧洲已经有两百五十个城镇开设了活版印刷所，印制的"摇篮本"达三万种，每种平均印制两百部。据估计，十六世纪的第一年，各种著作已出版四万多个版本，正规印刷厂有一百多家，共印出九百多万册书。从此，印刷书籍作为一种传播媒介一直以惊人的速度增长。有人认为，正是印刷技术的运用，让书籍成为最早大批量生产的产品，成为工业时代的先驱。

2. 成本降低

首先是生产文献所用劳动时间大大缩短。在手抄本时代，一部书籍抄写多遍所耗费的时日是很久的，如十三经白文不下一百万字，假设一个抄书首日抄一万字，至少需一百个工作日才能完成。而印刷术发明之后，一天就能印一百册书。当然，制作雕版需要的时间更久些，但雕版完成后，便能以较快的速度和较便宜的成本印制更多的复本。其次是文献的价钱大幅度下降。抄书需要投入大量的长久的人工劳动，书籍的价钱自然不便宜。而当时雕版印制的文献价钱却很便宜，仅为手抄本价钱的十分之一。自唐至明约七百年间，学者普遍估计，印刷术使文献制作成本平均降低了百分之九十。在欧洲，古登堡的铅活字印刷术发明后约二十年间，印刷本的价格降为手抄本的五分之一。

3. 形式统一

印刷技术的应用和发展使得文献的外在形式统一、版面标准化、字体固定、校勘仔细，所以在雕版印刷之后产生了大量的好版本。印本与抄本的外形虽相同，但印本的一些版面特色是抄本不具备的，如版心的"鱼尾"和"象鼻"以及书前的"牌记"，提供了印刷的年代和处所等相关资料，为后人的版本鉴定提供了线索和依据。自宋以来，印本字体常随当时风行的书法而变化。但自十六世纪以来，一般印本的字体固定成型，由书写体变为印刷体，即"宋体"，直线多而曲线少，易于雕刻，通行至今成为现代一般印刷品的标准字体。印本因流传久远，通常在刊印前要做充分的准备，以确保样本内容正确无误。所以，无论是官修或私印，在印书之前首先要校勘各种版本。在印刷过程中成书之前要经过抄写、上板、刊刻和试印，然后再校对至少四次，才正式印刷。经过如此精心校勘而完成的印本，自然与手抄本普遍存在无心之误的情况不能相提并论。

五、信息印刷术与文献传播的关系

1. 抄本时代，文献以传播宗教思想为主

从东汉到隋唐，尽管抄书在我国民间和官府都很盛行，但大都抄写的是宗教经典。到印刷术普遍应用以后，大量非宗教类的文献，如一般的诗文集、学术著作以及经、史、小学、蒙求、字典、韵书、读本、参考用书、通俗读物、民间应用的日历等印制的数量超过了宗教类文献。

在唐代，佛经的印制还比较普遍，五代儒家经典开始被印刷，十世纪初后唐宰相冯道以雕版刊印《九经》，此后，经、史及其他各种著述的印制日增。一般认为，宋代经典研究的复兴及学术风尚改变与印刷术普遍应用有关。宋代是中国学术思想史上的一个重要时期，在经学、理学、史学、文学、美术、金石和科技等各方面都有特殊的成就。例如，形成了迄今通行的儒家经典《十三经》，官修正史《十七史》也首次印行，地方史志得以编纂，数学、工艺、医学和科技类新作相继问世，还编印了篇幅庞大的类书和丛书等，由此儒学在中国传统思想中得以复兴，并支配了中国社会六七百年。这种趋势在欧洲也同样存在。

中世纪的欧洲，文献的制作是依靠一些僧侣和学者在修道院和大学里以手抄方式进行，其内容大多为宗教和神学，不涉及古代文明、古代哲学、政治和法律等。正如恩格斯指出："中世纪只知道一种意识形态，即宗教和神学。"十五世纪中叶，欧洲开始采用铅活字和印刷机制作文献，由此，印刷术成为文艺复兴运动中的一个强大工具、人文科学复兴的手段。大量的法律、自然科学、医学以及人文学者的著作被印刷和流传，宗教著作的地位逐渐为人文主义的作品所取代，文献传播的思想内容由宗教转向了人文主义科学，教会对学术和思想的垄断遭受世俗人士的挑战。据说，在印刷术传入英国之后，在宗教改革中出现了宣传反封建思想的小册子，1529年英国国王亨利八世公布了第一个禁书法案。1557年玛丽女王成立皇家特许出版公司，特许条例规定：只有公司会员和经女王特许者才能从事印刷业。尽管如此，新思想、新信息随着印刷时代的到来变成了一股无法遏制的时代潮流，激发了欧洲各民族的理智思潮。

2. 印刷术的发明促使人类历史从神学时代走向科学时代

科技的传播与发展是一个国家、一个民族的经济、科技、教育发展水平和社会文明进步的主要标志。印刷术发明前，国内外文献的内容很少涉及科技知识。印刷术在全世界流传后，一批有影响的科技著作得以出版传播，科技文献传播的思想和理论从此冲破了居于统治地位的神学的禁锢，自然科学从神学中解放出来，开始了近代自然科学的革命。如1494年意大利的帕奇欧里发表《算术集成》，传播了当时的关于算术、代数和三角学的知识。

1533年德国约·米勒的《论各种三角形》出版，系统地总结了三角学，这是欧洲第一部独立于天文学的三角学著作，是欧洲传播三角学的源泉，为三角学在平面和球面几何中的应用建立了牢固的基础，对十六世纪的数学家和天文学家（如哥白尼）产生了极大的影响，哥白尼的太阳系革命学说《天体运行论》于1543年公开出版，成为"自然科学用来宣布独立"的革命行为。

伽利略于1632年发表了《关于托勒密·哥白尼两大主要世界体系的对话》一书，支持并发展了日心说，而牛顿就是在这些基础上总结概括出机械运动的三个基本定律，写出了被人们视为十七世纪数学百科全书的《自然哲学之数学原理》。

1637年，法国的笛卡尔出版《几何学》，提出了解析几何，把变量引进数学，成为"数学中的转折点"，等等。

1661年，波义耳出版了《怀疑的化学家》一书，定义了元素的概念，使化学家脱离了炼金术而建立在科学的基础上，恩格斯称誉其起到了"把化学确立为科学"的作用。

正是在应用印刷术的基础上，这些科技著作的公开出版才成为可能，并为人类记录和传播了大量的科技知识，而一旦它们被记载、出版和传播，著作里所载的先进思想和科学技术就在人类的历史长河中起到了难以估量的作用，这可从科学技术发展的历程中得到充分的证明。

3. 印刷技术的发明促进了社会文化交流的发展

印刷技术在世界各地特别是欧洲和美国广泛流传后，文献的生产和贸易得到了充分发展，印刷型文献成为社会文化交流的最重要传播媒介。例如，早期到美国定居的欧洲移民随身携带的贵重物品之一便是印刷图书，欧洲印刷的图书资料大量出口到美国及其他国家。从十六世纪开始，意大利、法国、德国和英国等国的图书馆事业开始建立并获得了蓬勃的发展；十八世纪美国人兴起了收费图书馆；十九世纪，许多依靠税收建立的图书馆逐步向公众开放，标志着免费的、由征税维持的公共传播机构开始成为美国社会文化交流的一个重要部分。印刷型文献的大量生产和在世界范围内的广泛交易，使得许多国家的公共图书馆得以建立和普及，为文献传播创造了更良好的社会交流环境，文献在民众中发挥的社会功能更广泛、更深入，社会文化的交流更为通畅和活跃。

4.印刷技术的发明改变了人们接受文献信息的方式

如前所述,印刷术发明之前读书人很少,生产速度缓慢而价格昂贵的手抄本不可能在广大的公众中流传,对文字符号的读解能力基本上还属于政府、官吏以及统治阶层的特权,广大民众接收的信息依然是以语言为主。印刷术的出现不仅迎来了近代报刊的诞生,印刷型文献也成为工业化典型的产品,这种文献以印刷文字为主要编码手段,排列整齐、规格统一、装订成册,表达的信息准确、规范、抽象概括,在社会上广泛流通,只有在这个时候,用文字符号去表现或传播人生的各种经验才能成为大部分民众的选择。人们通过手势和表情来传达信息的比重逐步下降,更多地用文字书面符号表达自己的思想和感情,传统的以看为中心的直觉方式逐步转变为以阅读为中心的阐释方式。这就是人类逐步从以感受为核心的"视觉文化"转变为以理解为核心的"概念性文化"时期,而这却是印刷术发明后才转变的。大众接受文献信息的方式以阅读印刷文献为主,文献信息的接收者就是读者,读者可以自由地决定阅读的时间、地点、速度和方式,反复重复阅读,彻底摆脱了人类交流的时间和空间的阻碍,人类知识可以独立于人脑而物化为固态的精神产品,并在商品经济发达的今天成为具有著作权的商品。

印刷术对中国和西方的文献生产和传播方面的功能是基本相似的,都使文献的产量增加、制作迅速、成本降低、形式统一、流传广远,文献由此逐步成为社会公众的共同知识财富而非只是少数特权阶层的私有财产,语言文字的权威被削弱,人们开始用文字符号来交流思想而不仅仅是发布公告,不同学术思想的交流和对话得到扩大,影响了学术风尚和会发展,从而推动了世界文明的进步。

第三节 信息的缩微存储技术

一、信息缩微存储技术概述

(一)信息缩微技术的概念及其发展过程

1.信息缩微技术的概念

缩微技术主要指缩微胶片制作、存储和利用的技术。缩微拍摄,是在感光材料(通常是胶片)上记录缩微影像的技术过程。缩微技术是文献管理、存储的一种有效手段,它采用专门的设备、材料和工艺,把文献资料以缩小影像的形式拍摄记录在胶片上,经加工制作成缩微品保存和使用。随着信息技术的发展,缩微胶片已成为信息传播的重要载体之一，缩微技术作为有效的信息管理手段已卓有成效。

2.缩微技术发展过程

随着社会的发展，各种图书报刊、文献资料等记录信息与日俱增，摆在各图书馆和档案情报部门面前的另一难题是：大量藏书经过百年贮藏和不断流通，普遍发生了腐蚀和风化现象。巴黎法国国立图书馆有 1/5 的藏书处于自毁状态，其中部分藏书只要稍一触及，即要化成碎片。

1800 年创建的美国国会图书馆，几千万册藏书中，目前已有 700 万册出现了严重的粉化现象。为了抢救藏书，各图书馆都在研究对策。图书文献记录着人类在社会科学、自然科学方面的丰实知识，是人类的宝贵财富。如何有效地保存、流通和利用这些财富，缩微技术为解决上述问题提供了条件。

缩微技术从产生到今天已经经历 100 多年的历史，缩微技术的历史按其发展的历程，大体可分为四个时期，即萌芽时期、探索时期、开发与发展时期、同新技术结合时期。

（1）萌芽时期（1839—1860 年）。缩微技术是在摄影技术的基础上产生与发展起来的。

1837 年，法国人达格尔发明银版摄影术。

1839 年，英国物理学家、摄影师、缩微技术的创始人约翰·丹塞（John Dancer）在实验室利用显微镜装置成功地将 20 英寸的文件缩微成 1/8 英寸的缩微品。丹塞把摄影技术首先运用在记录文字原件的实践中，被公认为是缩微技术的开端。

（2）探索时期（1860—1958 年）。19 世纪 60 年代，丹塞把一本 56 页的论文集拍成尺寸为 10mm×10mm 的缩微品。

1870 年，法国人达格龙将情报资料的影像按 1/40~1/50 的缩小比例拍摄在 30mm×50mm 的照相版上。

1924 年德国生产了能拍摄文献的小型摄影机，在这一历史时期内，缩影技术还仅仅是处于实验和探索之中，尚未推广使用。

（3）开发与发展时期（1925—1958 年）。从 20 世纪 20 年代起，由于摄影器材和感光材料的不断发展，缩微摄影技术也得到相应提高，并出现了专用的缩微摄影机。

1925 年，美国银行职员乔治·麦卡锡设计了一台缩微摄影机，用来保存支票记录，防止伪造支票。

帝国信托公司与依斯特曼·柯达公司合作，在乔治·麦卡锡设计的缩微摄影机的基础上，研制出世界上第一台旋转式缩微摄影机 RecodMck1-3 型。

1932 年，美国国会图书馆利用照相装置，将馆藏资料拍成缩微胶片并向读者提供。

1933年，纽约《先驱论坛报》与柯达公司共同研制出拍摄报纸用的平台式缩微摄影机，用于储藏报纸。

1936年，德国的J.戈贝尔（J.Goebel）研制出缩微平片。缩微平片使用方便，易于对珍贵资料进行存储，便于检索、邮寄和使用。

1954年，美国研制出第一台计算机输出缩微胶片装置（Computer Output Microfilm，COM）问世，开辟了缩微存储的新方向。

1957年，缩微阅读复印机问世。

1961年，盒式胶片阅读机问世。

从此以后，缩微存储技术蓬勃发展，应用领域日益广泛，成为与纸印刷存储并存的、被人们普遍接受的存储技术。作为信息存储技术，人们保留景物、人物的照相方式使用较为广泛。此外，它还用于信息中心、图书馆、科研机构存储重要信息。

（4）与新技术结合时期。现代科学技术的进步促进了缩微摄影技术的提高与发展，特别是计算机技术、激光信息技术等给缩微摄影技术的发展带来了新的生命力。在20世纪60年代出现了计算机辅助检索系统，可使密集信息存储技术与快速检索技术完好地结合起来，满足了现代信息社会对信息高密集存储和快速检索的需要。近些年来开发了以计算机为基础，将光盘、磁盘与缩微胶片结合起来的复合信息管理系统，促进了网络复合型的信息和影像管理系统的发展，并使缩微摄影技术在现代信息处理领域中发挥了更大作用。

（二）信息缩微技术的优缺点

1.缩微技术的优点

（1）存储密度大。缩微是利用摄影的方法将原件的缩小影像记录在缩微胶片上，普遍缩小比率范围为1/7~1/48，缩小影像是原面积的1/49~1/2304。超高缩小比率可达1/90~1/250，其缩小影像是原面积的1/8100~1/62500。缩微胶片的存储密度同目前光盘的信息存储密度近似。储存密度和成本方面，缩微储存亦具有明显优势。

（2）稳定性和记录效果好。缩微技术经过了100多年的发展，缩微设备的镜头、测点、曝光、自动对焦、冲洗温控等性能已非常完善，缩微胶片和前置设备今后不会有很大的变化，可以说缩微技术是一种完全成熟稳定的技术。

缩微属于模拟记录方式，用缩微方法拍摄档案、图书和资料时，可将原件的形状、内容、格式、字体以及图形等原貌真实地记录在缩微胶片上，形成与原件完全相同的缩小影像。如果需要表现原件的着色，可使用彩色缩微胶片拍摄，以获得质量好、可读性高的复制品。

（3）便于使用。缩微品是利用摄影的方法将原件上的信息记录在缩微胶片上的信息载体。缩微胶片可直接放大阅读，无须解码和翻译。不受技术发展的影响，且便于携带，不受电磁场的干扰。可以用缩微品的形式开发馆际间和国际的互借活动，以达到资源共享的目的。

（4）记录速度快。利用缩微摄影技术记录信息时，连续拍摄的轮转式缩微摄影机每分钟可记录 A4 幅面的原件 200~300 页，计算机输出缩微胶片装置（COM）每分钟可记录相当于 A4 幅面的原件 500 页。当被拍摄原件的数量越大时，其优越性也就越显著。

（5）具有凭证作用。缩微品记录是一种缩微胶片记录，是一种忠实于原件的影像记录技术。复制的副本，保持原件的本来面貌，反映信息真实可靠。按照法律规定缩微波片放大显示、还原，能具有与原件一致的法律凭证作用。缩微技术是一次拍摄成像，影像具有不可逆性，不能修改，这能够保证档案的真实性、可靠性。美国、日本、加拿大、英国等国家也允许缩微品作为法律上的原始证据。

（6）缩微胶片规格统一，标准化程序高。利用缩微复制方法，可使各种不同幅面和质量的原件记录在规格统一的缩微胶片上，且再复制时简便易行。

缩微技术经过了 100 多年的探索和实践，已经形成一套完整的国际技术标准和我国国家技术标准。目前 ISO 国际标准已有 30 种，我国的标准也很完善，如国家档案局颁布的《缩微摄影技术在 16mm 卷片上拍摄档案的规定》和《缩微摄影技术在 A6 平片上拍摄档案的规定》等。各种规格的缩微品只要按照这些标准制作，就可以在任何国家使用。

（7）有利于长期保存。经老化试验表明，在一定条件下，缩微胶片寿命可达 500 年，甚至有报道称，缩微胶片的保存期限为 1000 年。从实际上看，国外 19 世纪三四十年代产生的缩微品，至今大都保存完好。实践证明，在一定保存条件下，缩微胶片保存一百年以上不成问题，甚至会更长久。文献资料摄制成缩微品存储，不仅可以保护原件和原底片的安全，还可以拷贝多个副本，从而避免了由于人为或自然的损害所造成的无法挽回的损失。在我国现存的档案和书刊中，有许多珍本、孤本和善本等大量珍贵的历史文献，把这些濒临毁灭的历史文献制成缩微品，并以缩微品的形式提供利用，将原件妥善地保存起来，可以提高文献的利用率。

（8）提高办公效率。利用缩微摄影技术可以将信息制成缩微品进行检索、显示和复印。此外，缩微胶片上的信息数字化后可输入计算机内或转换到光盘上进行快速处理，计算机的输出信息也可以记录在缩微胶片上进行存储、长期保存，还可以将缩微胶片上的影像转换为电信号进行远距离传递。

（9）信息安全性强。一方面，缩微胶片对设备依赖小。缩微胶片记录的是光学影像，靠的是光影成像原理进行阅读。所以，不管阅读器外观、性能如何变化，其光影成像原理是不会变的，这样的话，胶片就都能读出来。在缺乏设备时，只要用一个足够倍数的放大镜，就可以进行阅读。而不像光盘，对计算机依赖大，一旦更新换代，不注意保存好相应设备就有可能读不出来。另一方面，缩微胶片即便有点损坏也是局部的信息损坏，其他信息仍然可以阅读。但是光盘遇到计算机病毒、网络黑客破坏系统、文献信息丢失无法察觉等问题，一旦受伤，就全盘不能读出。信息数据丢失严重性可想而知。

2. 缩微技术的缺点

（1）不能解决各种形式信息的存储问题。作为信息存储的一种技术方法，缩微技术主要适用于对原件上静止图文信息的一次性记录，不适用于对音响信息、活动图像信息的记录。

（2）保管条件要求严格。缩微品是可以长期保存的，但是需要有符合要求的保管条件。如果在湿度大、温度高的环境中保存，缩微胶片的保管条件要求更高，库房及环境条件要求更严格。

（3）阅读时眼睛易疲劳。阅读复印缩微品必须利用一定的光学设备，而利用阅读器屏幕阅读缩微品影像比直接阅读原件更容易使眼睛疲劳。

（4）没有书刊的美感。在阅读器屏幕上阅读缩微影像，不能像阅读纸质原件那样给人一种舒畅的感觉，更无法与阅读那些印刷质地优良的印刷品相比。

（5）阅读时不能加注和批改。有些人在阅读文件、书刊时，需要随时在上面加批注，而缩微品就无法实现他们的这些要求。

（6）不能完全代替珍品。不少国家的法律条文规定缩微品具有法律效力，有与原件相同的凭证作用。但是它还不能被当作珍品收藏，因为缩微摄影技术方法还不能将原件上有关的全部信息都记录下来。例如，它不能反映纸张的质地、托裱状态等情况，这就使得缩微品还不能完全代替珍贵原件。

二、我国图书馆应用信息缩微技术状况

自从1985年我国成立了全国图书馆文献缩微复制中心（以下简称"中心"）以来，抢救祖国文化典籍的缩微复制工作一直在各个省级公共图书馆大力进行，并已取得较大的成果。以下是我国缩微技术在图书馆应用的一个范例。

作为一个历史悠久的文化古国，前人留给我们的典籍史料是十分丰富的，根据粗略的统计，仅我国大陆公共图书馆系统收藏的古籍善本即为2.209万册，普通古籍2.645

万册，已经与将要收入《民国时期总书目》的普通平装书 11 万余种（主要是上海、北京、重庆三地馆藏数字，全国实际藏书要超过此数）。根据《中文期刊联合目录》和《中文报纸联合目录》的统计，从 19 世纪下半叶至 1945 年以前出版的旧期刊 29000 余种，旧报纸约 7800 种，至于许多珍贵的手稿、碑拓、经卷、档案及分藏于各馆之其他地方文献，则尚无准确统计。面对这种情况，全国省级公共图书馆的缩微工作人员在中心的统一领导下做了大量工作。

1. 保证了缩微品的质量标准

中心统一领导组织规划工作，可以保证各单位拍摄的内容不重复；在技术上由于制定了必要的标准及检查制度，保证了缩微品的质量符合国家标准。

2. 实现了合理布局

对每一个拍摄点的设置都经过仔细调查做到了布局合理，如广东中山图书馆是东南地区的一个资料中心，四川和重庆馆是西南地区的资料中心，辽宁和吉林是东北地区的资料中心等。

3. 对设备进行了比较合理的选型与配套

除北京、上海拥有较雄厚设备外，其他省馆拍摄点设备也是精干和实用，基本配有 16mm 与 35mm 两用缩微摄影机，一台高温快速自动冲洗机，一台常温与高温两用冲洗机，一台拷贝机，一套检测系统，若干阅读器，一台放大（阅读）复印机，这些设备可以满足完成"抢救"任务的需要。

4. 中心协调了全国省、市图书馆的力量

为了搞好缩拍前的大量资料准备工作，除了在每个拍摄点设置一个 5~12 人的编辑整理组，负责拍摄前原始资料的修复、借调、编辑等工作外，对无设备的省市公共图书馆也派出专门人员设立了资料整理组，积极支持全国统一协调的缩微计划，从而动员了全国省市图书馆的力量，加快了抢救速度，保证了资料的准确性与完整性。

5. 建立了一支专业队伍，培养了缩微专业技术力量

由于有中心统一指挥，定期进行技术培训，使缩微技术队伍在各省级图书馆得到了不断发展和巩固。

6. 完善发展了馆藏

每个馆都有自己的馆藏特点和收藏体系。但是由于各种原因，这个体系遭到一些破坏与损失。例如，由于非常时期，许多图书馆的收藏工作受到影响；有的馆由于采购经费不足，被动造成连续出版物中断等，现在补救的最好办法是依靠缩微技术，以缩微品形式将中断的期刊或其他出版物补齐。有些资料自己馆缺少的话，可以通过中心或与其

他馆的交流复制获取，使图书馆的馆藏得到丰富、发展。

随着科学技术的进步，各类图书、科技刊物的出版如雨后春笋，我们图书馆的工作面临的挑战是：如何有效地利用信息资源为读者提供高质量的服务。缩微技术在图书馆的应用为其提供了廉价而优质的服务。

三、关于信息缩微技术的标准化

（一）信息缩微技术标准化存在的问题

20多年来，我国缩微技术在生产、科研、人才培养、学术交流、推广应用等方面都取得了较大进步，在解决信息存储、传递、保管和利用等方面发挥出更加明显的作用。

1. 缩微技术工作发展简况

我国缩微摄影技术应用的历史可追溯到20世纪中叶。自20世纪50年代引进国外缩微设备，装备国内较大的档案馆、图书馆、情报所和一些主要部门，到70年代末80年代初，我国缩微事业进入一个新的发展时期，大约有90%以上的省、市档案馆，500万册以上的省级图书馆，以及许多情报部门、大型企业、中央单位和军事机关等近400个单位和部门采用了缩微技术来处理档案、图书和情报资料信息。

1980年3月，全国文献工作标准化技术委员会成立，我国缩微摄影技术标准的编制、修订工作开始起步。

1987年6月，全国缩微摄影技术标准化技术委员会（简称全国缩标委）在北京宣告成立，标志着我国缩微摄影技术的标准化工作进入独立发展的阶段，对统一我国缩微摄影技术行业的技术行为有至关重要的推动作用。

1994年，中国缩微摄影技术协会经民政部批准正式成立，为我国缩微摄影技术事业的发展打下了制度化、标准化的基础及提供了组织上、管理上的保障。

半个多世纪以来，缩微技术得到了迅速发展，并且同其他新技术有效结合起来，已成为一项比较成熟的信息处理技术。缩微技术经久不衰，主要原因是缩微胶片已经成为文献资料复制存贮的一种有效介质，以它特殊的优势：体积小，密度高；记录影像具有凭证作用；复制比较简便易行；费用较低；技术易掌握和有利于安全保存等，在信息处理领域中起着重要作用，占有不可缺少的一席之地。虽然缩微工作在全国一直开展得有声有色，如火如荼，但是在缩微标准的贯彻落实中还存在着一些问题，需要引起重视，加以解决。

2. 缩微标准落实中的问题

从我国开展缩微工作比较早的几个单位来看，虽然在标准的贯彻和执行上做了一些工作，也取得了一些成绩，但在标准的掌握和使用上仍然存在一些问题。如在标识标板的编排顺序和涵盖内容上，在档案技术标板的摆放位置及测试方法上，在卷、件标板的使用及光点的设置上，在工作档案的建立及组卷方式上还不够统一。一些新开展缩微工作的单位，由于技术人员缺乏对标准的系统学习和掌握，执行起来问题会更多，困难会更大。有的单位为赶工作进度，在标板还不健全的情况下就仓促上马；有的单位为节省时间，不经论证就开始工作；有的标准已经变更，但是没有及时传达贯彻落实相关单位，造成新旧标准混用和不统一。凡此种种，都给缩微工作带来一些不利的影响。

3.问题的原因

（1）宣传力度不够。全国文影标每年都在制订、修订文献影像技术标准，自2003年至今发布国家标准就达35项，已经上报待发布的国家标准9项。可以说在缩微工作的各个环节上都有可参考执行的标准。但是，由于在宣传和培训上缺少组织力度，标准不能及时有效地传达到各级机关、单位、档案、图书、情报等有关部门，在执行行业标准过程中，出现各自为战、参差不齐的局面，在有的单位标准得不到有效的贯彻落实。

（2）管理不够正规。缩微工作是一个比较复杂的系统工程，各环节之间既有它的独立性，又有其内在的紧密联系。因此，从整理、编排到拍摄，从缩微胶片的冲洗、拷贝到质量检测，从缩微品的管理、使用到工作档案的建立等环节，都必须有明确的职责分工，有一套科学的管理办法，有健全的监督机制和严格的规章制度，按照缩微行业标准的规范要求，保证各项工作正常有序地进行。但就目前来看，还存在一些问题。比如，职责分工还不够明确，有规章制度但是执行还不够严格，有监督机制但是往往因照顾面子而缺少结果等，从而使管理工作达不到预期效果，使国家标准在缩微工作中还不能有序地切实贯彻到各个工作环节中去。

（二）方法措施

1.抓好标准的贯彻落实

缩微标准是缩微品制作、保存与使用等一系列缩微技术工作达到标准化、规范化的科学依据和保证，离开了这些标准，对缩微工作的监督和检查就会失去准则，缩微品的质量就难以保证，缩微品的利用就会直接受到影响，更谈不上缩微品作为原件的替代品被长久保存。在缩微标准的贯彻落实中，要注意做到以下几点。

（1）加强领导，狠抓落实。各个开展缩微工作的单位都要加强对缩微标准制定工作的领导，根据实际制订规划并认真组织落实，要建立缩微标准贯彻落实的工作责任制，明确职责，实行目标管理，做到有部署，有检查，注重实效，防止形式主义。

（2）标准的宣贯要有针对性。所谓有针对性，即既要兼顾全面，又要有主体；既要有缩微工作人员共同需要学习的内容，又要有领导干部和对外服务窗口人员了解的内容。

（3）学用结合，建章立制。要坚持学标准与用标准相结合，制定和完善依据缩微标准规范缩微工作，提高缩微工作依标治理的水平，同时要建立健全缩微部门领导干部学习标准、了解标准、抓标准落实的制度，建立健全缩微工作人员缩微标准学习培训、考核制度。

2. 提高标准化意识水平

（1）多种途径，广泛宣传。全国文献影像技术标准化技术委员会要以多种形式积极开展缩微标准宣传活动，例如，充分发挥缩微刊物的作用，组织本专业的国家标准宣讲团宣讲标准，制作发行缩微标准的合订本，举办缩微标准学习研讨班，提高缩微领导部门和工作人员的行业标准意识和法规意识。

（2）增强意识，落实行动。标准的正确实施，一方面，要靠缩微管理部门运用有效的法律手段、行政手段、经济手段等作为保证；另一方面，要依靠有关部门做好实施标准的宣传、教育和解释工作，提高对实施标准的现时意义和历史意义的认识，使上下逐渐形成有利于缩微标准实施的心理倾向和群体意识。只有这样，才能保证缩微标准深入人心，成为指导缩微人员工作的自觉思想和行动。

每一项国家标准和行业标准的制订实施，都是对国际先进技术和方法的间接采用，是实践经验和技术的融合，是推动本专业不断向深层次发展的催化剂，是统一规格、统一标准、统一管理的科学方法和技术手段。因此，在实际工作中，应该认真贯彻执行标准法规，不仅要借助标准提供的技术指标规范我们的工作，而且要依据标准来有效地改善和摆脱大量的重复性劳动，提高工作效率，提高胶片加工的质量，提高缩微工作的科学管理和协调发展。

第四节　信息磁存储技术

一、信息磁存储技术的发展背景与特点

（一）信息磁存储技术的发展背景

现代社会的特征之一，就是信息的快速流动，并为每个普通人所分享。这种信息的普及，是建立在发达的信息工业的基础上的。庞大的信息工业，可以分为信息的处理（CPU）、信息的存储、信息的传输（通信、网络）、信息的输入输出（打印机、屏幕）

这四个部分，每个部分的硬件相对独立，但是为了使一个系统运转，需要将这几个部分组合起来。电子化的信息存储，使得信息的快速复制、检索、大量保存、快速处理成为可能。信息存储系统的三个主要评价指标分别是存取速度（access rate）、单位价格（price per bit）、存储容量（storage capacity），这正体现了现代人对信息的基本需求。信息存储可以有三种主要的实现方式：具有最高存取速度的半导体存储（计算机内存、Flash 等）、价格低廉、携带方便的光存储（光盘、DVD 等），以及具有最佳综合性能的磁存储（包括声音记录、图像记录、数据记录三种）。这三种信息存储方式各有自己的适用范围，互相不可替代。

磁存储发展最早，历史最长。目前，磁信息存储系统是全世界铁磁性材料最重要的应用市场，其产值要大于传统的应用于电机等系统的永磁材料和应用于磁芯的软磁材料。随着网络的普及、信息的爆炸性增长，全世界的磁信息存储市场很大，1995 年就达到了约 1000 亿美元，其中声音记录和图像记录占了约 40% 的市场，数据记录占了约 60% 的市场，随着 PC 的普及，数据记录的市场比例还在增加。磁存储的市场需求包括公共需求（商业、金融业、军事、科学教育、健康卫生、政府部门的信息存储）、娱乐需求（录音、录像、游戏等）、个人信息管理等方面。录音机、录像机、计算机硬盘、软驱以及 1951 年前使用的磁鼓外存、1977 年前使用的计算机磁芯内存等，都是磁信息存储 100 年来发展历史上的重要技术，并在最近 20 多年已经反过来对相关基础研究有很大的促进作用。

1. 声音记录

1878 年，美国人 Oberlin Smith 参观了爱迪生的实验室，对其中的留声机产生了很大的兴趣。回家以后，他就画了一张设计图，发表在 Electrical World 杂志上，这张设计图基本体现了后来的磁记录系统的三部分基本结构：存储信息的磁媒体、读写信息的磁头、实现连续数据读写的机械传动系统。不过，他本人并没有具体做出实物。

1898 年，丹麦电信工程师 Valdemar Poulsen 制造出了第一台可以记录声音的钢丝电话留言机，这是人类历史上第一次利用铁磁性来存储信息。这台机器名叫 Telegraphone，样子很像滑线变阻器，也很像爱迪生的留声机的原始模型。他用的存储磁媒体就是钢琴丝；磁头就是一个简单的螺线管，不过当时磁学才刚刚起步，还没有很好的铁磁材料，这台机器的声音记录质量比不过留声机，并没有实现工业化生产，只是在巴黎国际博览会上受到了人们的注意。在历史上第一个取得技术突破和市场突破的是录音机。

1931 年，德国德累斯顿的一位工程师 Fritz Pfleumer 发明了"会发声的纸"，实际上就是第一台录音机。他将粉碎的铁磁颗粒用胶水粘在纸条上，做出了第一条磁带，这在当时是一种全新的磁媒体，可以记录 20 分钟的声音。可惜纸易碎，脆弱的纸条式磁带无法实用化，这个系统还需要改进。

1932 年，在 Pfleumer 的专利基础上，德国电信 AEG 公司和德国三大化学公司之一 BASF 公司合作建立了磁带实验室。研发团队中的 Matthias 提出了一种复合材料式的双层磁带模型，底层为 30μm 厚的醋酸纤维素薄膜，上层为 20μm 厚的羰基铁粉末和醋酸纤维素的混合物，从而实现了真正的磁带。

1933 年，研发团队中一位 30 岁的工程师 Eduard Schueller 发明了环形磁头，这是磁记录工业的一个重要进展，从此以后，通过一个窄窄的磁隙，磁场可以被控制在一个很小的范围内，从而实现较高密度的信息存储。由于这个设计的重要性，后来几乎所有的电磁学教科书上，都介绍了这个环形磁头的设计。复合磁带（compositetape）、环形磁头（ringhead）以及磁带的初始交流消磁（acerasure）这三项重大技术，使得 AEG-BASF 团队研发的 magnetophone 录音机信噪比超过 60dB，取得了很大成功，也体现了材料学、物理学、化学和电子学结合的强大威力。

2. 图像记录

在第二次世界大战中，有一个来自加州的美国空军的工程师 John Mullin，在英国听到了当时德国广播中播放的高保真度的音乐，这就是由 AEG-BASF 研发的 magnetophone 录音机播放的。战后，Mullin 通过美国军方把两台录音机及其设计图纸运回了加州旧金山，加州的一家在战时生产飞机用小电机的 Ampex 公司，此时面临没有军方订单的危机，听了 Mullin 带回的录音机播放的音乐，决定复制 magnetophone 录音机。录音机中的几乎所有机械装置、电机，都是 Ampex 公司熟悉的，只有两个核心部件：磁带和磁头，需要重新研制，以便于大规模生产。Ampex 公司的工程师使用高磁导率的镍铁合金（permalloy）替代了德国人用的环形磁头中的硅钢片，结果取得了更好的录音效果。

到 1947 年，复制并改进 magnetophone 录音机的工作取得了成功，Ampex 公司获得了美国 ABC 广播电视网的订单，此后一举打开了录音机市场。录音技术的成熟，使得广播电台运行成本下降，广播由此成为普通人生活的一部分。

1948 年，Jack Mullin 就考虑是否能做出录像机。在 20 世纪 50 年代初，固定磁头的录像机在美国和英国的多家公司的参与下做了出来。不过，由于图像信号需要的带宽为 MHz 的量级，录像磁带必须飞快地运行，这样磁带就需要非常长，很不方便。

1955 年，Ampex 的一个工程师 Ray Dolby 想到可以使用快速转动的磁头，并在磁带上横向扫描，这样来解决磁头和磁带之间需要很大的相对速度的问题。这个发明后来被称为鼓形磁头（drum head），圆筒边上每隔 90 度嵌入一个磁头，所以也被称为四磁头（quadruplex head）。Ampex 的工程师使用铝铁合金 Alfenol（16%Al，84%Fe）作为磁头材料，比镍铁坡莫合金的抗磨损能力提高四倍。这个鼓形磁头的自转速度为 240rps，从而使录像带和磁头之间的相对速度达到 1500m/s，能实现 6MHz 图像记录所需的带宽。

1956 年，Ampex 请了当时各大广播公司 CBS，ABC，BBC 的代表来参观做好的录像机，图像非常清晰漂亮，大获成功。

录像机系统最重要的两个核心部件：录像带和磁头，后来也不断进行更新。1956 年，与 Ampex 的四磁头录像机配合的录像带，由杜邦公司和 3M 公司合作研发。杜邦公司生产的聚乙烯对苯二酸盐作为录像带的基底；3M 公司生产的 lpm 长的 $\gamma\text{-Fe}_2\text{O}_3$ 针形颗粒，大致沿着磁带的横向排列，构成磁记录媒体，这种录像带可以播放 100 次。后来，3M 公司又不断研发出信噪比更高的录像磁带，并一直是美国颗粒磁记录媒体的主要厂家。

到了 1964 年，Ampex 公司的 Fred prost 使用一种新的合金 Sendust 代替原来的铝铁合金 Alfenol 做录像机磁头，使得磁头的使用寿命延长到几百个小时。在这种复合录像磁头中，磁头缝隙中的 Al_2O，或 SiO_2 薄膜是使用溅射的方法制备的，这也是薄膜溅射的方法比较早期的工业应用。录像技术的完善，使得电视录像带成了电影胶片以外第二种存储图像信号的介质。录像带的大量使用，使电视台的运行成本下降，电视台逐渐普及，播放时间变长，在 60 年代已经使电视进入寻常百姓家，并影响到美国的大选进程。

3. 数据记录

磁信息存储在声音记录和图像记录方面的成功，自然促使这种技术在其他形式的信息存储方面的应用。一般其他形式的信息，都是以数据的形式出现的，统称为数据记录。早期的电子计算机，每一个新的应用程序，都需要重新设计硬件与之配合。

1950 年以后，John von Neumann 提出的程序数字计算机的概念改变了计算机的基本结构，计算机包括一个简单而强大的处理器、一个程序和数据的存储区、一个控制器、一个输入输出设备共四个部分。计算机变得更容易使用了，硬件和软件变得相对独立，同时对数据存储提出了很高的要求。除了在计算机方面的应用，军事上的飞机和火箭的飞行数据（包括引擎温度、油压、电子系统电压、电流等）的记录、银行和金融业每天的业务数据的记录，都急需进行不易丢失的数据存储。这样，在录音、录像系统的基础上，开发磁数据存储系统就变得刻不容缓了。

在 20 世纪 40 年代，美国的数据都是用打孔机记录在数据纸上的。实际上在中国，这种技术到五六十年代进行"两弹一星"项目的时候还在使用。在 40 年代，国际商用机器公司（IBM）一直在做打孔式纸带的计算器，并有广泛的客户。到了 40 年代后期，IBM 开始认识到磁存储的重要性，购买了由 Rermington Rand 公司制造的美国第一台数据磁带机 Univac 系统。

1947—1948 年，美国军方在德国的 magnetophone 录音机技术的基础上，研发了磁鼓数据记录系统（drum recorder），进行比较快速的数据存储。

1951 年，IBM 在 Univac 的基础上开发出 720 磁带机，其中使用了类似于德国 magnetophone 的醋酸纤维素 - 铁氧体颗粒磁带作为数据记录媒体。另外，一个特殊设计的数据格式为不回零反转格式（non-return-to-zero inverse，缩写为 NRZI），磁头中的电流在 +1 和 -1 之间跃变，其中每次反转对应为二进制数 1，否则为 0，提高了数据存储密度。这台磁带机的数据传输速率为 7500bit/s，比打孔的纸带机快，但是仍然跟不上计算机需要的数据速率。虽然如此，磁带数据存储还是由此成为计算机的外存之一。

1957 年，IBM 推出了革命性的随机存取计算和控制方法（random access method of accounting and control，RAMAC）IBM 350 计算机硬盘。硬盘的基底是 1mm 多厚的铝合金圆盘，表面用 γ-Fe_2O_3 针形颗粒混在油漆中，用旋转涂覆（spin coating）方法制备磁记录层。硬盘的机械结构与鼓形数据磁带机类似，新设计了一个喷气旋转轴承和磁头—磁盘之间的空气间隙（air bearing），磁头在硬盘上的飞行速度很快，实现了 2obi/in2 的数据记录面密度。

1971 年，Ampex 公司的 Robert Hunt 制造出了第一个磁阻磁头（MR Head），代替传统的环形磁头进行信号的读出，这样能解决在记录密度增高、磁头尺度减小的情况下，感应式磁头的信号不断按比例下降的难题。磁阻磁头的核心部分，是一个磁矩被调节到适当方向的 Ni-Fe 软磁薄膜，在存储数据的硬盘上飞过的时候，数据 1 对应的磁场较大，软磁薄膜中的磁矩随之转动，导致薄膜电阻和读出电压随之改变，信号就被读出了。磁阻磁头的读出灵敏度，要大大高于感应式薄膜磁头。后来，一般把磁阻磁头和薄膜磁头做在一起，成为一个读写复合磁头。Ampex 公司就在斯坦福大学的北面，是个典型的硅谷中小公司，他们在声音、图像信息存储技术中的多项创新，是很多硅谷高科技公司的成功创意的缩影。

1979 年，薄膜感应磁头（thin film inductive head）开始在 IBM3370 硬盘中使用。薄膜磁头的制备，使用了半导体集成电路工业中通用的光刻技术，可以将磁头的尺度，尤其是磁隙的宽度进行精密的控制。薄膜磁头的第一层是 Ni-Fe 软磁层，作为磁头的一个磁极，然后覆盖一层薄薄的绝缘材料。在其上制备控制电流的 8 匝铜导线，在铜导线上再覆盖一层绝缘材料；最后是另一个软磁磁极。一系列薄膜磁头是在一个 Al_2O_3-TiC

陶瓷晶片上同时进行物理沉积的，切割以后就得到一系列硬盘中使用的磁头滑块，有很好的工业效率。薄膜磁头的发明，使得计算机硬盘的数据记录面密度达到了7.7Mb/in2。

在1985年和1991年，IBM分别在数据磁带系统和计算机硬盘系统中使用了磁阻磁头。

1991年的IBM Corsair硬盘，存储面密度达到了90Mb/in2，总存储容量达到了1GB。1986年，金属多层薄膜Fe/Cr/Fe的巨磁阻效应被德国物理学家grinberg P发现，同时受到科学界和工业界的重视。

到了1996年，在计算机硬盘中，巨磁阻多层膜代替了一般的磁阻薄膜，大幅度提高了感应磁场信号的灵敏度，使得巨磁阻磁头（GMR Head）成为读磁头、数据记录而密度由此超过了1 Gb/in2。

到1997年，计算机硬盘的密度达到了2.6Gbit/in2，40年之内，面密度大约每两年翻一番，一共增长了一千多万倍，堪称奇迹。在计算机硬盘40多年的发展历史中，有几项技术起了关键性的作用，其中包括薄膜写磁头、磁阻和巨磁阻读磁头，高矫顽力的薄膜硬盘，以及部分响应最大相似（partial response maximum likelihood，PRML）信号处理系统，其中多项技术与凝聚态物理和材料科学的发展有很大的关系。

记录信息的硬盘磁媒体，与磁头总是协同进步的。硬盘的基底是机械性能很好的Al-Mg合金，在其上有一个10μm厚的NiP层，这个很硬的NiP层可以用化学法减薄至5μm，最后可以使表面变得非常完美而平整。然后，在NiP层上溅射几十纳米厚的Cr底层，在其上再溅射10nm到几十纳米厚的Co-Cr合金磁记录层，根据金属物理的基本原理，Cr底层的表面结构决定了具有六角结构的Co-Cr合金原胞的取向（到目前为止，绝大多数硬盘中的磁薄膜的磁矩都是水平取向的），从而可以控制自发磁化的取向，以及纳米颗粒之间的交换相互作用，这样Co-Cr合金薄膜层的水平矫顽力可以达到30000e（1Oe=79.5775A/m）以上，可以实现超高密度的磁记录。

二进制的信号存储要求每个比特中的信息尽量独立、互不干扰。高矫顽力之所以对高密度数据存储有利，是因为相邻比特之间的静磁相互作用正比于Ms/Hc，所以，目前最好的硬盘薄膜，在能读出信号的前提下，尽量减小薄膜的饱和磁化强度，增大矫顽力。在钴合金的薄膜上面，一般还需要溅射10nm左右的类金刚石碳薄膜，保护磁记录媒体。为了减小磁头和硬盘之间的摩擦，由化学家研究出来的2~3nm的高分子润滑层要涂覆在类金刚石层表面，最终完成硬盘的结构。

到2003年，计算机硬盘在实验室中的存储密度已经超过了100Gb/in2，也就是说，硬盘薄膜中每一位二进制数对应的一个比特占有的面积小于80nm见方的尺度（实际上比特长度小而磁道宽度大，单个比特的形状为长方体）。为了实现这么小的尺度，必须在磁存储介质的制备、纳米磁头器件的制备、微磁学理论、信号处理、摩擦学等诸领域有强大的基础研究综合能力，互相配合才能实现目前的磁信息存储技术。

（二）信息磁存储的特点

与其他存储方法（如唱片记录、照相法、印刷法）相比，磁性存储具有以下特点。

（1）记录密度高、存储容量大。

（2）信息的写入和输出速度快，可以立即重放和再现。

（3）存储的信息经过千百次重放以后仍可保持原有的特性。

（4）可将原先存储的信息抹掉，重新存储，即磁存储介质可以多次重复使用。

（5）可以实现多通道存储，尤其是对数字存储，可以将多个磁头装配在一起，存储许多磁迹。这就是说，可以同时将上千个二进制信息存储在一条磁带上，而且能够保证这些信号至通道间保持精确的时间间隔和相位关系。

（6）记录和存储的信息稳定性高、不会挥发。

（7）成本低、维护简单，适于大量生产。

磁存储虽有上述各种优点，也存在不足之处。如磁带的制造、保存和使用过程均对环境有很高要求，因为它对机械振动、温度、电磁场和尘埃都十分敏感；磁带存储仪和磁盘机等对伺服机械装置的精密度要求高，因而十分复杂。对计算机系统来说，这些部件往往是最不可靠的。此外磁记录介质的可消抹性既是它的一个优点，也是这种记录方式的固有缺陷，有时为了避免信号被抹掉而不得不采取必要的手段。

二、信息磁存储的类型

磁存储的类型较多，主要有磁带存储、磁盘存储、磁泡存储器等。

（一）信息磁带存储

磁带存储是早期使用最广泛的存储技术。由于磁带记录的可重放性、记录方式的灵活多样性及简单而廉价，使其作为辅助存储设备得到了广泛的应用。近年来，磁盘在很多应用中取代了磁带的地位。但由于磁带具有价格便宜、存储量大、使用方便和便于保存等优点，所以在大型计算机系统中使用磁盘存储器的同时，仍使用磁带存储器。只是在微机系统中，因为所需的存储量较小，通常使用软、硬磁盘存储器，而没有磁带存储设备。

1. 磁带的分类

磁带可按使用场合、装带方式、带宽尺寸、功能、磁性材料、用途等进行分类。

按用途可以分录音磁带、录像磁带、计测（仪器）磁带、计算机磁带等。

2. 磁带存储技术的新进展

随着磁盘和光盘技术的迅速发展,很多人认为磁带存储技术将要被淘汰,实际情况并不是这样。

首先,人们普遍认为光盘的速度比磁带快。事实上,如果访问的数据块不大(例如几个Mb),且数据分布在不同的扇区内,由于光盘具有直接检索能力,在这种情况下光盘的速度要比磁带快。当数据块比较大的时候,或者需要写入数据的时候,磁带的速度要比光盘快。通常光盘的写入速度是读出的一倍,而磁带写和读的速度都一样。在数据传输能力方面,新一代的磁带机如DLTT0O,都要比光盘快得多。所以,光盘并不适用于大型的数据备份,它最适使用于小文件的备份、多媒体数据库、文献检索等场合。

其次,由于光盘寿命长,一般可以达到100年,MO磁光盘也可以达到30年。因此,当人们需要保存历史资料时,通常都会考虑使用光盘。光盘片的保存时间确实比较长,而且对环境的要求不高,可是人们说的寿命也应该包括技术寿命。众所周知,目前世界存储技术发展最快的是光盘存储技术,光盘技术正不断更新换代。但各种光盘存储技术之间的最大问题是兼容性,今天所用的各式各样的光盘片,尽管光盘片本身可以保存100年不变,但三五年后可能已经找不到一台可以支持这种光盘的驱动器了。反观磁带的技术寿命却比较长,20世纪60年代开始使用的1/2英寸磁带在今天仍然可以买到一台1/2英寸九轨磁带机去读写它。至于磁带介质的使用和保存问题,今天的新型磁带,如DTL、DD3等都采用了新的表面涂料——金属粒子,因而具有耐磨、保存时间长的特点,驱动器的硬件技术也比过去大大提高了。

在价格方面,尽管磁光盘的成本在不断降低,但磁带的每兆字节价格依然是最低的。随着数字化技术和信息存储技术的发展,磁带存储技术也获得了质的变革。它们表现在以下几个方面。

(1)从性能指标上看。信噪比和动态范围均从30dB提高到了90dB,记录时间从5分钟到5小时提高到了50分钟到426小时,快记慢放或慢记快放的速度变化范围从64:1扩大到了512:1,失真可做到小于0.016%。数据传输率达24Mb/s,单盒容量达25GB。

(2)提供了与计算机良好的接口。如今,用户只需一台数字化磁带记录仪,加上一台笔记本电脑,即可实现数据采集、记录、分析、处理和存储的全套功能。

(3)功能增强,操作与使用上更方便。例如,快速数据查询和注释、自动校正、纠错、交叉重放兼容性等。

（二）信息磁盘存储

磁带存储的突出优点是比其他存储方法便宜，而且由于数据载体可以更换，所以存储容量可以随意扩充。但磁带的结构使之只能顺序存取，所以磁带在应用上受到了限制。与此相反，磁盘不仅可以顺序存取数据，还能直接随机存取所需数据，存取时间比磁带更短，也可随意更换载体，扩充容量。

1.磁盘存储器的基本组成

磁盘存储器由磁盘驱动器、磁盘控制器和磁盘片组成。主机（CPU）通过磁盘控制器与磁盘驱动器相接。CPU并不直接控制磁盘操作，而是以命令的形式发送给磁盘控制器，由磁盘控制器产生若干控制信号送给磁盘驱动器。然后，由磁盘驱动器将磁盘控制器送来的信号转换成驱动磁盘的各种电气和机械的动作，驱动磁盘完成CPU命令所要求的操作。同时，磁盘驱动器还将磁盘的现行状态传送给磁盘控制器，作为CPU或磁盘控制器正确控制磁盘操作的条件。

（1）磁盘驱动器。按照盘片的不同，磁盘驱动器有软磁盘驱动器和硬磁盘驱动器之分。软盘驱动器与硬盘驱动器都是外存储器，它们的基本结构大体相同，都有存储信息的盘片介质，完成读写数据的放大和处理电路，为指定位置执行存取操作的驱动机构及控制电路等。磁盘驱动器的功能结构主要由读写系统、磁头定位系统和主轴驱动系统组成。

①读写系统。读写系统由磁头、盘片和读写电路构成，其基本功能是将控制器送来的一串编码的脉冲序列经过写电路由磁头，也可将盘片记录的磁化状态经过磁头、读电路检读出数据和时钟混合脉冲送到数据分离电路，最后还原为数据序列。读写系统的关键部件是磁头和盘片。软磁盘驱动器一般装有1~2只磁头，硬盘驱动器磁头数目多数在两只以上。

②磁头定位系统。磁头定位系统主要由磁头驱动电机、执行机构、控制电路和检测部件等组成，其基本功能是将磁头迅速、准确地定位于磁道中心位置。

③主轴驱动系统。主轴驱动系统由主轴驱动电机、主轴部件和稳速系统组成。其基本功能是以恒定的转速驱动盘片旋转，使磁头相对磁道有一个稳定的切向速度进行正确的读写数据。

（2）磁盘控制器。作为主机和磁盘驱动器之间接口设备的磁盘控制器有多种类型，与驱动器相连的界面也有多种标准接口，但其基本组成和工作原理大体相同，大都包括以下几个部分。

①与计算机系统总线相连的控制逻辑电路，主要由寄存器、缓冲器、锁存器和地址

译码器以及中断逻辑组成。

②控制器的核心器件——微处理器。

③完成读出数据分离及写入数据预补偿的读写数据解码和编码电路。

④对数据进行循环冗余校验码校验以及对小错数据进行修正的数据检错及纠错电路。

⑤根据主机发来的命令，对数据传送、串并转换及格式化等进行逻辑控制的电路。

⑥存放磁盘基本输入输出程序的 ROM，用于数据交换的缓冲区 RAM。

（3）磁盘片。根据磁盘所用基体材料的类型，可将磁盘分为硬盘和软盘两种。前者以硬质铝合金等作为基体，后者以软塑料等作为基体。

磁盘的磁迹是以盘心为中心的若干同心圆，它被分成若干相等的部分——扇区（段），以扇区为单位进行数据存取操作。扇区有硬扇区和软扇区之分。通过一个轮毂的若干物理槽口或在扇区标识每个部分的始端和末端标志来划分的区段称作硬扇区；与此相对应的是由电气方式来划分成若干相等区段的，称为软扇区。扇区的开头都预先录有包括磁迹序号在内的扇区地址。

在存储数据之前，要对磁盘进行格式化，也就是要告诉计算机，在磁盘或磁盘组的什么地方可以进行数据存取，规定磁迹位置、主数据磁迹以及替换磁迹等。

另外，还要对磁盘进行预置。预置即在磁盘上写入磁盘标记、存储信息表、指定替换磁迹和初始程序等。

磁盘操作系统（DOS）是把文件定位记录在磁盘上的适宜磁迹和扇区内，并在磁盘索引区记录这些文件的位置。如果把磁盘当成一本书，那么索引就像这本书的目录，扇区像书的页码，文件的名称就是该书某章（节）的题目，而数据则是该题目下的全部内容。

由于磁头能够自如地在磁盘整个表面运行，可以从磁盘的任何部位随时找出记录的数据，即可进行随机存取。

2. 硬磁盘

软盘携带方便，但存储容量小，同时，读写速度也慢。为解决上述问题，微机一般都装有硬盘。

3. 软磁盘

软磁盘是在磁带和硬磁盘存储器的基础上发展起来的。最早使用的软盘是 8 英寸软盘，它是 20 世纪 60 年代末由 IBM 开发并投入使用的。1976 年美国 Shugart 公司开发了 5.25 英寸软磁盘，并从单面单密度发展成双面高密度。由于 5.25 英寸驱动器的重量和体积比 8 英寸驱动器小得多，因此，在计算机尤其是微型计算机中很快便取代了 8 英寸软磁盘。

20 世纪 90 年代，5.25 英寸软磁盘主流产品的位置又逐步让给了 3.5 英寸软磁盘。20 世纪 80 年代末，2 英寸软磁盘已面世，并已应用于电子照相机和录像机中，它在微型计算机、膝上型 PC 机中也将得到更广泛的应用。

软磁盘驱动器结构比较简单，盘片可以更换和保存；由于磁头和盘片是接触式工作的，读写信号的分辨率较高，对环境要求较低；此外，它价格便宜、寿命长、体积小、重量轻、便于携带，且互换性好，可以脱机存储，适合于各种型号的微机。但是它的存储容量较低，存取速度也较慢。软磁盘在微型计算机系统中主要做外存。微型计算机的操作系统以文件的形式存入软磁盘中，使用时再从软磁盘中调入内存储器。此外，还被用来为大、中、小型计算机输入数据和用作小型与微型硬磁盘后备存储。

三、信息磁存储的原理

磁存储器是利用表面磁介质作为记录信息的媒体，以磁介质两种不同的剩磁状态或剩磁方向变化的规律来表示二进制数字信息。

磁存储器的读/写工作过程是电磁信息转换的过程，它们都是通过磁头和运动着的磁介质来实现读或写操作的。记录信号时，一般应先将需要记录的信号用适当的换能装置转变为电信号，再经记录信号电路的放大和处理，输至记录磁头线圈中，在记录磁头缝隙处产生记录磁化场，使按一定速率在此处经过的记录介质磁化。

当记录介质移动的速率恒定时，沿着长度方向的剩余磁化的空间分布就反映了磁头线圈中电流的时间变化，从而完成了信号的记录过程。

当记录了信号的记录介质以一定的速率通过重放（读出）磁头缝隙时，由介质表面发出的磁通将被磁头铁芯截留，并在重放磁头线圈两端产生重放电压。这个电压经重放信号电路的放大和处理，输至换能装置，使信号以一定的形式重放出来，从而完成了信号的读取过程。

在记录和重放之间，记录信号有个存储过程。在这个过程中，不允许外加的杂散磁场超过用于记录的磁场的强度。如果用消抹磁头产生一个大于记录磁场强度的磁场，就可抹除原先记录的信号，使磁层处于退磁状态，记录介质又可准备记录新的信息。消抹磁头线圈中的高频电流来自消抹电路。在有些情况下，当记录磁头和重放磁头为同一磁头时，也可用信息的重写来消抹旧的信息。

在上述整个过程中，磁头（包括记录磁头、重放磁头和消抹磁头等）和记录介质在伺服机械的驱动下，以一定的方式运动。这种运动的准确性和稳定性，是由伺服电路控制的。

第五节 信息半导体存储技术

一、信息半导体存储发展简述

在半导体存储器出现以前，内存储器主要采用磁芯存储器。磁芯存储器靠穿线的办法把磁芯穿成板，配以晶体管外围电路而成。为提高磁心的速度与容量，采用磁芯的尺寸不断地缩小，使穿线越来越困难。穿线工艺的难度高而可靠性低，最终限制了磁芯存储器的速度（只能达微秒级）和容量。因此，研究新的存储器以取代磁芯存储器成为当时的研究热点。

当 20 世纪 60 年代半导体存储器刚出现时，它比磁芯存储器的价格贵得多。随着大规模集成电路技术的飞速发展，半导体存储器的价格急剧下降，同时可靠性不断提高，性能价格比越来越超过磁芯存储器。1976 年 MOS RAM 价格为 0.3 毫美分 / 位，已低于磁心存储器 6.5 毫美分 / 位，而 1998 年 RAM 的价格已降至 0.007 毫美分 / 位。实际上，从 20 世纪 80 年代初开始，计算机特别是微型机的主存几乎已全部采用半导体存储器。

与磁芯存储器相比，半导体存储器具有明显的优势。

1. 存取速度快、功耗低。半导体存储单元与外围电路均为电子线路，整个芯片可以工作在逻辑电平一级。

2. 生产工艺简单，生产过程便于自动化。整个生产过程采用大规模集成电路工艺技术，可一次性完成。

3. 体积小、结构紧凑、价格低廉。在同样存储容量的情况下，只有磁心存储器的几十分之一。

4. 可靠性高。半导体存储器的主要缺点是断电后会丢失信息，这称为信息的易失性或挥发性。存储单元保留信息需要一定功耗，动态系统需要定时刷新，这就使得在一些使用场合中减少了系统的可用率。此外，其抗辐射性能也不如磁芯。

二、信息半导体存储器的类型

半导体存储器的分类方法主要有两种：按信息的存取方式分类和按所用材料的性质分类。

（一）按信息的存取方式分类

按照信息的存取方式，半导体存储器可分为随机访问存储器（RAM，Random Access Memory-RAM）和只读存储器（ROM，Read Only Memory）。

1. 随机访问存储器——RAM

RAM 存储单元的存储内容按需要可以随时读出和随时写入。它的主要用途是用来存放各种正在执行的输入/输出数据、处理程序、中间结果等。

RAM 有静态随机访问存储器（Statie RAM-SRAM）和动态随机访问存储器（dynamo RAM-DRAM）之分。

（1）静态随机访问存储器——SRAM

由固定稳态及稳态的转换来记忆信息"1"和"0"的 RAM 存储器叫静态 RAM，它有以下特点。

①集成度高于双极型 RAM，但低于动态 RAM。

②不需要刷新。

③功耗比双极型低，但比动态 RAM 高。

④易用电池作为备用电源。

⑤存取时间较动态 RAM 长。

（2）动态随机访问存储器——DRAM

靠电容的存储电荷来表示所存内容的 RAM 存储器叫作动态 RAM。其特点是：

①集成度高于静态 RAM 和双极型 RAM；

②比静态 RAM 功耗还要小；

③比静态 RAM 价格低；

④因其用电容来存储信息，而电容总有泄露电荷的现象，故要对其进行刷新（再生）；

⑤它的存取时间略短于 SRAM。

2. 只读存储器——ROM

只读存储器（ROM）中所存的内容是预先给定的，在工作过程中，只能将其中所存的内容按地址单元读出，而不能写入新的内容。半导体只读存储器常作为计算机主存的一部分，用来存放一些固定的程序，如监控程序、启动程序、磁盘引导程序等。ROM 也可作为控制存储器，存放微程序，应用于微程序控制器、字符显示器等外用设备。只要一接通电源，这些程序就能自动运行，这些存储的信息是用特殊方法写入的，一经写入就可以长期保存，不受电源断电的影响。从功能上来说，ROM 可分为四种类型。

（1）掩膜 ROM（Mask ROM-MROM）。这种 ROM 由生产厂家采用掩膜工艺，在生产过程中将代码直接注入，出厂后用户无法随意修改，其最大优点是成本低，适合批量生产。

（2）可编程 ROM（Programmable ROM-PROM）。为了使用户能根据自己的需要来编写 ROM，出现了可编程的只读存储器 PROM，PROM 允许用户在使用前，按用户的需要将信息注入各耦合单元，但一旦注入后无法再改变。因此，它是一种一次性可编程的 ROM。

（3）可擦除可编程 ROM（Erasable PROM-EPROM）。这种 ROM 内容不仅可以由用户利用编程器写入，并且可以对其内容进行多次改写，所以叫作可擦除可编程 ROM。但是这种 EPROM 写入的速度很慢，而且需要一些附加设备和手段，所以它只能作为只读存储器来使用。

需要指出的是，上述两种 ROM 的写入过程绝不是计算机工作过程中的信息写入过程，而是在专门的设备上，用特定的方法进行编写的。

（4）在系统可擦除可编程 ROM。这类 ROM 包括电可改写 EPROM（Electrically EPROM-EEPROM or E2PROM）和快闪存储器（Flash Memory）。它们不仅有 EPROM 的性能，而且改写过程可直接在工作系统中进行，无须专用设备。

无论哪一种 EPROM，能被擦除和编程的次数都是有限的。计算机软件的开发工作总是要经过多次的纠错、修改、考验才能逐步完善。通常在软件试制阶段可写入 EPROM，待经过修改和定型之后，再送生产厂家制成 MROM，使软件固化，以加快执行速度。

（二）根据所用材料的性质分类

根据所用材料的性质，半导体存储器又可分为金属-氧化物-半导体场效应管（Metal Oxide Semiconductor-MOS）存储器、双极型晶体管（Bipolar）存储器和双极-CMOS（Bi-CMOS）存储器。

1.MOS 存储器

MOS 存储器以 MOS 晶体管为基本元件。与双极型存储器相比，MOS 的主要优点是工艺简单、集成度高、功耗低，因而容量较大、价格便宜。但其工作速度较低，由于提供电流较小，驱动负载能力也较小。

2.双极型存储器

由两种极性的载流子参与导电的晶体管称为双极型晶体管。双极存储器的主要优点是速度快、驱动能力强，通常用于高性能的场合。但由于它工艺比较复杂，且集成度比 MOS 低，故成本较高。此外，由于双极晶体管是电流控制器件，即导通时需要电流流入晶体管基极和发射极回路中去，因此要维持晶体管的工作，就要消耗功率。

3.Bi-CMOS 存储器

Bi-CMOS 工艺将双极电路及 CMOS 电路两种工艺制造方法制作在同一芯片上，这是 MOS 工艺发展的一个新支，它兼有双极型内高速度及 MOS 高集成度的优点。

（三）按保存信息性质分类

按保存信息性分，半导体存储技术可分为挥发性（Volatile）与非挥发性（Non-volatile）两种。

1. 挥发性半导体存储器

挥发性半导体存储器在屯性消失后，存储的数据随之消失，这类存储器包括动态随机存储器（DRAM）和静态随机存储器（SRAM），这类存储器技术较为成熟，常用于计算机内存中，数据传输速度很快。

2. 非挥发性存储器

非挥发性半导体存储器在电性消失后依然可以保留存储的数据，这类存储器包括只读存储器（ROM）、可擦除编程只读存储器（EPROM）、电可擦除编程只读存储器（EEPROM）、闪速存储器（Flash Memory）以及新兴的铁电存储器（FRAM）、磁性存储器（MRAM）与相变存储器（OUM）等，这类存储器常用于数码设备中，具有体积小、存取速率高等优点。以目前一种常见的闪速存储器——U 盘为例，现在可在市场上买到容量达 4GB 以上的 U 盘，比如台电科技的 4GBU 盘数据传输达 8MB/S，数据写入为 41MB/S；Kanguru 的最大容量的 U 盘达到了 64GB，写入速度 1MB/S。

挥发性存储器虽然具有很高的读取速率，但由于不能掉电保存数据，限制了其在除内存外的应用领域。作为非挥发性存储器的代表，闪存虽然可以长期保存数据，但受其加工时最小光刻单元的限制，目前认为很难达到 35nm 以下，其存储容量不能大幅扩大，限制了其应用领域。

第六节 信息的光存储技术

一、信息光存储技术的发展概述

（一）信息光存储技术的发展现状

信息存储在国民经济建设及现代军事科学技术中具有十分重要的地位，光存储是继磁记录之后新兴起的重要信息存储技术。近年来，光存储不仅在技术上取得了重要突破，在商业性规模生产方面也获得了巨大成功。逐渐形成了一个引人注目的信息载体，并且因其渗透性极强和自成体系而备受社会关注。我国对光盘技术及产品的研发、开发、生产及推广应用均已取得显著成效。

20世纪80年代的光存储产品进入市场时，它比当时通常使用的紧密磁盘具有高出一个数量级的存储密度。由于它采用非接触式读写操作，具有易于更换盘片、保存寿命长、每位信息的成本低廉等优点而被认为是下一代数字存储的主流产品。但是90年代中期，由于磁盘技术得到了突破性的发展而使其记录密度达到甚至超过了光存储的记录密度，另外由于光学头的质量比磁头大得多，使得光存储的读写速度受到了很大制约。光存储技术面临严峻的竞争。

如何继续提高光盘存储密度已成为本领域中极为重要的研究课题，研究开发新一代的高密度高速率数字光盘存储技术具有重要的现实意义。就光盘技术与系统发展的潜能而言，在不久的将来，用户的所有信息，包括操作系统在内的软件都可存储在光盘上，而不是用加载到 HDD（hard rise drive）上，而且有可能带来应用上的新概念，即每个人或部门只要单独携带自己的一张光盘，就可以随时在任何一台计算机上运行自己独立的系统。有理由相信，新一代的密度和容量更高的光盘会在多媒体应用方面起到重要的作用，为下一代计算机增添新的功能。

提高光盘密度和容量首先考虑的就是缩短所用激光器的波长和增大物镜数值孔径，从第一代CD光盘到VCD、CD-ROM、CD-R、CD-RW到目前的DVD光盘，再到新一代的蓝光光盘，它们的特性参数需进一步提高光盘存储密度的基本方案是缩小信息符所占用的空间尺寸，即加大光学头物镜的数值孔径和缩小半导体激光器的波长，这是当今提高光盘存储密度和容量的主流技术。但这一技术路线发展至今所剩的空间已经不大。例如蓝光光盘存储系统，其盘片覆盖层的厚度已降到0.1mm，光盘具有较厚保护层的优点已逐渐消失，且继续大幅度地减小激光器的波长和增大物镜数值孔径的难度很大，因此有必要采用新思路、新技术，寻求其他提高存储密度和数据速率的途径。

1. 我国在光存储领域进展

（1）在国家自然科学基金的连续资助下，中科院北京真空物理开放实验室、中科院化学所、北京大学电子学系、北京大学化学学院科研人员组成的联合科研小组，采用与国外不同的原理、设计和方法，设计、制备了一系列新型有机复合和有机分子信息存储薄膜，成功地实现了超高密度的信息存储，在有机超高密度信息存储材料领域的研究取得了突破性进展。

（2）在国家自然科学基金和上海市科学技术发展基金的支持下，"蓝绿光高密度光盘存储材料研究"项目组的研究人员经过3年的努力，系统地研究了蓝绿光可录和可擦重写高密度光盘存储材料的化学成分。微观结构，制备条件与其光学、光谱和光存储性能间的关系，取得了重大进展。在蓝绿光无机光存储材料方面取得了一系列全新结果，有机材料用于蓝绿光高密度光存储也取得了突破和创新，有多种材料可用于蓝绿光可录和可擦重写高密度光盘存储。

（3）清华大学研制的多波长多阶存储技术是国家重点基础研究973项目"超高密度，超快速光信息存储与处理的基础研究"阶段性突破。以国家光盘工程中心主任徐端颐教授担任首席科学家的973项目组经过3年研究，取得了这一独创性成果，并申报九项中国专利和一项美国专利。这项技术可以把普通CD光盘片的容量提高为目前的3倍，标志着我国光存储技术获得重要突破。这项技术成果已经开始正式产业化进程，光盘驱动器、光盘录像机已研制成功，普通光盘录像机只增加一个集成芯片，即可在容量为0.65G的普通光盘上记录2G数据，录下3个多小时的电影节目。用这种技术做成的光盘驱动器价格与普通光驱近似，远低于DVD光驱。

（4）由部分家电企业和研究单位联合组成的北京阜国数码技术有限公司，从1999年就开始这方面的探索。最终在2001年年底研制新一代高密度数字激光视盘系统EVD，2002年4月部分产品样品开始面世。与超级VCD和DVD相比，EVD技术优势明显：容量比DVD增加1G；采用最新编码技术，可满足画面清晰度比DVD高将近5倍的要求；调整加大机芯光头发射功率，增强了读碟能力。EVD的出现从此结束了外国公司在这一领域的技术垄断，国外主要的光存储形式是各种DVD光盘。

2. 国外进展

（1）美国Quantex公司在"optical Memory News"上提出了可通过对记录介质基片进行多层镀膜的方式实现多膜层记录，以提高其存储容量。

（2）新泽西贝尔实验室实现了利用锥形光纤耦合物镜把激光聚焦到记录膜层上，实现了激光束最佳光斑直径可达纳米级，为光纤耦合聚焦成微小光斑提供了理论依据。

（3）在国外，DVD技术已实现两层信息记录，正向多层方向发展。但由于该技术没使用光的波分复用技术，而利用传统的光学读写头欲实现多层（3层以上）记录已经比较困难。

（二）信息光存储技术的发展趋势

以光学、集成光学、光子效应、全息技术、光感生或磁感生超分辨率等原理为基础的新一代光存储技术将朝着以下几个方向发展。

1. 现低价位 DVD 系列光盘及驱动器的规模生产

直径为 120mm 的 DVD 光盘单面容量 4.7GB，双面容量 9.4GB，如果改成双面双层，容量可达到 18GB，组成了标称容量为 5GB、9GB、10GB、18GB 的 DVD-5、DVD-9、DVD-10、DVD-18 的光盘系列，只要这种光盘及光盘机的生产成本能降低到当今 CD-ROM 或 CD-R 光盘及光盘机的价位，就足够满足一般信息系统及家用电器的需求。由于 DVD 系列产品仍以传统的光盘制造技术为基础，基本工作原理没有改变，只是将信息符坑点的尺寸从原来的 0.83pm 降低到 $0.4\mu m$，信道间距从原来的 $1.6\mu m$ 降低到 $0.74\mu m$。这种光盘机的结构原理也没有太大的变化，所用的半导体激光器的波长略有缩短，一旦形成规模，成本必将大幅度下降。

2. 进一步提高 DVD 光盘质量、成品率及功能

目前，DVD 光盘的成品率，无论是母盘制作还是最终产品的成品率都低于普通 CD 光盘，从而影响其生产成本。各种生产光盘的专用加工和测试设备还需要进一步更新，将深紫外超分辨率曝光技术、电子束曝光技术、多层光致抗蚀剂技术、无显影曝光技术、4X 或更高速的刻录技术等引入母盘制作，以便进一步提高母盘质量和成品率。DVD 光盘及光盘机将在功能上进行改进，首先是多功能化，包括光盘机和盘片的多功能化，即一台光盘机可用于只读、一次写入不可擦除及可直接改写等不同盘片，而盘片也可能做成同时具有只读和可擦写功能。

此外，随着编码技术和集成电路技术的进步，光盘机的编码及控制软件功能还将进一步改进，将分散的视频、音频、编码、解码、调制、解调、通道控制、伺服控制重新整合成少数芯片甚至单一芯片，不仅能降低成本，还会大大提高系统的可靠性。为了使光盘机使用更方便，其另一改进方向是光盘机的智能，使人机界面更加简单、操作更为简便。

3. 在记录密度不变的条件下提高系统性能

无论是 VCD 或 DVD 光盘都可以利用自动换盘系统，组成光盘库、光盘塔、光盘阵列，实现提高整个系统的容量、数据传输率及多数据存储的可靠性。如果将光盘库、光盘塔及光盘阵列与自动换盘系统有机结合，可以大大提高系统容量、数据传输率和显著改善存储数据的可靠性。目前最大的光盘库容量已可达到 TB 量级。

4. 综合利用其他新技术开发下一代新产品

高密度数据存储技术始终是信息技术和计算机技术发展中不可缺少的关键研究领域，新型网络系统和第三代多媒体出现时，计算机外部存储容量至少应为 100GB，数据传输率至少为 40Mbps，现有的各种光盘都不能满足要求，即使上面提到的 DVD-RAM

光盘系统也与此目标相距甚远。需要采用新技术和新材料，研究开发出新一代高密度、高速光存储技术和系统。虽然目前所进行的研究尚处于实验室阶段，许多理论问题、实验技术问题及工程问题还待深入研究，但从所取得的初步成果中能看出其发展方向包括如下内容。

（1）利用光学非辐射场与光学超衍射极限分辨率的研究成果，进一步减小记录信息符尺寸。因光束照射到物体表面时，无论透射或反射都会形成传播场（传播波）和非辐射（隐失波）。传播波携带着物体结构的低频信息，容易被探测器探测。隐失波携带描述物体精细结构的高频信息，沿物体表面传播。只要把这一部分信息捕捉到，就可提高系统的分辨率。

（2）采用近场光学原理设计超分辨率的光学系统，使数值孔径超过1.0，相当于探测器进入介质的辐射场，从而能够得到超精细结构信息，突破衍射极限，获得更高的分辨率，可使经典光学显微镜的分辨率提高两个数量级，面密度提高4个数量级。

（3）以光量子效应代替目前的光热效应实现数据的写入与读出，从原理上讲，存储密度不但可以提高到分子量级甚至原子量级，而且由于量子效应没有热学过程，其反应速度可达到皮秒量级。另外，由于记录介质的反应与其吸收的光子数有关，可以使记录方式从目前的二存储变成多值存储，使存储容量提高许多倍。

（4）三维多重体全息存储，利用某些光学晶体的光折变效应记录全息图形图像，包括二值的或有灰阶的图像信息，由于全息图像对空间位置的敏感性，这种方法可以得到极高的存储容量，并基于光栅空间相位的变化，体全息存储器还有可能进行选择性擦除及重写。

（5）利用当代物理学的其他成就，包括光子回波时域相干光子存储原理、光子俘获存储原理、共振荧光、超荧光和光学双稳态效应、光子诱发光致变色的光化学效应、双光子三维体相光致变色效应，以及借助许多新的工具和技术，诸如扫描隧道显微镜（STM）、原子力显微镜（AFM）、光学集成技术及微光纤阵列技术等，提高存储密度和构成多层、多重、多灰阶、高速、并行读写海量存储系统。实验已证明目前的技术可使光存储密度达到40~100bits/in2。

二、光盘信息存储

在信息记录材料领域，一般将采用激光进行记录和读出的盘状记录介质，统称为光盘。CD是英文Compact Disc的缩写，意思是高密度盘，即光盘。以光盘为代表的光记录介质具有记录密度高、容量大、随机存取、保存寿命长、稳定可靠和使用方便等一系列优点，特别适用于大数据量信息的存储和交换。光记录技术不仅能够满足信息社会海量数据存储的需要，而且能同时存储图、文、声、像等多种信息，使传统的信息记录、传输和管理方式发生了根本性变化。

（一）光盘的特点

从信息存储的角度来看，一张以光存储的 CD-ROM 完全可以看成一种新型的纸。一张小小的塑料圆盘，其直径不过 120mm（5 英寸）、重量不过 20 克，而存储容量高达 600 多兆字节。如果单纯存放文字，一张 CD-ROM 相当于 15 万张 16 开的纸，足以容纳数百部大部头的著作。但是，CD-ROM 在记录信息原理上却与纸大相径庭，CD-ROM 盘上信息的写入和读出都是通过激光来实现的。目前光盘主要有 CD、CD-R.DVD、相变光盘和磁光盘。软盘（FD）和硬盘（HD）属纯粹的磁记录；CD-R（一次性可写入光盘）和 PD（相变光盘）为热记录，光读取；MO（磁光盘）和 MD（小型磁光盘）为热磁记录、光读取。光记录是继磁记录之后兴起的重要信息记录技术。以光盘为代表的数字式数据记录媒体已是当代信息社会中不可缺少的信息载体，其特点如下。

1.数据存储密度高、容量大、盘片可更换、携带方便

目前规模生产的光盘比特字长约为 0.4 微米（DVD 光盘），蓝光光盘信息符的长度为 0.2 微米。光盘容量很大，现市场销售的直径 120mm 的 DVD 光盘，面容量已达到 4.7GB，蓝光光盘的面容量将达到 30GB，单盘容量为 100GB 的技术也正在研究之中。

2.存储寿命长，功能多样化

光记录是利用精细聚焦能量密集的激光束，通过厚度为 0.6mm 或 1.2mm 的盘基，对密封在保护层之间的记录介质的相互作用来实现数据写入、读取与擦除。盘基及记录介质均由性能稳定的材料制成，而且可根据不同用途挑选不同的介质制成只读、一次写入、可擦写等不同功能的光盘。

3.生产成本低廉，数据复制工艺简单，效率高

目前光盘盘片和光盘机的生产技术都已成熟。盘基用有机高分子材料注塑而成。例如，只读盘上的信息是在注塑过程中模压在盘基上的，复制过程中光盘所需的加工周期仅两秒左右，按现有设备工艺材料水平计算是最廉价的信息记录载体，已经成为计算机标准外设和常规的家用电器。

（二）光盘信息存储的原理

光盘存储技术是利用激光在介质上写入并读出信息。光盘的信息记录原理是通过聚焦 1 微米左右的激光束照射到旋转的光盘上使记录介质产生物理和化学变化，从而改变反射光或透过光的强度而进行二进制的信息记录。记录介质所发生的变化主要有热作用

和光化学作用。热作用主要有形成坑、形成泡、受热变色等；光化学作用主要有光致变色、光重排、光异构化和光离解等。

1. 非磁性介质存储的原理

有一类非磁性记录介质，经激光照射后可形成小凹坑，每一凹坑为一位信息。这种介质的吸光能力强、熔点较低，在激光束的照射下，其照射区域由于温度升高而被熔化，在介质膜张力的作用下熔化部分被拉成一个凹坑，此凹坑可以用来表示一位信息。因此，可根据凹坑和未烧蚀区对光反射能力的差异，利用激光读出信息。

工作时，将主机送来的数据经编码后送入光调制器，调制激光源输出光束的强弱，用以表示数据 1 和 0，再将调制后的激光束通过光路写入系统到物镜聚焦，使光束成为 1 微米大小的光点射到记录介质上，用凹坑代表 1，无坑代表 0，读取信息时，激光束的功率为写入时功率的 1/10 即可。读光束为未调制的连续波，经光路系统后，也在记录介质上聚焦成小光点，无凹处，入射光大部分返回；在凹处，由于坑深使得反射光与入射光抵消而不返回。这样，根据光束反射能力的差异将记录在介质上的"1"和"0"信息读出。

2. 磁性介质存储的原理

磁光盘是在光盘的盘基上镀上一层矫顽力很大的、具有垂直磁化特性的磁性材料薄膜制成的。当在磁记录介质上施加强度小于其室温矫顽力 Hc 的磁物时，不发生磁通翻转，故不能记录信息。若用激光照射此介质后，则在被照射处温度上升，矫顽力下降为 Hc7。如果这时再对记录介质施以外加弱磁场 Hr(Hc7<Hr<Hc)，则会发生磁翻转而记下信息。抹除信息要求施加一个和记录方向相反的磁场 He，并用激光束照射记录过信息的介质，则在照射区发生反方向磁化，使介质恢复到记录前的磁化状态。

3. 光盘信息记录与读出过程

（1）信息的记录过程。声音、图像、文字等信号→二进制信号→脉冲电信号→激光脉冲信号→热效应→在记录介质上产生细微物理变化。

（2）光盘信息的读出过程。光盘上的烧蚀、形变、相变等信号→激光入射光照射→反射偏振光偏振面旋转角度不同→脉冲电信号→二进制信号→声音、图像、文字等信号。

（三）光盘的分类

目前主要根据光盘的读写功能、记录方式和种类等方式来对其进行分类。

1. 按光盘的读写功能

按光盘的读写功能可分为只读式光盘、一次写入式光盘和可擦写式光盘三种类型。

（1）只读式光盘（Read-only CD）。只读式光盘中没有染料层，信息直接记录在光盘的盘基上，它可以大量复制，也称再生型光盘。用户只能从光盘中读取数据，而不能向光盘中写入数据，光盘中的数据是在光盘的生产过程中从母盘中复制过来的。这种光盘的制造工艺简单、成本低、价格便宜。常见的有 LD、CD-Audio、CD-ROM、VCD、DVD-Audio、DVD-ROM、DVD-Video 光盘等。

（2）一次写入式光盘（Write-once CD）。由于一次写入式光盘的未记录部分可以追加记录，故又称为追加式光盘，它是依靠在盘基上涂布的染料而进行信息记录的。用户可向光盘中写入数据，但写入数据后不能再擦除，即只能写入一次，其制造工艺比只读式光盘复杂，成本也高，而且必须用记录设备进行信息刻录。常见的有 CD-R 和 DVD-R 光盘等。

（3）可重写式光盘（Rewritable 或 Erasable CD）。可重写式光盘又称可改写式光盘或可擦重写式光盘，它能将已写入的信息擦除，再写入新的信息。由于这类光盘上涂有可逆变化的记录材料、相变材料和磁光材料，它利用这些材料的可逆变化来进行信息记录。它像磁盘一样，可以反复地擦写，但它需要专门的刻录机。常见的有：CD-RW、DVD-RW、MO、PD 光盘等。

2. 按光盘的刻录方式

按刻录方式可分为预录光盘、可录光盘和可擦写光盘。这种分类方式与按读写方式分类基本相同。

（1）预录光盘（Recorded CD）。它是指光盘上的数据是在光盘的生产过程中从母盘中复制过来的，不需要使用刻录设备在其上进行信息刻录的一类光盘，如 CD-Audio、CD-ROM、VCD、DVD-Audio、DVD-ROM、DVD-Video 光盘等。

（2）可录光盘（Recordable CD）。它是指光盘上的信息需要使用刻录设备进行刻录的一类光盘。它主要是指染料类的光盘，如 CD-R 和 DVD-R 光盘等。

（3）可擦写光盘（Rewritable 或 Erasable CD）。可擦写光盘与可重写式光盘相同。

3. 按光盘的种类

到目前为止，光盘有十多个规格品种，每个品种又都有对应的标准格式。国际标准化组织 ISO 制定和采纳了多种标准规范，定义了光盘的尺寸转速、数据传输率、数据格式等重要参数。

（1）激光视盘（LD）。激光视盘的直径一般为 300mm，也有 200mm 的。根据其信号录制方式，LD 分为两种：一种是标准播放视盘（CAV），这种视盘单面播放时间为 30 分钟；另一种是长时间播放视盘（CLV），其单面播放时间为 60 分钟。

（2）激光数字音频光盘（CD）。激光数字音频光盘又称音乐 CD，光盘直径为 120mm，每张光盘能播放 74 分钟高质量的音乐节目。

（3）只读光盘（CD-ROM）。只读光盘主要用于计算机外存储器，最初 CD-ROM 只含计算机可读的文字信息，现在可存储声音、图形、视频、动画等。CD-ROM 光盘直径 120mm，容量为 650MB。

（4）CD-ROM/XA 光盘。CD-ROM 光盘驱动器在读混合模式光盘时（同时会有数据轨道和音频轨道的 CD 称为混合模式光盘），如果读计算机数据，就不能回放音乐。XA 允许计算机数据和音频数据放在相同的轨道上，所以它能够在读计算机数据的同时回放音乐。

（5）卡拉 OK 光盘（CD-G）。它是利用 CD 唱片上剩余的通道记录一些简单的静止图形文字（如歌词等数据），可用于卡拉 OK。

（6）交互式光盘（CD-I）。它用于交互式计算机多媒体 CD-I 系统中，1987 年制定了它的规范，CD-I 只能由 CD-I 播放机播放。

（7）可录光盘（CD-R）。它可一次或多次在空余部分写入数据，适合于小规模单一发行的 CD 制品或数据备份、资料存档等。

（8）相片光盘（Photo-CD）。Photo-CD 是专为存储数字化的 35mm 相片设计的。一张光盘可多次录入约 100 张相片，必要时还可以还原成底片。Photo-CD 光盘可在 CD-I、CD-ROM/XA 和 Photo-CD 播放机上播放。

（9）视频小型光盘（VCD）。它是 Video CD 的简称，俗称小影碟。VCD 标准采用了 CD-ROM/XA 数据格式，因此可在配置了 CD-ROM 驱动器的 PC 机上播放，普通的 CD 唱机增加 VCD 解码板也可播放 VCD。一张 VCD 盘可连续播放 74 分钟的录像节目，其图像优于 VHS 录像质量，伴音质量可达到 CD 的效果。

（10）高密度数字光盘（DVD）。1995 年统一规格标准，采用双面光盘结构，它以单面光盘为基础，每面的容量为 4.7GB，可以播放 133 分钟的 MPEG2 的音视频信号。同时 DVD 具有可变的数据传输率，对图像和声音的平均传输速率为 4.69MB/s，文件结构满足 ISO9660，数据格式支持 CD-ROM/XA 标准，采用 MPEG2 音频数据压缩标准，PAL 分辨率为 720X576，25 帧/秒，支持杜比 AC-3/5.1 通道环绕立体声技术，图像和声音质量更高，向下兼容 CD、VCD 等光盘。

（11）可擦写式光盘。可擦写式光盘按记录方式主要有两种：磁光盘（MO）和相变光盘（PCR）。这两种光盘都在迅速发展，存储容量不断提高。

（12）蓝光盘。蓝光盘是指使用波长 405nm 的蓝色激光，在读写两用的单面单层光盘上最大可记录 27GB 数据的大容量光盘规格。该规格于 2002 年 2 月发布。

三、磁光存储

磁光存储光盘出现于 1988 年，它是信息存储技术的重大突破，在整个信息存储领域占有重要位置。磁光存储既有光存储的可卸换、非接触读写，又有磁存储的可擦重写，以及和硬磁盘相接近的平均存取速度。特别是磁光盘具有保存时间长、可靠性高、使用寿命长、误码率小等优异性能。作为一种光存储和磁存储并存的存储方式，磁光存储可以借鉴二者的先进技术和方法，如 GMR 可以作为磁 / 磁光记录数据的读出传感单元，垂直记录单元可以占据更小的尺寸，获得更高的记录密度和更好的稳定性。日本是磁光存储光盘研究得最深入和应用最广泛的国家，在投资 60 亿日元的"新一代光存储计划"中，2002 年磁光读出密度实验室已达 64gbf/in2。

磁光存储的原理是，通过记录位受激光照射达到居里点后磁化进行记录，利用磁光克尔角对磁记录位的不同偏转进行读出。由于磁光盘是靠磁畴翻转的物理过程来实现记录位的擦写，故相对于光盘来讲速度要快很多（接近于磁盘），同时理论上还可以实现无穷多次的擦写。实际产品中，磁光盘可以利用磁耦合性能设计多层膜结构，如将记录层和读出层分开提高记录密度。由于写入时记录尺寸是由照射到记录层的激光光斑中心区域决定的，因此可以实现很小尺寸的记录。读出时，为了克服记录位尺寸减小而使读出信号较弱的问题，可以采用磁超分辨读出（MSR）（分前孔、中孔和后孔三种形式）、磁畴放大读出（磁放大磁光系统 MAM-MOS）和畴壁移动检测读出（DWOD）等技术，使存储密度大幅度提高。若采用 MAMMOS 技术读出，直径 120mm 磁光盘的容量可达 90GB（为 HD-DVD 的两倍）。如果和近场技术相结合，其存储密度将更大。

光—磁混合存储是一种将磁存储、光存储和磁光存储相结合的新型存储方式，它利用了各自的优点进行记录和读出。它采用新型垂直磁化记录膜，通过磁光记录或光辅助磁记录来提高记录的道密度，利用高灵敏度和高分辨率的磁电阻 / 巨磁电阻探测，提高位密度并得到较强的读出信号，在此基础上，再配合采用蓝紫光、近场和超分辨技术等，可获得更高记录密度。当然，这方面的技术还不是很成熟，一些关键物理和技术问题有待深入研究。

基于近场光学元件和超分辨近场结构的近场光—磁混合记录技术是目前最有实用化前景的超高、高速光—磁混合数字信息存储技术，我国具有研究基础，而目前国际上在这方面的研究也刚起步，因此，该技术将是我国发展超高密度光—磁合数字信息存储技术的重要突破口之一。

1. 高冗余度

以全息形式存储的信息是分布式的，每一信息单元都存储在全息图的整个表面上（或体积中），故记录介质局部的缺陷和划伤不会引起信息丢失。这是其他存储技术所无法具有的性质。

2. 高存储容量

二维光学存储的存储容量上限（约 1/22）同样适用于全息存储。采用 500nm 的光波在衍射率为 2.0 的介质中存储全息图，其存储密度极限为 $6.4 \times 10^3 b/cm^2$。全息图采用面向页面的数据存储方式，一个全息数据页面的容量可以达 $10^6 b$，如果采用空间复用和同体积复用相结合的技术存储 50 万个全息页面，可以得到总的容量 63GB。利用频率选择技术（PSHB）将存储维数扩展到四维体全息存储的容量还可以进一步提高。

3. 非常高的数据传输速率和很短的存取时间

全息图采用面向页面的数据存储方式，一页中所有的位都并行记录和读出，而不是像磁盘或光盘那样数据按位串行读出，而每个数据页包含多达 1Mb 的信息。这样读取速度是惊人的，只要读出头定位，就可在几纳秒内从介质中检出该数据图像。采用相关技术可望得到总的数据传输速率为 1.25GB/s。此外，全息存储器不一定要用机电读写头，可采用无惯性的光束偏转、参考光束的空间位相调制或波长调谐等手段，在数据检索中选择非机械方式寻址，使寻址一个数据页面的时间小于 $100\mu s$。

4. 可以进行并行寻址

全息存储器可以直接输出数据页或图像，可进行并行处理。采用适当的光学系统，有可能一次读出存储在整个全息存储器中的全部信息，或在读出过程中完全并行地进行面向图像（页面）的检索和识别操作。这种独特的性能可以实现内容寻址的存储器（CAM），是光计算或光电混合计算的关键器件之一。

全息存储器容量的迅速提高以及存储器性能的不断改进，使得高密度全息存储日益走向实用，采用全息存储技术的实用化系统逐渐推出。

四、近场光学存储技术

1. 近场光学存储技术的发展

随着纳米科技的发展，人们开始尝试把光感测器做得非常之小，因此，20 世纪 80 年代以来，出现了"近场光学"这一向小尺度和低维空间发展的光学领域的新型交叉学科。

近场光学对传统的光学分辨极限产生了革命性的突破，其研究对象为距离物体表面一个波长以内的光学现象。

超高密度光存储是扫描近场光学显微镜的一个重要应用。现在，信息的存储、传输与处理已是提高社会整体发展水平重要技术之一。而且如今全球的信息量正以惊人的速度增长，由于信息的多媒体化，人们需要处理的不仅是数据、文字、声音、图像，还有活动图像和高清晰图像等。光信息存储作为继磁存储之后新兴的重要信息存储技术已成为现代信息社会中不可缺少的信息载体。

与磁存储相比，现有的光存储技术所存储的数据密度更高、容量更大、存储的寿命更长、功能更多，只要存储介质稳定，光盘在常温环境下的保存寿命在100年以上，而且可以根据用途的不同采用多种介质制成只读型、一次写入型、可反复擦除型等不同功能的光盘。非接触式读、写和擦光盘机中光头和光盘之间有一定的距离，光头不会磨损或划伤盘面，可以自由更换光盘。

光存储光盘的信息的载噪比高，可达到50dB以上，而且经过多次读写，光存储的载噪比还不会降低，因此，多次读出的光盘的音质和图像的清晰度是磁带和磁盘无法比拟的。光存储光盘的生产成本低廉、数据复制工艺简单、效率还比较高。但是光的衍射效应从根本上限制了存储密度的提高，如今扫描近场光学显微镜的发明，为提高光学数据存储密度打开了大门，近场光存储也成为近场光学显微技术又一个重要的技术应用领域。

现在光存储技术正在由远场光存储到近场光存储、由二维光存储到多维光存储、由光热存储到光子存储发展。

超高密度光存储和快速存取正是因为扫描近场光学显微镜的发明而有了新的技术基础。扫描探尖显微技术克服了光学衍射的物理极限，它取消了物镜，直接将激光通过探尖引向被测物体，在极近的距离内形成分辨率为几十纳米的光点，用扫描的方式形成显微图像，其分辨率可达数十纳米量级，实现超高密度光存储。

扫描近场光学显微术最吸引人、最有发展前景的是近场条件下的光谱学研究。目前的各类光谱测量方法大都在宏观平均值水平，即使是使用微区光谱，也只限于对微米尺度的观察。对于微观物理体系的器件，如量子线、量子点，其特征尺度为10nm左右，用常规的光谱方法无法分辨纳米尺度的发光区域与本征频谱等。而与近场光学显微镜联用的近场光谱填补了这一空缺。用低温近场光谱研究GaAs/algaas单量子线、多量子线的光致发光现象，可以在纳米尺度准确无误地揭示不同光谱的来源及其本征值。由于量子线的尺度是已知的，因而可以准确地测定分辨率而无须用附加的校正方法来确定仪器的响应函数。

Gorecki等人在2000年提出了一种以垂直腔表面发射激光器（VCSEL）为基础构

造的微型单片集成式 SNOM 传感器的新概念。这种单片式 SNOM 传感器由三个基本单元构成，分别是 PIN 探测器、垂直腔表面发射激光器（vertical-cavity surface-emitting laser，简称为 VCSEL）和金字塔状微探尖。金字塔状微探尖生长在 VCSEL 腔顶面上，PIN 探测器集成在 VCSEL 结构的底部。这种 SNOM 传感器主要结构是由激光器和探尖构成的，它具有结构小巧紧凑（最大尺寸为百微米量级）、工作稳定性好的突出优点。经过合理设计，完全可由现有的半导体器件制造工艺成批量生产。这对像超高密度光存储这样在未来市场上需求量巨大的应用来说是极具吸引力的。

2. 近场光学存储的特点

近场光学存储采用的是近场光，它是由记录介质与光源在小于半波长量级的距离时获得的隐失光。隐失光为非传输光，当距离超过波长量级时迅速衰减到接近于零。近场光学存储的基本原理就是通过亚波长尺寸的光学头和亚波长尺寸的距离控制，实现亚波长尺寸的光点记录。只要将光学存储介质放在近场光学显微镜中，保持光学探针与存储介质的距离在近场范围内，则在存储介质中形成的记录点尺寸就可能在亚波长量级内，从而克服衍射极限，实现高密度存储。

与其他超高密度存储方法相比，近场光学存储主要有以下优点。

（1）高密度、大容量

读写光斑小，大大提高了存储的密度，使得存储容量有了很大提高。随着近场光存储技术的进一步完善，还可以获得比较高的数据传输速率。

（2）可充分利用已有存储技术

如硬盘驱动器中的空气悬浮磁头技术和光盘存储中的光头飞行技术，不必另外再去进行新的系统设计与开发，因而有助于减低产品的价格，增加竞争优势。

目前建立的已能够进行存取数据操作的实验系统可分为以下三种。

①固体浸没透镜（SIL）近场存储。

②超分辨率近场结构（Super-RENS）存储。

③探针扫描显微术（PSM）近场存储。

这三种方法都是通过不同方法缩小记录光斑来提高存储密度。

五、双光子存储技术

1976 年，D.yonder Linde 首先提出了将双光子吸收应用于光存储的概念。

1989 年，美国 California 大学 Irvine 分校 Rentzepis 创造性地提出了双光子三维存储模型，建立了三维光存储系统，提供了一个高信息量，并能进行并行处理的光子型存储模式，使双光子吸收三维光存储变为现实。从根本上超越了二维存储的一些限制。他们采用双光束双波长（1064纳米和532纳米）产生双光子的方法在光致变色材料螺苯吡喃中进行信息写入，以1064纳米（nm），双光子激发信息点荧光进行信息读出，实现了三维信息存储。目前，双光子三维光存储作为高密度和超高密度存储技术之一，在国内外已受到普遍重视，并已成信息存储技术的一个研究热点。

1991年，美国康奈尔大学的w.w.Webb等人以$100\mu m$厚的Cibatool光折变聚合物膜作为存储介质，采用锁模染料型飞秒脉冲激光器（激光波长为620nm，脉冲宽度为100fs）进行了单光束聚焦双光子信息写入，用488nm的激光和差分干涉相衬显微镜进行单光子相变（折射率变化）读出，实现了10层光存储，点间距和层间距分别为$1\mu m$和$3\mu m$，成功获得了1012bits/cm^{2}的存储密度，但他们所用物镜数值孔径为1.4的油镜，此外由于聚合物的变形问题，信息点难以固定。

1993年，日本大阪大学的Kawata等人采用单光束双光子聚焦方式，在致变色材料二芳基乙烯衍生物B1356中实现了26层位相单元数据存储，层间距为$5\mu m$，信息层间有窜扰。材料经历了104次写/擦循环后，没有出现明显的疲劳现象，记录的信息在800℃环境下可存放三个月，该材料在3000℃下没有发生热开环反应。此后，他们又在螺苯吡喃衍生物中实现了两层存储，由于螺苯吡喃稳定性差只实现了7000次无损读出，且层间距为$70\mu m$。

1996年，美国California大学Irvine分校的Rentzepis等人采用正交双光束产生双光子的方法进行页面式信息写入，单光束页面式信息读出，在10×10×10立方毫米（mm^3）的罗丹明B材料中实现了100层信息存储（10000bits/layer），层间距为$30\mu m$。

1996年，美国纽约州立大学的Cheng等在光致漂白材料APSS中用飞秒激光（92MHz、90fs、800m）和40X油浸物镜实现了40层信息存储，层间距为$5\mu m$。

澳大利亚的M.Gu等人用800nm的脉冲和连续激光在光致漂白材料APSS中实现了双光子激发的6层光存储，点间距和层间距分别为$4.3\mu m$和$20\mu m$，存储密度为60bits/cm^2；虽连续激光写入结果不如飞秒激光写入结果，但它无疑代表着双光子三维存储的一个实用化发展方向。此后，他们在光致漂白材料AF.50中又实现了多层光致漂白存储。

1998年，俄罗斯莫斯科州立大学Koroteev等人以PMMA掺杂有机光致变色NP材料分子为存储介质，采用带隔离层的所谓2.5D的堆积层盘片结构，用单光束双光子逐点写入，实现了两层存储，点直径和层间距分别为$1.7\mu m$和$30\mu m$，这种2.5D的堆积层盘片结构的层数不可能太多，且层间距过大。

1999年，美国纽约州立大学H.E.Pusavar等人用单光束双光子写入和单光束荧光读出方式，在掺杂光致变色分子AF240(20%)聚合物材料中，实现了点间距和层间距分别为1pμm和10μm的信息存储，存储密度达到100bits/cm³，他们仅实现了四层光存储。

2003年，希腊佩特雷大学polyzoa等实现了层间距为4μm的三层光致漂白存储。

综上所述，双光子三维光存储研究已取得了许多可喜的成果，但此项技术走向实用化还存在许多必须解决的关键问题：飞秒激光的实用化；高灵敏性、稳定性和抗疲劳性存储介质的获得；如何解决透镜因空气与介质间巨大的折射率差导致的像差问题，进而缩小层间距，提高存储密度。如何克服在介质深层存储信息时光能下降和信号强度减弱的问题等。

第七节　信息的铁电存储

一、信息铁电存储简述

利用磁性材料的铁磁特性实现信息存储的优点是存储容量大，能永久存储，但存储速度慢体积大、可靠性低。与磁存储器相比，半导体存储器虽然具有速度快、功耗低、成本小、可靠性高等突出的优点，但有两个致命的弱点。

一是只有在通电的状态下才能保持存储信息，一旦断电就会丢失全部信息。

二是对辐射非常敏感，这对军事及航空航天领域的应用非常不利。铁电材料具有非挥发性、抗辐射性能强等特点，因而早在20世纪50年代初期，人们就对铁电存储技术寄予了很大的希望。在它兴起之时，备受人们的关注。

美国的IBM公司、RCA公司和Bell实验室以及欧洲许多国家都对钛酸钡陶瓷薄膜铁电存储器进行过广泛而深入的研究。但在当时的技术条件下，铁电存储器的研制未能获得成功。当时遇到的问题主要有两个。

一是在当时的薄膜制备水平下，还不能制备出符合要求的铁电薄膜。研制出的铁电存储器中铁电材料为块状（膜很厚），因而工作电压高（几十伏至几百伏），不能与微电子功能工业对硅集成电路所规定的标准TTL工作电斥相匹配。

二是由于铁电电容开关的阈值电压难以控制，在所采用的简单阵列式存储器中，相邻存储单元之间容易发生串扰，并且会从非读出单元中产生"半选干扰脉冲"。因此，70年代中期几乎终止了对铁电存储器的研究。

导致这项研究搁浅的另一个原因是 70 年代半导体存储器的研制和应用获得了很大成功。随着半导体集成电路技术的发展，RAM 获得了很大成功，其中包括存取速度很快的 DRAM 与 SRAM。它们与磁存储器相比具有速度快、功耗小、成本低、可靠性高等优点，很快取代了磁存储器而成为计算机的主存储器。为达到永久存储的目的，半导体存储器工业中发展了以硅为基础的 PROM、EPROM 和 EEPROM。此外，科学界重新想起了铁电材料的非易失性与抗辐射性的特点。

到 80 年代末，随着铁电薄膜沉积在硅器件上获得成功，铁电薄膜半导体随机读取存储器（FRAM）问世，铁电存储技术的研究再度成为热门；铁电存储器之所以又引起人们如此大的关注，主要有两个方面的原因。

一是铁电薄膜沉积技术趋于成熟、使铁电存储器的工作电压与 TTL 电压相匹配已经成为可能；二是半导体存储器的易失性和非抗辐射性使它在军事和航空航天领域不能得到广泛应用，人们需要寻找一种新的存储器来代替半导体存储器。因此，自 20 世纪 80 年代末开始，科技界再次掀起研究铁电薄膜和铁电存储器的高潮，其中美国、日本及西欧的发展尤为迅速。

美国 Krysalis 公司采用锆钛酸铅（PZT）铁电薄膜与半导体 CMOS 结合，首先研制出了 512 位铁心存储器，接着 Ramtron National 等公司研制并生产出多种型号的铁电存储器。

20 世纪 90 年代，FRAM 开始产业化，1992 年 16Kb，64Kb 的 FRAM 已经进入实用阶段。Symetrix 利 Matsushita 公司通力合作，于 1994 年推出了 256Kb 单管/单电容式的 FRAM。美国还和日本联合，计划共同完成 4Mb 铁电 DRAM 的研究。

铁电薄膜存储器是一种近于理想的存储器，与其他存储器相比，由集成的铁电薄膜与半导体晶体管相结合而制备成的永久性存储器具有以下特点。

（1）即使切断电源，记忆的内容也不会消失，即具有非挥发性。

（2）能以与 DRAM 同样快的速度进行读出、写入操作。

（3）与 DRAM 和 EEPROM 相比，耗电少。

可见，铁电存储器综合了半导体存储器与磁存储器的优点，并能与半导体工艺相兼容，因而在计算机航空航天、军工等领域呈现出空前广阔的应用前景。如果能够制作大容量的铁电存储器，它将可以替代除高速 SHAM 之外的所有存储器。因此，人们认为，若采用大容量的 FRAM 作为未来计算机的存储器，将比现在使用的存储器体系有大幅度的改进。早在 1988 年就有人预测，由于铁电存储器的研究成功，将使目前使用的存储器类型中的相当一部分被淘汰，在未来的存储器中，铁电存储器将成为最主要的存储器占领市场。

二、铁电存储器的类型

铁电薄膜在半导体存储器中的应用有多种不同的方式，所用材料及其性能有很大的差别，有以下几种类型。

1. 非易失性铁电存储器

非易失性铁电存储器主要有两种类型：铁电随机存取存储器——FRAM（Ferrielectric Ramdom Access Memories）和铁电场效应晶体管——FFET（Ferrielectric Field Effect Transestor）

（1）FRAM。它以铁电薄膜的极化反转为基础的开关型电容器作为信息存储读取的核心部件。它是由铁电薄膜制成开关电容，再与 Si 或 GaAs 半导体场效应晶体管相结合制备而成的。

（2）FFET。这是以铁电场效应管为基础的铁电存储器，它是将铁电薄膜直接沉积在 EFT 的栅区，利用自发极化 P_s（或正或负）对源漏间电流的控制来存储数据。

2. 动态随机读取存储器 DRAM

目前，Gb 级 DRAM 已经问世，超大规模集成电路的制造已经进入 0.16~0.25pm 时代。在存储密度增加的同时，特征尺寸却不断降低，这就要求存储电容器的单元存储容量相应增加（Gb 级 DRAM 的单元电容量至少要达到 40pf）而体积相应减小。

三、电子纸与电子书存储技术

用现代信息技术的眼光来看，纸质的印刷品就是非常便宜的只读存储器与显示器的组合。20 世纪 90 年代初，托夫勒在《第三次浪潮》里预言，计算机的普及会带来无纸办公，从而减少纸的用量。可事态的发展却与托夫勒的预言正好相反，计算机的普及使纸的用量激增。纸的好处可以列出许多：便宜、柔软、轻便、可以折叠、携带方便。纸具有良好的对比度，而且有高而稳的反射率，可以从很宽的角度进行阅读。纸还有一个特别的优点，它不需要电池。时至公元 2001 年，盛行 550 余年不衰的纸和印刷术终于遇到了值得重视的竞争者：电子纸或电子墨水。

（一）电子纸

1. 电子纸的产生

人类的视觉经数百万年进化而来，它特别适合反射光的环境。太阳将光投向万物，万物因反光而有其形。因为反光，物体的对比度、亮度、色调能随环境光的变化自行调整，视觉效果自然、协调、舒适。而显示器自己发光，不能随环境的变化自动调整，也不能随意移动，它将人的眼睛长时间固定在屏幕上，头部也因此失去了运动的机会。很多人颈部、眼睛因此受到损伤。纸是反光的，可以随意移动，与显示器相比，不知道高明多少。纸的问题在于印在上面的内容不能改变。

希端登（Nicholas K.Sheridon）是施乐公司资深高级研究员。1975年，希端登产生了一个想法：与其用显示器代替纸，不如用纸代替显示器。他认为应将纸的只读存储器性质改成随机存储器，使印在纸上的字能受控变化。

1996年，物理学家杰柯伯森（Joseph Jacobson）加入了麻省理工学院的媒体实验室。他研究的显示单元是非常细小的透明空心球形胶囊，里面注满深色的油，油里再置入带电的白色微粒。这些微粒在电场作用下，会聚集在球形胶囊的一个顶端，施以反向电场，微粒就移到球的另一端。这些球形胶囊以印刷的方法涂在软塑料膜上，其上部和下部再印上透明的电路，就可以用来显示图形了。杰柯伯森将这种方法称为电子墨水（E-Ink）。

1997年，杰柯伯森创立了E-Ink公司，专门开发电子纸。1999年，E-Ink公司推出了第一款产品：Immedia电子纸看板。这是用于显示信息的大型显示器，其作用与发光二极管类似。

希端登于90年代中期继续研究电子纸，也取得了进展。他的新方案与E-Ink类似，不同之处在于，他在透明中心球形胶囊放置分别带正负电荷的黑白两色微粒。在电场的作用下，黑白微粒分别聚集在两极以显示信息。为此，施乐公司宣布成立Gyricon媒体公司，专门研发电子纸。

2. 电子纸的原理与特点

所谓电子纸，是对"像纸一样薄，可擦写的显示器"的统称。电子油墨（或电子墨水）是电子纸的核心。最初研制的电泳液显示寿命短，后来发明的微胶囊技术才使电子纸得以进入实际应用，所谓微胶囊技术就是把电泳液及悬浮的色素颗粒包裹在微米尺寸的微胶囊内，使色素微粒不至于聚集在一起，实现高寿命显示。这种微胶囊化的电泳技术就叫电子油墨。电子油墨的颜色可以调整为其他颜色，这样可使电子纸显示各种色彩和图案。

SONY已制出反射率为73%的高亮度电子纸张。一般情况下电泳显示器的反射率均在40%左右，TN液晶的反射率还不足5%，即便是报纸的反射率也不过在50%~60%之间，73%的反射率可以说是非常之高。SONY开发的电子纸张利用电化学反应引起的银析出和溶解放术，其结构是在电极之间填入一层白色乳胶状同体电解质。由电化学反应而溶解到固体电解质中的银离子作为银析出到透明电极以后看起来是黑色的。反之，如果把析出的银溶解到固体电解质中，由于直接看到的是白色乳胶状，因此看起来就是白色的。

SONY试制品的画面对角尺寸为4英寸，像素数为320×240，分辨力为100dpi，工作电压低于5V，对比度为20∶1，响应时间为100ms。目前需要解决的课题是低温环境下的响应速度。

美国国际商用机器公司（IBM）研制出一种"柔软"的薄晶体管，在此基础上可制造出像报纸一样能卷曲折叠的电脑显示器。材料科学家把有机和无机混合材料溶解，然后对溶液进行加工，从而获得结晶，形成有机和无机材料薄层交错叠成的晶体管。这样制成的晶体管厚度不超过一根头发丝的直径，并具有良好的柔韧性。普通晶体管需要在高温下制造，因而不能以塑料等柔性材料为基板，只能采用在高温下不会熔化的坚硬材料。这种新型晶体管可在室温下制取，因此能安装在柔软的基板上。新型晶体管的性能与无定形硅相似，可用于制造薄而柔软的新型显示器。由于成本低廉，它可望广泛用在便携式电脑、移动电话乃至易折叠的电子报纸和杂志等产品上。

在美国，朗讯技术公司和电子油墨公司计划开发的电子纸将是完全用类似于油墨纸张印刷工艺而不是用较昂贵的硅片制造工艺制成的柔性塑料电子显示器，并计划推出用于下一代消费性电子产品的超薄、轻型显示器。

这种电子纸的关键元件是塑料晶体管和电子油墨。塑料晶体管由朗讯技术公司贝尔实验室开发，具有为常规硅真相同的特性，但只有柔性，且可印刷。电子油墨由数百万个充满暗染料和光色素的微囊组成。当由塑料晶体管的电场对微囊加电时，这些微囊就会改变颜色并形成图像。朗讯技术公司和电子油墨公司合作的目标是将塑料晶体管"印刷"到涂覆有电子油墨的柔件塑料膜上，也就是制作一种像纸一样柔软、像印刷品一样易读的纸样薄膜。

贝尔实验室的研究人员曾用丝网印制技术将世界上第一只塑料晶体管印到了透明薄膜上。电子油墨公司则展示了一种电子油墨显示器。电子油墨显示器与传统显示器相比具有独一无二的特性，如柔性、越薄和大尺寸。当接收到电信号时，电子油墨就会变色，表现出良好的显示能力、清晰度不亚于印刷品。

2000年3月，日本千叶大学开发的电子纸更薄，厚度只有0.1毫米（mm），真正达到了纸的厚度。这种电子纸的原理很简单，只是用氧化铟锡聚酯涂层做了透明薄膜，上面的化学成分则作为连续电极。薄膜之间夹有无数黑色与白色的微粒，白色部分为氟化碳，黑色部分类似复印机用的墨粉。在薄膜带负电的部分，带正电的黑粒被吸附上去时显现黑色；在薄膜带正电的部分，因吸引带负电的氟化碳而变成白色。通过外加电场使带电微粒向电极移动，依质量大小自行分开，并一直保持在各自的位置上，直至下一个电场再次使它们运动起来。

东芝公司也推出了自己的电子纸。他们把带有边的白色微细塑料片按0.3mm间隔排列起来，由静电控制角度的变换，每层之间夹有更微细的黑色小塑料片，这些黑色小片可随着电场的变化，每秒沿缝隙进出移动30次，以此完成活动画面。它比液晶具有更好的白色性能，而且画面亮度不受视角影响。如果将白色塑料片换成着色的透明膜片，就可以像印刷品的画册一样显示丰富的色彩。这些电子纸每秒可显示数十幅画面，丝毫不低于电视屏幕的每秒25幅画面，而且即使断电画面也不会消失，制造成本也远低于目前使用的液晶显示屏。

电子纸具有很多优点。

电子纸视角很大，靠反射环境光工作，底色是非常地道的纸白，能在强阳光下舒服地阅读；掉电以后，电子纸上的图像不会消失。也就是说，一旦写上内容，其显示内容即使在断电后也可以照样显示。

电子纸质量非常轻，厚度也大约只有1mm，可弯曲且非常容易做成大尺寸的产品。电子纸的分辨力达到200~300dpi（现在计算机显示器的分辨率为72~92dpi），电子纸还非常省电，一节电池可以用一年。

和传统的液晶显示技术相比，电子纸同样有极大的优势。

第一，电子纸显示技术不存在屏幕刷新，因此亦显示静止内容的时候，电子纸基本上不消耗任何电能，这对于极端重视耗电量的移动性产品来说，无疑是一大福音。

第二，电子纸在显示对比度方面，完全超越了现有的任何一种显示技术，达到甚至超过印刷纸张的对比度，因此电子纸完全适合于电子阅读。

第三，轻便并且可以折叠，这是电子纸技术与传统显示技术本质上的不同，电子纸是柔性的，可以像真正的纸张那样任意折叠弯曲。

第四，低廉的成本，虽然前期的产品价格仍然较高，但是总体上来说电子纸将是一种成本低廉的显示技术，大批量生产之后，其价格可以控制在相当低的水平上。

3. 电子纸的应用

电子纸可以与一台计算机相连，通过无线连接或互联网下载内容，再将内容传输到电子纸上，电子纸使用的感觉与纸一样。

不仅书刊、产品介绍、名片，差不多一切印刷品也有可能被电子纸取代。推出新产品时、更新联系方法后，能用无线方式自动更新旧的资料内容。更有甚者，有人设想用电子纸做成服装、家里的内墙和建筑物的外墙，设计师或用户可以随时更换图案，就像计算机屏幕的墙纸一样。

借助电子纸，数字媒体第一次可以将覆盖范围超越传统的PC，从而延伸到一个前所未有的广度上。随着数字广告传播技术和电子纸的发展，未来的报纸应该是这样的：编辑部通过网络技术迅速反应，采编最新的媒体内容"上报"，内容通过数字广播技术（或者 3G 之类的移动、通信技术）迅速地发送到报纸订户的终端，而订户手中的电子纸张就可以即时刷新内容，保证随时获得最新的消息。整个流程和网站采编流程极为近似，却与传统报业的采编流程有很大的不同。还可以将每天的报纸存起来，随时将以前看过的内容从存储器里调到纸面上。

实际上，正在积极推进的"电子纸与计算机融合"的开发，已经成功地试制出了将电子纸嵌入显示器的 PDA、能够与手机连接的电子纸等。今后的电子纸将进一步充实上面提到的显示功能，同时，还将扩大应用范围、提高易用性，比如可以实现同时显示多种资料或像纸一样手写输入等。这一领域今后的发展将引起人们的广泛关注。据估计，电子纸将会在未来几年内进入大规模应用阶段。

（二）电子书

1. 电子书的概念

电子书首先是一个简单的 PC 机，只有计算能力、通信能力和多媒体功能，此外还具有电子设备的各种特点。电子书与一个笔记本计算机的屏幕非常相似，并配有特殊的笔接触设备。电子书的操作简单，一般直接操作具有翻页功能的按钮，一些复杂的功能如传输、搜索等都可以用接触笔来完成。电子书之间还可以实现红外线交换，产生平常的借书效果。

电子书内部的硬件设备可以控制一种称为"全球唯一标志"（GUID）的数字标志，用于确定每个电子书的"身份"，这种能力对推动网络数字出版的版权保护非常有利。通过对出版内容的加密和利用公共密钥等技术对用户的资格进行验证，能够有效控制数字内容的发行量和指定发行范围，甚至指定到个人。通过控制，借书只能针对"免费内容"或"部分内容"进行，而不能随意传送、复制。

在电子书中集成的电子邮件能够让读者把精彩的图书或内容片段推荐给自己的亲友，还能够接收来自网络出版社的最新图书信息。电子书可增加声音功能，能够让图书发出声音，帮助读者阅读或听懂命令。书签功能能够让读者立刻定位到上次看过的位置，还能够随时记下自己的读书心得。与网络上的内容相比，电子书分布的内容更具有真实感和可行性。电子书把电子内容经过包装和授权发行后，具有了较高的可信度。

2. 电子书的特点

电子书相对传统书籍的主要特点是内容具有可选性；便于查找特定的词汇、定义和其他参考性资料；可自己定制阅读，即改变显示的对比度、字体大小和文字风格。

第八章　信息检索绪论

第一节　信息检索概述

一、信息检索的概念、意义及作用

（一）信息检索的概念

信息检索是指将信息按一定的方式组织、存储起来，并针对用户的需要查找出所需信息的过程。从广义上来讲，信息检索包含信息的存储和检索两个不可分割的组成部分。而我们通常所讲的信息检索，是指狭义概念的信息检索，即从检索工具和检索系统中查找出所需信息的过程。信息检索根据其检索对象的不同，可分为文献检索、数据检索、事实检索。

1. 文献检索

查找出用户所需文献的线索或者原文的检索称为文献检索。例如，查找某一研究课题在一定年限内的有关文献，或对某一项发明创造进行文献查新，或在从事新产品开发时需要查找有关最新研究动态等，均属文献检索。文献检索是一种相关性检索，检索结果是文献线索（文摘题录），一般要阅读文摘后才能决定取舍。文献检索主要是通过二次文献（检索工具）进行，如目录、题录、文摘、索引等。

2. 数据检索

数据检索是指查找用户所需的特定数据。例如，查找某一数据、公式、图表、价格、某种物质的化学分子式、某种设备的型号和参数等，均属数据检索。数据检索是一种确定性检索，其结果是所需数据要么有，要么无。数据检索主要利用各种字典词典、百科全书、年鉴、手册、名录等参考工具书进行，也可通过计算机网络查找大量的动态数据。

3. 事实检索

事实检索是指以特定的事实作为检索对象的一种检索。凡是对某一事物、事件、主题的事实情况进行查询均属事实检索。例如，某个人或团体结构的基本情况，某一事件发生的时间、地点、过程等。事实检索和数据检索一样，虽然也是一种确定性检索，但检索到的事实数据，只有在经过分析、对比研究的基础上才能应用。

一般来说，文献检索是信息检索的基本检索，其要比数据检索和事实检索复杂而困难，主要通过检索工具达到检索目的；数据检索和事实检索是信息检索的派生检索，主要通过参考工具书来达到检索目的。

在实际工作中，往往把"信息检索"与"文献检索"混同使用，这主要是针对不同侧面所言的。当强调检索的目的时，我们说"信息检索"，即通过各种检索系统查找出所需的信息；当强调检索的手段时，我们说"文献检索"，即从文献型检索系统中查找出所需的文献型信息。信息检索包含了文献检索，文献检索是信息检索中最重要的类型。

（二）信息检索的意义和作用

人类社会已逐步进入信息时代。当今的文献信息具有众多特点，其中，"文献污染""信息爆炸"之说使人们查找所需信息越来越困难。因此，要想从浩如烟海的信息中，及时、准确、全面地查找所需的信息资料，必须学习和掌握信息检索的知识和方法。只有用科学的方法、有效的工具，才能打开文献信息宝库的大门。信息检索的意义和作用在于如下几点。

1. 信息检索是打开人类知识宝库的钥匙

人类已有五千余年的文明史，历代传承的众多文献构成巨大的知识宝库，用科学的检索方法系统地开发和利用这一丰富的文献信息资源，对发展科学技术具有重要作用。

2. 把握科技发展动态、提高决策能力

随着科学技术的飞速发展，新理论、新观点、新技术、新产品层出不穷。通过信息检索，科技工作者可以随时把握科学技术发展的脉搏和全局，及时了解国内外最新科研成果。

在日常工作和生活中，人们经常要做决策，而一些重大决策关系到国家的兴衰、团体的成败和个人的前途，为此，必须进行科学决策。信息在决策中起重要作用，它是决策的前提和基础。正确的决策受多种因素的影响和制约，其决定因素在于决策者对决策对象有确切的了解和把握，对未来的行动和后果有正确的判断，这就取决于及时、准确、全面地掌握信息。信息的重要性在于消除不确定性，做到知己知彼。同时，信息的作用贯穿决策的全过程，从提出问题到选择方案，从确定目标到具体实施，每一步骤都离不开信息。如鞍山钢铁公司在引进一项技术时，外商声称其有10项专利技术，要价很高，我方人员经过检索发现在外方所称的10项专利技术中只有3项与该项目有关，并据此与外方交涉，从而避免了国家400万美元的损失。

3. 有助于拓宽知识面，改善知识结构

当今科学技术的迅速发展，知识老化现象日趋严重。同时，人的一生中，需要不断进行知识更新，不断完善知识结构，以适应社会变革和科技发展的需要。科技部在《21世纪的信息技术和创新》中指出："在1950年前后，人类知识总量翻一番大约需要50年，到2020年，人类知识总量翻一番只需要73天。一个人如果不能随时更新知识，就会成为21世纪的新文盲。所谓新文盲，就是不能很好地学习新的知识或者不能很好地利用新的知识去实践的人。"现在，科研成果从发明到推广应用的周期大大缩短，知识的有效期也在逐步缩短，因此，技术信息也出现了知识"失效"的问题。

据美国工程教育协会估测，美国受过高等教育的科技人员所具有的科技知识中12.5%是在大学阶段获得的，87.5%是在工作岗位上学习积累的。该协会指出，如果大学生在毕业后5年之内不学习补充新知识，他原有知识的50%将陈旧失效，10年之内不学习补充新知识，原有知识的100%陈旧失效，即由先进的知识变成一般知识。这就是说，一个成熟的科技人员，他的知识绝大部分是在实践中学习积累的，如果不继续学习，不更新知识，他拥有的知识将会失效。

信息检索知识，作为一种方法和技能，有利于人们适应科技和生产的发展，随时补充、更新知识，改善不合理的知识结构，提高解决科技难题的应变能力。

4. 有利于减少课题的重复研究，提高科研成功率

通过检索，及时收集、查阅、分析、利用国内外科研成果，可以避免科研上的重复劳动，节省大量人力、财力、物力和时间。

任何科学研究都是在继承前人的知识后有所发明、有所创新的。也就是说，每个人都把前人认识事物的终点作为继续探索的起点。正如牛顿所说，假如我比别人看得略微远些，那是因为我站在巨人的肩膀上。牛顿所说的"巨人"就是指前辈科学家和他们积累下来的大量文献信息。任何人从事某一特定领域的学术活动，或开始做一项新的科研工作，都要花费大量的时间，对有关文献信息进行全面的调查研究，摸清国内外是否有人做过或者正在做同样的工作，取得了一些什么成果，尚存在什么问题，以便借鉴、改进自己的工作。只有这样才能做到胸中有数，才能有所发现、有所创新、有所前进，否则容易造成重复劳动，导致人力、物力、财力的浪费。例如，日本高能物理研究所通过检索和利用国外的情报资料，研制成功第一台高能加速器的投资为40亿美元，仅为国外同类投资的50%。

随着科学技术的发展，文献信息数量在剧增并且在学科间相互渗透，使科研人员在进行一项科研活动时，查找信息资料占了大量时间。据美国和日本20世纪60年代的一

个统计,科学工作者在他们从事科研活动过程中,试验研究占32.1%,计划、思考占7.7%,数据处理占9.3%,用于查找信息资料的时间占50.9%。由此可知,如果熟悉信息检索方法,就能大大节省查找信息的时间,从而加快科研速度,早出科研成果。

二、信息检索发展的过程

信息检索的发展是随着科学技术的进步而发展的。人类已经进行了四次信息技术革命,目前,正在进行第五次信息技术革命。第一次发生在原始社会,是以人类产生语言为标志,信息的存储是以结草记事的形式进行的,传播形式是语言和信物;第二次是以文字出现为标志,信息存储在甲骨、竹简及丝绸等物品上,信息的传播是用文字和驿站;第三次是发明了印刷术,信息存储在纸张上,靠交通和邮政进行传递;第四次是电话的普及,信息可以存储在胶片上用电子计算机处理;第五次是出现了电子计算机与通信卫星、光导纤维组成的数据通信网络。由于信息技术的革命使得信息检索也不断地得到改进。信息检索技术主要有四个发展阶段。

1. 初始阶段

我们知道,人类产生的信息是没有规律的。当人们发现过去产生的信息无法再利用时,开始将有用的信息用一定的方法组织起来,以备使用时查找。这就产生了信息的存储与检索。我国最早出现的检索工具书是汉代的《别录》。古时由于科技不发达,产生的文献量极少,科学家在进行研究时主要靠自己收集和整理文献资料,信息的传递与交流主要是通过人们之间的私人通信来实现。当时检索工具书主要是以图书目录为主,并且只为极少一部分人服务。

2. 手工检索阶段

信息检索的真正发展大约是在18世纪以后。科学技术不断发展,各种信息大量增加,同时产生了各种不同类型的文献,如图书、报纸、期刊、会议记录等。这时人们已很难查到所需要的信息,特别是科学家自己要想收集、保存他所需要的全部信息资料已是不可能的了。1769年,国外第一种文摘性出版物——《各学院优秀外科论著汇编》诞生了。以后随着社会的发展需要,逐渐形成了完整的手工检索工具——目录索引和文摘。

3. 计算机检索阶段

随着科学技术的发展,信息检索也在发生变革。1964年,在第一台电子计算机诞生以后,不久就被用来进行信息的存储和检索。尤其是近年来,计算机检索技术发展十分迅速,已成为信息检索的重要手段。

4. 网络检索时代

网络(Internet)的出现,使人们的学习、工作及生活都发生了变化,使人们真正进入了信息社会。信息检索不再仅仅是科研人员使用的专利,而是我们每个人都应掌握的基本技能。到了21世纪,如果一个人不会在Internet上进行检索信息、传递信息,那将会给他的生活和工作带来困难。

三、信息检索的类型

信息检索可以按不同的标准划分为不同的类型。

(一)按存储和检索的内容划分

信息检索按存储和检索的内容划分为事实型信息检索、数据型信息检索和文献型信息检索。

1. 事实型信息检索

凡是利用百科全书等检索工具从存储事实的信息系统中查找出特定事实的过程称为事实信息检索。事实检索结果是基本事实。事实型信息检索以某一客观事实为检索对象,其检索结果主要是客观事实或为说明客观事实而提出的资料。这些数据往往需要进一步处理,才能得出与事实相应的结论。如改革开放以来上海市的经济实绩、近五年在我国申请专利的境外公司的主要变化等。事实型信息检索主要借助各种参考工具书及事实型数据库,有时还需通过文献检索系统。检索结果只有通过归纳多篇相关的文献和统计资料才能得出。

2. 数据型信息检索

凡是利用参考工具书、数据库等检索工具检索包含在文献中的某一数据、参数、公式或化学分子式等,统称为数据信息检索。数据检索结果为数据信息。数据型信息检索以数据为检索对象,其检索结果是可供直接使用的科学数据,如杨浦大桥的高度和跨度、2010年我国人均GDP指数等。完成数据型信息检索主要借助各种参考工具书和数据型数据库。数据型信息检索的检索结果通常具有唯一性,如杨浦大桥的高度和跨度、2010年我国人均GDP指数等,即这些数据无论在什么文献中出现,都是相同的。

3. 文献型信息检索

凡是利用目录、文摘或索引等二次信息查找某一课题、某一著者、某一地域、某一机构、某一事物的有关信息以及这些信息的出处和收藏单位等,都属于文献信息检索范畴。文献型信息检索以文献为检索对象,其检索结果可以是文献线索,也可以是具体的文献,如检索"我国关于教育产业化研究的论文"。完成文献型信息检索主要借助于检索工具书和文献型数据库。

文献型信息检索为相关性检索,检索结果有相关程度大小和相关文献数量多少的区别。例如，同样查找"国有企业的体制改革"，通过不同的检索系统，可以得出完全不同的相关文献。文献信息检索是一种相关性的检索，检索的结果是文献线索，还必须通过进一步查找才能检索到有关的一次信息；数据与事实信息检索是一种确定性检索，检索的结果是可供用户直接利用的信息。一般情况下，文献信息检索通过二次信息来实现，而数据与事实信息检索则通过三次信息来完成。

（二）按系统中信息的组织方式划分

信息检索按系统中信息的组织方式可分为全文检索、超文本检索和超媒体检索。

1. 全文检索

全文检索是指检索系统中存储的是整篇文章乃至整本书。检索时，用户可以根据自己的需要从中获取有关章、段、句、节等信息，还可以进行各种频率统计和内容分析。

2. 超文本检索

超文本检索是针对信息在系统中的不同组织方式而提出的。从组织结构上看，超文本的基本组成元素是节点（nodes）和节点间的逻辑连接链（links），每个节点中所存储的信息以及信息链被联系在一起，构成相互交叉的信息网络。与传统文本的线性顺序不同，超文本检索强调中心节点之间的语义连接结构，靠系统提供的复杂工具做图示穿行和节点展示，提供浏览式查询。超文本检索的检索模式是从"哪里"到"什么"。而传统的文本检索系统则强调文本节点的相对自主性，其检索模式是从"什么"到"哪里"。

3. 超媒体检索

超媒体检索是对超文本检索的补充。超媒体检索的存储对象超出了文本范畴，融入了静、动态图像（形）以及声音等多种媒体信息。信息的存储结构从单维发展到多维，存储空间范围在不断扩大。需要说明的是，超文本和超媒体检索，二者的链都是有向的（单、双向并存），均面向浏览式查询。

（三）按信息存储、检索的方式与技术划分

信息检索按信息存储、检索的方式与技术划分为手工检索和计算机检索。

1. 手工检索

手工检索简称"手检"，是指人们通过手工的方式来存储和检索信息。手检使用的检索工具主要是书本型、卡片式的信息系统，即目录、索引、文摘和各类工具书。检索过程是由人们以手工的方式完成的。

2. 计算机检索

计算机检索简称"机检"，是指人们利用数据库、计算机软件技术、计算机网络以及通信系统进行的信息存储和检索，其检索过程是在人机的协同作用下完成的。计算机

会从其存储的大量数据中自动分拣出与用户提问相匹配的信息，而用户则是整个检索方案的设计者和操纵者。机检检索的本质没有发生变化，发生变化的只是信息的载体形式、检索手段、存储方式和匹配方法。

四、信息检索系统

信息检索系统是指由一定的设备和信息集合构成，具有一定的存储、检索与传送技术设备，提供一定的存储与检索方法及检索服务功能的开放系统。简单地说，信息检索系统即信息的存储和检索系统。广义的信息检索系统是包括从信息采集到检索全过程的服务体系。狭义的信息检索系统就是用户在检索信息时所使用的检索工具。信息检索系统具有输入功能、存储功能、处理功能、输出功能及控制功能。

（一）信息检索系统的构成要素

如果从运作角度看，信息检索系统由下列要素构成。

1. 信息资源

信息资源即系统存储与检索的对象。信息资源可以是全文信息，也可以是二次信息；可以是文字信息，也可以是表示图像、事实、数值数据等的各种信息。

2. 设备

设备即实现信息存储、检索活动的一切设备，如手工检索的卡片、印刷型检索工具或以计算机为核心的硬、软件设备等。

3. 方法与策略

方法与策略包括标引方法、检索语言、信息的组织与管理方法及信息的检索策略与技巧等。

4. 检索人员

检索人员是检索系统运行的能动因素，是信息与用户的媒介。随着网络化程度的提高，面向最终用户服务的实现将使检索人员的中间作用逐步减弱。

（二）信息检索子系统的构成

信息检索系统如果按工作流程划分，由下列子系统组成。

1. 选择子系统

选择子系统即检索工具所收录的文献信息类型、文种、时间跨度。其中，专业覆盖面等是衡量选择子系统的重要指标。

2. 词表子系统

词表子系统即用于沟通系统内容与检索提问内容的共同依据（分类表、主题词表）。

其中，词表的网罗度与专指度是影响检索工具查全率与查准率的主要因素。

3. 标引子系统

标引子系统即指依据词表将原文内容进行概念分析并转换乘系统语言。描述与揭示信息的程度（引得深度）决定检索的准确性，影响检索的效率。

4. 查询子系统

查询子系统即把用户的需求经过概念分析后转换成检索系统词语，并按其逻辑关系构造检索策略的过程。

5. 匹配子系统

匹配子系统即对检索策略与检索系统中的有关标引记录做比较而决定取舍的过程。在文献特征与检索提问的匹配基础上产生的各种匹配技术与方法，如手工检索方式、半机械技术方式、光电检索方式、电子计算机检索方式，以及网络检索工具中提供的基本检索方式与高级技术方式等。

6. 用户与系统之间的交互子系统

交互子系统是分析用户需求，形成可检索用的概念，编制检索策略并准确表达出来的过程。这是决定检索是否成功的关键。传统检索交互子系统要靠检索人员的中间作用，网络检索服务正在朝着直接面向最终用户的方向发展。

（三）信息检索系统检索方式

信息检索系统按信息存储的载体和实现的查找技术手段可分为下列子系统。

1. 手工检索系统

手工检索系统是一种以印刷型检索工具为基础的系统，通过手翻、眼看、思考等做出判断而完成检索。这种检索系统的特点是检索者可以边查边思考，并随时修改检索策略，但检索速度慢、效率低，且检索工具体积大，更替慢。

2. 穿孔卡片检索系统

穿孔卡片检索系统是利用探针及其辅助设备，对代表检索标识（分类号、主题词等）的穿孔卡片进行选取的系统。该检索方式比起纯手工方式来说，在一定程度上提高了检索效率。但由于设备笨重，操作复杂，适用范围较窄。

3. 缩微品检索系统

缩微品检索系统是以缩微胶片和缩微平片作存储载体，利用相应的光学或电子技术设备处理信息的系统。这种检索系统需要借助显示设备。

4. 光盘检索系统

光盘检索系统是继缩微品、磁盘存储器之后问世的一种新型信息存储载体。它是利用激光束改变存储介质对激光束的不同效应来识别和读出信息。按照数据存取方式划分，光盘检索系统可分为只读光盘、交互式光盘、一次写入式光盘、可擦写式光盘四种类型。按存储信息的类型又可分为音频光盘、视频光盘、数字光盘和多媒体光盘等。光盘系统与其他信息载体相比，其显著特点是存储容量大、易保存、便携带、可套录、有限花费、无限检索，可储存几十年甚至上百年。光盘检索系统特别适于开展专题检索、定题服务。

5. 电子计算机信息检索系统

电子计算机信息检索系统是把信息及其检索标识转换成计算机可阅读的二进制编码，存储在磁性载体上，由计算机根据程序进行查找并输出结果。根据检索者与计算机之间进行的不同通信方式，又可分为脱机检索系统、联机检索系统。脱机检索系统是直接在计算机旁检索，不需要远程终端设备及通信网络。这种检索方式往往将检索提问集中起来，定期成批上机查找，又称脱机批处理检索。联机检索系统指在远离计算机的终端设备上借助通信线路，和计算机系统进行问答式讨论。这种检索方式克服了脱机检索所存在的地理和时空障碍，检索者可随时调整检索策略，从而提高检索效率。

6. 网络化信息检索系统

网络化信息检索系统是通过标准通信方式将世界各地的计算机网络链接起来，形成一个基于 C-S 模式的网络分布数据库结构。该系统在全球范围内将科技信息、商贸信息、经济信息、时事新闻以及日常生活信息等与互联网络结合在一起，向亿万联网用户提供广泛的信息检索与服务。网络化检索系统是信息化社会应用最广泛、最活跃的领域。

第二节 信息检索工具

一、信息检索工具的概念、特点与职能

1. 信息检索工具概念

所谓检索工具是按一定学科一定主题进行收集、整理，并给以文献检索标识，及时报道的二次文献，具有存储、检索和报道信息的功能。检索工具应具备下述三个条件。一是详细记录所著录文献线索，读者可根据这些线索查找所需文献。二是根据检索标识，如分类号、主题词、文献号代码等寻找所需文献。三是提供检索的必要手段，如分类索引、主题索引等，便于读者检索。

2.信息检索工具的特点与职能

检索工具无论是手工的，还是机械的，电子计算机系统数据库之所以能起到检索作用，是由于其具备了存储与检索两个基本职能。存储是描述文献特征、给定标识、组织文献系统的排列，也就是从一次文献到二次文献的加工过程。检索工具还必须能够提供一定的检索途径、手段、方法和策略，便于人们从中随时查询出自己所需要的信息，即检索工具的检索功能。检索工具的这两种职能缺一不可，检索工具应致力于存储信息量的广泛、全面，检索的迅速与准确，其基本职能如下。

（1）存储职能。检索工具书把一定学科或专业范围的大量的、无组织的文献信息集中起来，按一定的规则进行加工、整理和编排，并将文献信息的外表特征，如题名、著者等著录下来，形成一条条文献信息线索，供人们查找。这相当于文献信息的存储过程。

（2）检索职能。这是检索工具书区别于一次文献的主要职能。任何一种检索工具书都提供一定的检索功能，便于使用者从文献信息集合中有目标地查找出其所需要的文献信息的线索。检索工具书主要通过各种辅助索引来实现检索功能。

（3）报道职能。检索工具常以定期连续出版的形式将相关专业范围的文献信息集中起来，并按一定原则揭示其主题内容和线索，起到及时和系统报道文献信息的作用。检索工具书按收录文献信息的学科范围，可分为综合性检索工具和专业性检索工具。按编纂方式，可分为目录、题录、索引和文摘四种类型。

二、信息检索工具的类型

（一）按出版形式划分

1.期刊式检索工具

有长期固定的刊名，定期连续出版的一种检索刊物，如美国医学索引、中文科技数据目录等。报道文献以近期为主，能及时反映新发表的科研资料。

特点：有连贯性，可长期积累，卷期与卷期之间衔接，无中断及重复。

2.单卷式检索工具

以某一学科或专题为检索内容，报道若干年内该学科领域的文献，可一期或不定期出版。

特点：专业性强，文献集中，专题文献检索方便，价值也高。

3.附录式检索工具

不单独出版，附于图书或论文之后，常以参考文献的形式出现，是著者著书和写文章时的参考数据，是经过精选出来的文献，有较大的实用价值，是查阅文献的方法之一。

特点：它是专题索引，同一专题，文献集中，但有局限性，易漏检。

4. 卡片式检索工具

编制者按自己的需要，把所需内容摘录在文献卡片上，分类整理排列而成。

特点：可自由组合排列，也可随时增减，逐步积累，灵活性大，根据学科发展，不断进行更新，但体积大、成本高、不便携带。

5. 胶卷式检索工具

以缩微胶卷形式出版的检索工具。

特点：缩小了检索工具的体积，出版速度快，但只有通过缩微机才能阅读，不如卡片式检索工具方便。

6. 磁带式检索工具

随计算机的应用而发展起来，通过程序设计，将文献数据的文字和符号转换成机器语言，存储在计算机磁带上。

特点：磁带容量大、记录速度快、重量轻、体积小，便于保存和传送。

（二）按加工程度划分

1. 目录

目录是对出版物按其外表特征进行著录而成，以书或刊作为目录的基本单位，对内容特征揭示少，著录项目包括书名、刊名、著者、出版项（出版者、出版地、出版年、版次和页数、开本、定价）等项目。目录主要有四种。

（1）书名目录。按书刊名英文字母或汉语拼音字顺排列而成，查找方便。由于同一类书首字母不同，而目录分散排列，按字顺不能很快查全是其缺点。

（2）分类目录。按学科内部逻辑次序排列而成，从总论到各论、从一般到具体、从低级到高级、从简单到复杂，分门别类进行编排，配有分类号的检索系统。分类目录特点是系统性强、族性检索方便。

（3）著者目录。按姓在前、名在后著录，按姓氏首字母字顺排列，查找方便。

（4）主题目录。用规范化语言描述文献的主题内容所制成的目录，专指性强，灵活性高，按主题词字顺排列，查找方便。

目录是对一批图书、期刊等单独出版的文献进行系统化的著录，并按照一定的规则编排而成的检索工具。

目录的基本特征是以一个完整的出版单位，如一种图书、一种期刊等，作为著录的基本单位；对出版物特征的著录比较简单，内容的揭示也比较浅。著录项目通常包括题名、著者、出版项、页数、价格等。

目录的主要作用是揭示和报道某学科或专业某一时期内的图书或期刊等出版物的出

版与收藏情况。

目前，我国使用范围较广的目录如下。

（1）国家书目。这是对一个国家出版的全部图书所做的定期的登记统计性目录。国家目录可以反映一个国家图书出版事业的水平状况。我国的国家书目是由出版事业管理局版本图书馆编辑出版的《全国新书目》（月刊）和《全国总书目》（年刊），后者是前者的年度汇编本。目前，该目录以书本式和光盘版等多种形式出版。

（2）在版目录。在版目录是指图书出版或发行机构为宣传和经销其即将发行或正在发行的图书而编制的目录。通常连续出版，有利于及时报道新书出版情况和学科发展动态。目前在我国发行量较大、应用范围较广的在版目录有新华书店北京发行所编辑的《科技新书目》《社科新书目》，其以报纸形式，每月出版两期，分类编排中央级和北京地区各出版单位即将出版的图书目录和内容摘要。

（3）馆藏目录。馆藏目录主要指图书情报部门实际收藏的图书资料目录。这种目录通常著录有馆藏索书号，便于借阅，是检索某图书资料收藏部门特定专业藏书的主要工具。

（4）联合目录。联合目录是揭示和报道某一范围内若干图书资料收藏部门的有关图书资料收藏情况的目录。联合目录把分散的藏书系统地集中起来，对开展馆际互借、发挥藏书潜力、实现资源共享具有重大意义。

（5）专题目录。专题目录是以某一学科或专题的出版物为收录对象的目录。专题目录通常报道一定时期内有关某一专门，课题的各种文字、各种类型的出版物，具有较系统、全面地反映某学科或专题研究发展动态的作用。

（6）综合性报刊目录。综合性报刊目录是综合报道各学科、各专业的报刊出版情况的目录。例如，我国新华出版社编辑出版的《中国报刊名录》，是目前收录和报道国内报刊较全面的综合性报刊目录之一。

2. 题录

题录是将图书、期刊、报纸、会议录等文献中的论文摘录出来，著录项目包括论文题名、著者、出处（刊登该论文的出版物名称、卷期及页码等），并按分类、主题或题名字顺编排起来的索引形式。题录的主要功能是查找论文的线索。

题录的编辑加工比较简单，因此其报道文献的速度较快。许多题录按分类，或按主题编排正文，将其收录的论文进行了分类标引或主题标引，从而使其报道功能不仅限于论文题名的揭示，还提供了论文的学科属性或主题概念，因此，便于使用者进行一定学科范围内的信息检索。例如，美国费城科学信息所编辑出版的《科学引文索引》（*Science Citation Index*，简称 SCI）是著名的综合性题录式检索工具书，内容涉及科学技术的各个领域，其通过独特的编纂形式揭示了科学技术各门类之间引证与被引证的关系。

3. 索引

文献的内外特征按照一定的描述语言构成索引的标识，索引与目录、题录不同，除报道文献外部特征外，还报道内容特征。索引收录文献较全、报道量大、检索性能好，有较高的质量。索引和目录的主要区别是收录对象的不同。通常，目录以完整的出版物为一个著录单位，而索引则以一完整出版物中所刊登的单篇文献或文献中所论及的某些内容为著录单位。由此可见，索引揭示文献内容比目录更为深入和细致。因此，索引的应用较目录广泛得多，其不仅以揭示论文题目和出处的"题录"形式单独出版，而且许多目录、文摘、索引、百科全书、词典等工具书都附有各种形式的辅助索引，以提供多途径的检索功能。例如，按分类编排的图书目录，可以附按书名字顺编排的书名索引，使该图书目录具有分类查找和书名字顺查找两种检索途径。以单篇论文为著录对象的索引正文之后，可以附一个以著者姓名字顺编排的辅助检索工具——著者索引，则使该索引又具有按著者姓名检索的功能。

索引的种类繁多。按照索引款目标目的的不同，可分为著者索引、题名索引、主题索引、分类索引、引文索引、文献序号索引、代码索引等；按照索引收录文献的类型，可分为书名索引、期刊索引、报纸索引、专利索引等；按照索引的出版形式，可分为卡片式索引、单卷式索引、附录式索引、刊物索引等；按照索引摘录的内容来划分，大体包括篇目索引（题录）和内容索引两种。

4. 文摘

文摘是将文献内容进行压缩，以简练和概括的文字予以系统报道，同时提供文献线索检索工具。著录项目包括文献题名、著者、出处、文摘内容和参考文献等补充项目。文摘不仅能提供文献线索，而且具有显著的文献内容的揭示和报道功能，因此，文摘是检索工具的主要类型，是二次文献的核心。由于文摘是对文献内容不加任何解释和评论的简短而精确的表述，因此，其在某种程度上代替了原文，可以使读者以较少的时间和精力获得所需要文献的基本内容。尤其对阅读原文有语言障碍的读者，阅读文摘无疑是掌握外文文献的重要途径之一。

文摘的特点是读者能通过文摘判断其是否为自己所需的内容，以免误检、漏检；节省阅读全文的时间；消除文种障碍；对国内未收藏刊物的文献有一个了解。

文摘按内容压缩程度可分为报道性、指示性和指示—报道性三种类型。

（1）报道性文摘

报道性文摘是概括地叙述原文中主要的事实信息和内容主题的文摘，包括研究的对象、目的性质、方法、手段及研究结果与结论等，在一定程度上可以代替原文，字数一般在500~800字之间。

（2）指示性文摘

指示性文摘简要介绍原文的主题，讨论的范围和目的，相当于对题名的补充说明。字数一般限制在200字以内。

（3）指示—报道性文摘

指示—报道性文摘兼具前两者的特点，一般为300~500字。通常在许多文摘杂志中，将以上三种文摘形式并用。对于学术价值较高的重要文献予以较详细的报道，采用报道性文摘形式，其他次要文献以指示性或指示—报道性文摘形式报道。这样，使整个检索工具侧重分明，系统性强。

作为检索工具的主要类型，文摘所提供的检索功能相对完善。大多数文摘都是按分类或主题编排正文的，并附有不同类型的辅助索引，具有多种检索途径。与目录和索引相比，文摘具有报道和揭示文献内容较全面、准确，以及检索功能较强等优点。但由于编制过程较复杂，因此，文摘的出版周期较长，不能及时地报道最新文献信息。因而，缩短报道时差成为衡量一种文摘编辑质量是否有所提高的标准之一。

（三）按收录范围划分

1. 综合性检索工具

收录范围是多学科的，适用于检索不同学科专业文献，如美国《医学索引》《中文科技数据目录》系列分册。

2. 专业性检索工具

收录范围仅限于某一学科或专业，专业性强，如《荷兰医学文摘》《中国医学文摘》，按学科分类检索，如科技人员检索特定专业，内容更集中、系统。

3. 单一性检索工具

收录文献只限于某一特定类型的范围，如专利文献，以新技术发明作为检索对象。

三、信息检索工具的内容结构

检索工具的内容结构大致由四部分组成。

1. 编辑使用说明

为使用者提供必要的指导，包括编制目的、使用范围、收录年限、各种著录格式、查找方法及注意事项，常以编辑使用说明进行介绍。

2. 正文部分

检索工具记录的不是文献全文，仅著录文献的外部特征和内容特征，包括文献篇名、著者和文献来源正文部分。正文部分是检索工具的主体,如文摘式检索工具,除上述项目外还有文摘供读者进行文献筛选。

3. 索引部分

检索工具正文部分多按分类编排,检索时为提高检索效率,可利用各种索引,如主题索引、著者索引、专利索引等,索引种类越多,检索途径越多,检索效率就越高。

4. 附录部分

附录包括摘用的刊物、各种名称的缩写、文字的翻译、术语和文献入藏单位及代号等。

四、信息检索工具的评价

为了有效地进行检索,从存储(输入过程)考虑,检索工具的质量评价标准有以下几个方面。

1. 收录范围尽可能广泛全面

检索工具只有对有关文献收录得尽可能广泛全面,为读者提供丰富的文献线索,开拓宽广的信息来源,才能使科研工作者在检索中不致遗漏那些对科研工作有一定意义的任何资料。"摘贮率"是衡量检索工具收录范围的具体质量指标,所谓摘贮率是指检索工具所收录的文献条目与本学科文献的总条目之比,即检索工具的收录范围达到多大的完备程度。显然,摘贮率越高,其所能提供的信息就越丰富,也越能取得人们的信赖。反之,摘贮率低,即使人们对其进行细致的检索,也不能获得全面的有关资料。世界上重要的检索工具,都首先是以收录文献相对广泛全面而著称的。

2. 对文献信息特征的著录要详细、准确,结构严密

"文献描述的信息含量"是衡量检索工具著录文献信息特征的具体质量指标,各种检索工具对文献信息特征的著录,其粗细详略程度是不一样的。题录,只著录文献的外表特征,文摘,则摘录文献的主要内容。从检索工具所提供文献信息量的多少来看,自然"文摘"所提供的信息含量最大,其可帮助读者概括了解文献内容,以节省读者查阅原文的时间,或者通过文摘来判断是否有进一步阅读原文的必要。因此,文摘性检索工具是主要的检索工具,是检索工具的主体。

3. 编制完备的检索系统,提供尽可能多的检索途径

"引得深度"是衡量检索工具编制过程中分析文献内容所达到的深度的具体质量指标。所谓引得深度是指在一篇文献所标引的索引词数目,即指定给每篇文献的"文献标识"数目。如果一篇文献在检索工具中只有一个标识,那么其在检索工具中就只有一个位置;如果通过分析、互著、参见等方法,使其得到多次反映,那么就能从多个角度检

索到该文献。显然，引得深度的提高，意味着文献被检索到的比率提高。现代一些重要的检索工具，为了提高检索效率，都致力于引得深度的加深，如往往把一篇文献分析成几个、十几个以至几十个主题，或者把许多合著者的文献在每个著者姓名之下重复反应，这样，就可以降低由于检索者检索文献的角度不同而造成埋没文献的可能性。否则，如果检索工具引得深度较浅，提供的检索途径不够充分，就会在检索中漏检，降低检索工具的效率。另外，检索工具可编制年度和多年度累积索引，便于回溯检索。

4. 编制迅速，报道及时

"报道时差"是衡量检索工具报道文献是否及时的具体质量指标。所谓报道时差是指从被摘文献发表到收录到检索工具时所经过的时间间隔，检索工具只有尽可能地缩短报道时差，才能适应科学技术的发展和科技文献增长的需要，使科研工作者尽快获得最新文献资料，促进科研工作的开展；否则，如果报道时差过长，检索工具本身就失去了现实意义。

5. 备有完善的索引词表，以保证检索的准确性

索引词表的网罗度和专指度是衡量索引词表完备性的具体质量指标。所谓索引词表的网罗度是指词表包罗索引词的数量规模，专指度是指对索引词的概念细分程度。显然，索引词表的网罗度越大、专指度越高，就越能保证索引词对文献内容的切题程度，检索出来的文献就越能符合需要者的要求。否则，如果索引词表的网罗度小、专指度低，就不能准确揭示文献特征，从而在检索中产生误检，影响检索工具的效能。

以上几方面是影响检索工具质量的主要因素，对提高检索工具的效率有十分重要的意义。

第三节　信息检索语言检索的步骤方法与效果评价

一、信息检索语言

（一）信息检索语言的概念

所谓信息检索语言就是信息组织与信息检索时所用的语言，也称文献检索语言、情报语言等。

信息资源在存储过程中，其内容特征（分类、主题）和外部特征（如书名、刊名、题名、著者等）按照一定的语言来加以表达，检索文献信息的提问也按照一定的语言来表达，为了使检索过程快速、准确，检索用户与检索系统需要统一的标识系统，这种在文献信

息的存储与检索过程中，共同使用、共同理解的统一标识就是检索语言。

检索语言是专门用于各种手工的和计算机化的文献、存储检索系统、表达文献主题概念和检索课题概念的人工语言，包括分类法、标题法、单元词法、叙词法、关键词法以及代码语言等多种类型。检索效率的高低，在很大程度上取决于所采用的检索语言的质量及其使用是否正确。

任何一种检索语言，不论是语词的还是符号的，都是表达一系列概括文献信息内容的概念及其相互关系的概念标识系统，因此，这些检索语言都是建立在概念的基础上的。

为了了解检索语言的基本原理，我们需要具备一些概念逻辑的一般知识。概念是对事物本质属性的概括，是人们对事物的认知上升到理性认识阶段后的产物。概念都有内涵和外延。概念的内涵是其所指事物的本质属性的总和即概念的含义。概念的外延是其所指的一切事物，即概念的适用范围。概念的内涵有深浅，即其所概括的事物本质属性有多少；外延有宽窄，即其适用范围有大小。概念的内涵和外延之间成反比关系：概念的内涵越浅（其所概括的事物本质属性越少），则其外延越广（其适用范围越大）；反之，概念的内涵越深，则其外延越窄。

（二）信息检索语言作用

检索语言可以是一系列概括文献信息内容的概念及其相互关系的标识系统（分类号码），也可以是自然语言中选择出来并加以规范化的一套词汇（主题词表或叙词表）。检索语言的主要功能是简单明了而又比较专指地描述文献的主题概念、容易将概念进行系统排列、检索时便于将标引用语和检索用语进行相符性比较等。为此，检索语言不但要排除一词多义、多词一义和词义含糊的现象，而且还要显示出概念间的各种相互关系，这也是检索语言规范化的主要内容。信息检索语言的职能主要包括以下三个方面。

1. 信息检索语言可以表示文献内容、数据或其他信息形式

为了满足不同信息用户的需要，信息检索语言能够根据不同的信息需求，表达不同的类型。

2. 有专用概念表示用户的信息提问

信息检索不单纯是字面上的组合，而是一种概念上的匹配。

3. 能够指示计算机执行查询与检索

检索者在用语言项概念表达了信息提问后，要根据检索系统的功能编写成检索策略，使检索系统能顺利、快速地查到信息提问所需要的信息。

（三）信息检索语言的类型

各种检索语言的基本原理是一致的，但是，其在表达各种概念及其相互关系与在解

决对其提出的那些共同需求时所采用的方法不同，因而形成了不同的类型。

1. 按结构原理

按结构原理有分类语言（等级制体系分类法、组配分类法），用分类号表达各种概念并将其按学科性质进行分类和系统排列。

2. 按专业范围

（1）综合性检索语言。在一定范围内或国际范围内通用的检索语言，如各国图书分类法、国际十进分类法等。

（2）专业性检索语言。适用于某一专业领域的检索语言，如各国专利分类法、标准分类法等。

3. 按标识的组合使用方法

（1）先组式检索语言。文献等级制标识在编表时就已固定组配，检索时不可以改变的语言，如体系分类法、主题法等。

（2）后组式检索语言。文献标识在检索时可以根据需要自由组配的语言，如组配分类法、单元词或叙词索引等。

4. 按描述语言的选词特征

（1）单元词。代表文献实质意义、可以独立存在的最小概念单元。

（2）叙词。规范化的可以独立表达主题概念的词语。

（3）关键词。直接使用的基本上不加规范的自然词语。

（4）主题词。代表文献实质意义经规范化的词语。

（5）代码。表示事物某一方面特征的符号标识，如化合物分子式、环状化合物标识等。

（6）引证。一种表示科学论文之间相互引用关系的语言。

5. 按描述文献的特征

（1）外表特征标识。文献上显而易见的特征标识，如作者姓名、文献篇名、文献代号、机构名、刊物来源等。

（2）内容特征标识。表示文献主题实质意义的特征标识，如分类语言、主题词、单元词、关键词、自然语言等。

（四）分类语言与主题语言

1. 分类检索语言

（1）分类检索语言的概念。分类检索语言是用分类法来表达各种信息资源的概念，将各种概念按照学科、专业性质进行分类和系统排列。例如，分类目录可以向用户展示一个科学分类系统，用户能够通过这个系统去查找自己所需要的文献；文献的分类排架，可将文献按照内容之间的关系组成一个藏书分类系统,供用户按照知识关系查找直观、方便地使用文献。分类法具有很好的层次性和系统性,其分类体系便于用户扩检和缩检,便于进行浏览检索,传统的文献组织大多采用这种方法。

分类法还可广泛用作网络信息资源的组织工具,包括编制网络分类工具、系统组织各类信息资源、对网上数据库的相关文献进行整合、编制跨库检索工具等。信息分类在信息检索中具有重要的作用。掌握文献分类的基本原理,不但有利于用户从分类途径检索文献,而且对积累数据、分析研究及处理文献都十分有益。

(2)分类法的类型。分类法按照编制方式可分为体系分类法、组配分类法、混合式分类法三种。

①体系分类法。体系分类法是一种将所有的类目组织成一个等级系统,并且采用列举方式编制的分类法,又称列举式分类法。这种分类法通常将类目体系组织成一个树状结构,按照划分的层次,逐级列出详尽的子目,并以线性形式显示,以缩格表示类目的等级关系,以数字形字母(分类号)作为表达文献的学科内容的标识。

体系分类法是目前使用最普遍的分类法。比较著名的体系分类法有:《中国图书馆分类法》(简称《中图法》或CLC)、《中国科学院图书馆图书分类法》,美国的《杜威十进分类法》(简称《杜威法》或DDC)、《美国国会图书馆图书分类法》(简称《国会法》或LCC)、《国际专利分类法》(简称IPC)等。

②组配分类法。组配分类法也称分面分类法,其运用概念可分析和综合的原理,将可能构成文献主题的概念分析成为单元或分面,设置若干标准单元的类表,使用时,先分析标引对象的主题,根据主题分析的结果,通过相应概念类目的组配表达主题内容,以这些类目的标识的组合,表示该项主题在分类体系中的次序。分面分类法的优点主要是能灵活通过概念组配来表达和检索新主题,但编制困难、实用性差。分面分类法主要的组配式分类法有《冒号分类法》(CC)、《布利斯书目分类法》(BC2)。

③混合式分类法。这是介于上述两种分类法之间,既应用概念划分和概括的原理,又应用概念分析和综合的原理而编制的分类法。根据侧重面的不同,又有体系—组配分类法和组配—体系分类法之分。体系—组配分类体系的特点是,在等级分类体系的基础上大量采用分面组配方法,以达到细分复杂主题的目的,满足信息查询或检索的需要,其是等级分类体系和分面组配分类体系相互结合的一种分类体系,因此,兼有二者的优点。现在一些著名的搜索引擎均采用这种分类体系。

(3)几种著名的文献信息分类法。目前,在我国主要信息服务机构中,以国家图书馆为代表的绝大多数图书馆及文献、信息数据库均以《中国图书馆分类法》作为分类标引的依据。以中国科学院图书馆为代表的科学院信息系统除使用《中国科学院图书馆图书分类法》外,也同时使用《中图法》组织各类文献信息。西方国家多以《杜威十进分类法》(DDC)、《国际十进分类法》(UDC)、《国会图书馆图书分类法》为分类标引的依据。

①《中国图书馆分类法》。《中国图书馆分类法》(简称《中图法》)是以国家图书馆为主,联合全国各图书情报机构共同编制的一部大型综合性文献分类法。《中图法》的类目体系是一个层层展开的等级分类系统,其基本大类以科学分类为基础,结合文献分类的需要,包括五大部类和22个基本大类,在此基础上层层展开成一个有5万多类目的严密知识体系。

《中图法》的结构由主类表和复分表两部分组成,其中,主类表又由基本大类、简表、详表组成。复分表由通用复分表和专用复分表组成,通用复分表由总论复分表、世界地区表、中国地区表、国际时代表、中国时代表等组成。

在主表层层展开时,不少类目的进一步区分往往需要采用相同的划分标准,并得到相同的子目。如在中国经济史、中国军事史、中国文化史等类目下,在按时代分时,均可区分出相同的时代子目。为了增强类表的细分程度,缩小类表的篇幅,分类表将主表中按同一标准对类目划分产生的一系列子目抽出,单独编列,供主表有关类目共同使用的表,称复分表。如中国时代表、世界地区表、世界种族与民族表、中国地区表、国际时代表、通用时间、地点表等。

了解分类法的编制结构,有助于我们从学科角度查询所需信息。在确定检索信息所属的主要和次要学科或专业的范围时,在分类表中,被确定的学科或专业范围从大类至小类、从上位类到下位类,层层缩小查找范围,直到找出课题相关类目及分类号。

②《杜威十进分类法》。《杜威十进分类法》(DDC),是世界上流行最广的分类法,主要用于120多个国家20多万个图书馆、文献中心和情报机构,不少文摘和索引工具也采用DDC。DDC由主表、附表、索引和使用手册等组成,可分成十个基本大类,在大类下又设九个二级类加一个总类,依次类推,形成一个层层展开的十进分类体系。

③《国际专利分类法》。《国际专利分类法》(IPC)已被世界上多个国家使用,我国专利局也用IPC分类法。专利分类法是按技术进行分类的分类体系。专利分类法是对专利说明书进行加工、整序、编制专利检索刊物的重要依据。

2. 主题法检索语言

(1) 主题法检索语言的概念。主题法检索语言是另一种从内容角度标引和检索信息资源的方法,其不像分类法以学科体系为中心,而是利用词语来表达信息资源中论述的主题概念。用来表达信息内容的词语称为主题词。主题词不同于自然语言,其是将自然语言中的词语经过人工规范后的语言，即经过词汇控制的词语。所谓主题法，就是以自然语言中的词语或规范化的词语作为揭示文献主题的标识，并以此标识、编排、组织和查找文献的排检方法。主题指文献所具体论述的对象和研究的问题，其以语词作为检索标识，按字顺排列，直观性强，也是一种普遍使用的信息组织方法。该方法提供了一种直接面向具体对象、事实或概念的信息组织方法和信息检索途径。

（2）主题法检索语言的类型

①标题法。标题法也称标题词法，是主题法系统中最早出现的一种，是以标题词（规范的事物名称、名词术语）作为文献主题内容的标识和检索标识。标题法的主要特征是事先编表，标题词以固定的组合方式组织在主题表中，形成标题，检索按既定组配执行。标题表通常由一个主表和若干个辅助表组成。《美国国会图书馆标题表》（LCSH）是当今最著名的标题表。标题法比较直观、容易掌握，查找速度快，但查全一门学科或具某一属性事物的文献较为困难。

②叙词法。叙词法又称为主题词法，它是将自然语言的语词概念，经过规范化和优选处理，通过组配来标识文献主题的方法。叙词具有概念性、描述性、组配性的特点。叙词法综合了多种信息检索语言的原理和方法，采用灵活的概念组配，并在词与词之间建立参照系统。叙词法适用于计算机和手工检索系统，是目前应用较广的一种主题检索语言。CA、EI等著名检索工具都采用了叙词法进行编排。我国目前使用最广的《中国分类主题词表》（前身是《汉语主题词表》）就属于叙词法，有电子版和印刷版两种形式。《中国分类主题词表》是分类主题一体化的词表，与《中图法》相互对应，这对文献信息的组织和检索十分方便，而且各个主题词及其之间的关系是严格控制的，从而构成一个严密的语义网络，为建立高效的文献信息检索系统提供了保证。

③关键词法。关键词是指出现在文献标题、文摘、正文中，对表达文献主题内容具有实质意义的语词，对揭示和描述文献主题内容是重要的、关键性的语词。使用关键词对文献信息进行描述、建立主题检索系统的方法称关键词法。由于关键词能深入、直观地揭示信息中所包含的知识，而且符合人们的思维习惯，因此关键词法在信息组织中得到了广泛应用。网上各种各样的搜索引擎和数据库大多采用了关键词法组织信息资源，如网易、搜狐等搜索引擎，中国科技期刊数据库等也使用了关键词法来组织信息。由于关键词法的词语不规范，影响了文献信息的查全率和查准率。

④自然语言法。自然语言法是不进行标引，直接利用计算机的功能，通过自然语言中的词汇或词组组配对文本形式的信息资源进行匹配检索的方法。这种方法又称文本检索或全文检索。全文检索可以是整个文本，包括文章、专利或整本书，也可以是标题、

文摘等。近年来，随着电子文本的普及，全文检索逐渐成为检索的重要方法。

二、信息检索步骤与方法

（一）信息检索的基本步骤

1. 课题分析，明确检索范围

利用计算机信息检索系统获取文献信息的用户一般分为直接用户和间接用户两种类型。直接用户是指最终使用获得的信息进行工作的用户，如科研人员、管理者、决策者等；间接用户是指专门从事计算机检索服务的检索人员。检索人员在接到用户的检索课题时应首先分析研究课题，全面了解课题的内容以及用户对检索的各种要求，从而有助于检索人员正确选择检索系统及数据库、制定合理的检索策略等。分析检索课题时应从以下几方面进行。

（1）弄清检索信息需求的目的和意图。

（2）分析课题涉及的学科范围、主题要求。

（3）课题所需信息的内容及其特征。

（4）课题所需信息的类型，包括文献类型、出版类型、年代范围、语种、著者、机构等。

（5）课题对查新、查准、查全的指标要求。

分析检索课题的实质：学科专业范围——确定检索课题的主题及其涉及的学科专业范围；时间范围——确定该课题需要检索资料的年代范围；语种范围——确定该课题需要检索资料的语言文种；文献类型——文献媒体、出版类型等；地理范围——确定该课题需要哪些国家或地区的资料；查新、查准和查全等指标要求。

2. 选择检索系统

检索系统的选择根据已确定的检索范围和要求来选择检索系统。要了解哪些检索工具及数据库中收录了与所查课题有关的文献信息，且文献信息较丰富、质量较高等。查找时，一般先利用综合性的数据库，然后再利用专业性的数据库。

3. 确定检索词和检索途径

一个检索课题往往涉及多个概念，所以要对课题内容进行概念分析，并针对每一个概念，选择尽可能多的检索词，包括同义词、相关词及其变换形式，如单复数、动词的不同时态等。将这些词记录下来，用以构造检索式。现在大多数的数据库采用叙词和自由词同时并用的方法。在所检数据库具有主题词表时，一般总是优先选择叙词作为最基本的检索项。同时，可根据课题内容要求，选择适当数量的自由词进行检索，以补充规范化词的不足。

最基本的检索途径如下。

（1）分类检索途径。它是根据文献信息所属的学科专业特征及其在特定知识分类体系中的特定位置查寻文献信息的检索途径。

（2）主题检索途径。它是根据文献信息的主题特征和主题词的字顺次序查寻信息的检索途径。

（3）名称检索途径。它是按文献的题名特征查找文献的检索途径。

（4）著者检索途径。它是根据文献的责任者特征查寻文献的检索途径。著者目录、著者索引、机构索引、合同户索引、专利权人索引、著者所在单位索引等都是按责任者名称字顺编排的。

（5）号码检索途径。它是根据文献的序号或代码查寻文献的检索途径。

（6）引文检索途径。它是根据文后参考文献或引用文献的特征查找相关文献的检索途径。

4. 构造检索式

在手工检索时，每次检索只能从一个检索点出发，而且只能选择其中的一个属性值，检索范围比较窄。而机检系统适应多点、多属性值检索，对课题所涉及的方方面面，对包含的多种、概念或多种限定都可以做出相应的处理，检索结果的精确度高。但是，计算机检索需要制订一个可执行的方案，这就是检索式的构造，它是检索策略的具体表现。

检索式将各个检索概念间的逻辑关系、位置关系等用检索系统规定的各种组配符连接起来，成为机器可识别和执行的命令形式。

检索词是构成检索式的基本单元，因此对检索词的准确选择是至关重要的。检索词应满足形式匹配和内容匹配两方面的要求。

内容匹配要求，即由主题概念转化而成的检索词应能准确、完整地表达检索课题的内容，这是由信息需求决定的。

形式匹配要求，即检索使用的语言要和检索系统中使用的语言一致，检索词才能被系统"认识"，这是由检索系统决定的。

5. 选定检索方法

方法的选择由检索课题的要求和检索工具的占有情况而定。如果检索课题有较高的检全率要求，并且检索课题的主题多、学科范围广、研究历史较长，就可以使用顺查法；如果检索的课题较新、研究的历史短，并且需要最新发表的文献时，就可考虑倒查法；当要系统地、迅速准确地检索有关文献时，可用循环法，经常进行检索的人往往都用循环法；如果熟悉某学科的发展史及演变历史，就可用抽查法。

6.整理检索结果

检索工作结束后,还要将所获得的检索结果加以系统整理,认真阅读其著录格式,辨认文献类型、文种、著者、篇名、内容、出处等项记录内容。

随着信息检索技术的发展,全文数据库覆盖的学科领域越来越广泛,信息资源的获取将更加直接和迅速。

应注意的是,检索策略、检索条件和数据库结构的选择不可能适用所有情况。以上介绍的制定检索策略的步骤,其顺序也不是固定不变的。在实际检索时,可根据所检课题及所使用系统的具体情况灵活运用。其中,步骤2是支持性的,只有选择了对口的系统及其数据库,才能保证得到满意的检索效果;而步骤3与步骤4是比较关键的,其直接关系着检索策略构造的优劣程度。如果检索结果不理想,就要重新进行检索策略的调整和制定。

(二)信息检索方法

1.手工检索

(1)顺查法。它是一种以信息检索课题起始年代为起点,按时间顺序由远及近地查找信息的方法。查找前需摸清课题提出的背景及其简略的历史情况,了解和熟悉问题概况,然后选用适宜的检索工具,从课题发生的年代开始查起,直到查到信息够用为止。此法的优点是查全率高,缺点是费时费力。

(2)倒查法。它是一种逆时间顺序由近及远地查找信息的方法。这种方法多用于查找新课题或有新内容的老课题,需要的是最近发表的文献,因此,一旦掌握了所需的文献信息即可停止检索。此法的优点是节约时间,缺点是漏检率较高。

(3)抽查法。它是一种针对研究课题发展的特点,抓住学科发展迅速、发表文献较多的年代进行查找的方法。由于在学科发展兴旺时期,不但其文献数量远远高于其他时期,而且新的观点、新的理论也会在这个时期产生,因此,抽查法能以较少的检索时间获取较多的文献。使用此法必须以熟悉学科发展特点为前提,否则,难以取得预期的效果。

(4)追溯法。追溯法又叫回溯法,是以某一篇文献末尾所附的参考文献为依据,由近及远进行逐一追踪的查找方法。此法的优点是直观、方便,不断追溯可查到某一专题的大量参考文献,在不具备检索工具的情况下,是一种扩大信息源的好办法;缺点是检索效率低、查全率低、漏检率高。

(5)循环法。它是先利用检索工具查出一批有用文献,然后再利用这些文献末尾所附参考文献的线索进行追溯查找。此法的优点是在检索工具缺年、缺卷时,也能连续获得所需年限内的文献资料。

以上各种方法各有优缺点，在实际信息检索工作中究竟采用哪种检索方法，应根据检索要求，检索工具情况、学科特点等具体条件来确定。

2.机械检索

（1）机电信息检索系统。机电检索系统最初是从简单的穿孔卡片逐步发展起来的。继手检穿孔卡片之后，出现了机检穿孔卡片和选卡机，形成了机电信息检索系统。在检索时，先把检索机调定在要找的几个触头上，输进一叠卡片，机器里边有检视组件，它或者是一排探针，或者是一排电刷。卡片经过检视组件时，探针下压，遇到孔位元相符的卡片，可穿过卡片上的孔眼，作用于传动机构，自动地把这张卡片分选出来，放到相应的受卡盒中。若以电刷为检视组件时，电刷就可以穿过孔眼与接触轮接触，接通相应电路，打开受卡盒门，使卡片进入受卡盒中。这就是机检穿孔卡片的简单原理。

（2）光电信息检索系统。光电信息检索系统主要是以缩微胶卷（片）检索方式出现的。缩微胶卷（片）的检索方式大致可以分为如下两种类型。

①寻址检索方式。缩微品按文献号码排列，当要求检索某一特定号码的文献时，系统就可以找出与该号码相对应的画面，并将其投影放大，显示在阅读者屏幕上，或者将其放大复印出来。这种检索方式较为简单，因此，可以叫作文献提供系统。

②编码检索方式。在缩微品上，各画面本身加以编码，以代表该文献所包含的主题内容。这些编码，可以用某些装置（例如光电装置等）进行扫描，以便检索到与代表主题要求的某个检索策略相匹配的文献。这种系统是既具有检索功能，又具备文献提供能力的系统。光电信息检索系统的特点是：胶卷、胶片比穿孔卡片坚固耐磨；缩微存储，面积体积均小，1立方米体积可存储Filmorex胶片近100万张；所有制造、操作、摄影等均可简单地、自动地进行，人工参加工序少，产生错误的可能性也小，价格也较低，胶卷上还可存储原文。从某种意义上说，这种光电信息检索系统综合地解决了信息的缩微存储、快速检索及快速复制等问题。

3.计算机检索

信息检索经过手工信息检索、机械信息检索等方式发展到今天，已经形成了联机信息检索、多媒体信息检索、光盘信息检索与网络信息检索并存的局面。在此，只是简单地介绍联机信息检索、光盘信息检索与网络信息检索，其详细内容将在以后章节中介绍。

（1）联机信息检索。联机信息检索一般是指信息用户利用终端设备，通过通信网络与世界各地的信息检索系统联机，进行人机对话，从检索系统的数据库中查找出用户所需信息的全过程。联机信息检索的服务方式主要有以下几种。

①定题信息提供（Selective Dissemination of Information，SDI）。这种服务是由检索系统工作人员将用户信息需求转换成一定的检索提问式，并将此提问式存入计算机中，信息检索系统定期从新的文献信息中为用户检索，并按用户指定的格式为用户加以编排和打印。利用 SDI 服务，用户可定期获得所需要的最新信息，及时掌握同类专题的动态和进展。

②专题回溯检索（Retrospective Search，RS）。这是用户对检索系统中积累多年文献数据的数据库进行检索，查找一定时间范围以内或特定时间以前的文献，通常采用联机检索方式进行。RS 服务的结果一般要求切题，但又无大的遗漏，尽量做到省机时、省费用。在通过 RS 进行专题查询或情报调研时，可全面系统地了解有关文献的线索。

③联机订购原文。联机检索的结果通常是一些文摘或题录形式的二次文献形式。用户通过阅读这些二次文献了解大致的内容，然后再根据这些文献线索查找全文。

④电子邮件（Electronic mail，E-mail）。联机系统开展此项业务，以满足用户与系统之间、用户与各机构之间、用户与用户之间发送、接收、存储各种信息的需要。每个系统用户都拥有一个 E-mail 地址，联网系统有参加电子邮政的名单。输入接收者的 E-mail 地址和通信内容，接收者本需耗时几天的信件投递在数秒钟内便可接收到了。

（2）光盘信息检索。光盘是继纸张、缩微胶片、磁内存之后的一种用激光束记录和再现信息的存储载体。用于检索和阅读的光盘通常为只读光盘（Compact Disc Read Only Memory，CD-ROM）。CD-ROM 是一种信息载体，而如果要对其中信息进行检索和利用则需要计算机的配合。光盘产品自 20 世纪 70 年代出现以来，最初只用于娱乐，直到 1985 年人们才研制出第一种专用于信息服务的光盘。自此，以光盘为载体的数据库产品层出不穷，为信息产业的发展注入了新的生命力，特别是光盘与计算机的结合，使得信息检索模式发生了革命性的变化。

光盘检索系统的功能与指令和联机检索没有区别，但更方便。各个系统一般都有如下功能键：Help（帮助）、Index（索引）、History（查阅历史）、Display（显示）、Print（打印）、Select Database（选择数据库）、Formal Window（格式窗）、Quit（退出）等。当然，系统一般不显示当前没有使用的功能键，只列出正在使用的功能键。

检索信息时，可用单元词、多元词（短语）、数字及布尔运算符和位置运算符把几个检索术语组配成一个提问逻辑式。在编制提问式时，可以用有关功能键弹出索引菜单，通过浏览各种索引来获取数据库记录中的关键词、词组和系统提供的主题词表，以便选择拼法、可能的截断术语和查找范围。系统可以将检索中的记录用标题形式显示或打印出来。

系统保持着用户的一切提问和每一结果，因此，用户不但可以在任何时刻回顾其查找的历史，而且可以重新使用或修改以前的任何提问，还可以在另一数据库中选择回顾历史并执行同样的检索策略，且不必重复键入或重新处理检索术语。

屏幕帮助是光盘数据库最常用的重要功能之一，对计算机检索不熟悉的用户几乎在每一个重要步骤都可以得到指导。帮助菜单内容一般是针对正在检索中的某一个步骤，其内容有了解系统功能、提问句法、检索策略、记录字段的描述、限制符、禁用词和标点、索引的使用、主题查找、从记录中抽词、截断和排列、如何显示记录、改变显示格式、打印记录、保留记录、结束查找、获得文献以及各种功能键的使用法。

（3）网络信息检索。自20世纪90年代以来，Internet已成为世界上最大的信息资源宝库，对网络信息的查找和检索，远远超出了信息检索领域，基于Internet的信息检索系统也已经成为网络信息检索阶段的代表。网络信息检索的特点是信息检索范围宽，用户操作方便，但信息检索准确率不高。

三、影响信息检索效果的因素分析

文献检索完成后，要根据一定的评价指标对检索结果进行科学的评价，以找出文献检索中存在的问题和影响检索效果的各种因素，以便提高检索的有效性。常见的评价指标有查全率、查准率、漏检率、误检率、收录范围、响应时间、用户负担和输出形式等。其中，最主要的指标是查全率和查准率。

查全率是指检索出的相关文献量占系统中所有相关文献总量的百分比，用来反映检索的全面性。

查准率是指检索出与主题相关的文献量占所有检出文献总量的百分比，用来反映检索的准确性。

查全率和查准率是两个互补的关系。在一个特定检索系统中，当查全率不断提高时，查准率就会降低；当查准率提高时，查全率就会降低。

但值得注意的是，当查全率和查准率都很低的时候，两者可以通过检索策略的改善同时得到提高。用户查找信息的目的各不相同，对查全率和查准率的要求也不同，有时，寻找特定的事实并不关心一次检索中漏检了多少，或检索某个主题时并不在乎误检了多少。因此，可根据用户需要，选择合适的查全率和查准率要求。

查全率与查准率是评价检索效果的两项重要指标。查全率和查准率与文献的存储和信息检索两个方面是直接相关的，即与系统的收录范围、索引语言、标引工作和检索工作等有着非常密切的关系。

（一）影响检索效果的因素

1. 影响查全率的因素

影响查全率的因素从文献信息存储来看，主要有文献库收录文献不全；索引词汇缺乏控制和专指性；词表结构不完整；词间关系模糊或不正确；标引不详；标引前后不一致；标引人员遗漏了原文的重要概念或用词不当等。

此外，从情报检索来看，主要有检索策略过于简单；选词和进行逻辑组配不当；检索途径和方法太少；检索人员业务不熟练和缺乏耐心；检索系统不具备截词功能和反馈功能，检索时不能全面地描述检索要求等。

2. 影响查准率的因素

影响查准率的因素主要有索引词不能准确地描述文献主题和检索要求；组配规则不严密；选词及词间关系不正确；标引过于详尽；组配错误；检索时所用检索词（或检索式）专指度不够，检索面宽于检索要求；检索系统不具备逻辑"非"功能和反馈功能；检索式允许容纳的词数量有限；截词部位不当，检索式中使用逻辑"或"不当等。影响检索效果的因素是非常复杂的。根据国外有关专家所做的实验表明，查全率与查准率是成反比关系的。要想做到查全，势必就要对检索范围和限制逐步放宽，结果是会把很多不相关的文献也带进来，影响了查准率。因此，应当根据具体课题的要求，只有合理调节查全率和查准率，才能保证检索效果。

（二）提高检索效果的方法

1. 提高查全率的方法

（1）选择上位词、同位词及下位词的检索词。为了提高信息查全率，除选择恰当的主题词外，还应该选择比恰当主题词内容范围更广的上位主题词、同位主题词及更窄的下位主题同时参加检索。否则，有的信息就会漏掉。

（2）遵循"检索概念要少、同类检索词要多"的原则。

（3）完整反映一个课题的概念可能有多个，但是为了达到查全的目的，选用的概念要尽量少，同时专指度要低，反映同一概念的检索词要多，这是保证查全的关键。一般反映一个课题的概念可以划分为主要概念和次要概念、基本概念和特殊概念。为了查全，应透彻分析所查课题，正确划分概念的主次并慎重选用概念。对于次要概念和特殊概念尽量少用或不用，尽量多地使用反映主要概念和基本概念的同类检索词。

这里讲的同类词是广义的，具体包括以下三方面。

第一，同一概念的不同表达形式（包括同义词、近义词和相关词）。

第二，同一词的不同词尾变化，这里包含着截词符的使用技巧。

第三，概念的内涵和外延。对某些课题不能只从表面看问题，应通过现象看其本质，找出其隐含的概念。

2. 提高查准率的方法

（1）应在多个主题概念中分析出主要概念和基本概念，剔除重复概念。有时用户提供的课题涉及的主题概念较多，根据检索经验，在用逻辑算符进行逻辑组合时，不能简单地认为逻辑组配涉及面越广、越细致，检索出的结果针对性就越强。实际上，过严的组配会导致大量的漏检，甚至使检索结果为零，这是因为在标引文献时，不同的工作人员受专业知识的限制，其所选择的主题概念会有所差别。

（2）尽量避免使用泛指的词作为主题概念进行检索。对一些泛指的词，在选择主题概念时，应尽量避免使用这些词，除非检索结果非常多，需要进一步缩小范围时才可以使用，但在使用时一定要注意把同类词用"OR"逻辑组合后，再用"AND"与主题概念进行组合，以避免漏掉相关结果。

（3）正确理解题意，规范专业用语。对一些科技信息数据库，一般需要用规范化术语进行检索。

结　语

　　档案是人类认识和改造世界的历史记录，是人类知识的结晶。档案不仅真实地记录着从古至今人们从事社会经济、政治、军事、外交、科学技术、文化教育、艺术、宗教各方面活动的真实情况和发展轨迹，还记录着大量有知识价值的事实、数据、成功或失败的经验、科学技术成果和理论学说，是取之不竭的知识宝库，具有原型性、孤本性、继承性等特点。

　　我国的档案信息化建设是在信息技术日新月异、国家信息化战略不断推进、电子政务建设迅猛发展的多重背景下发展起来的。其中，信息技术是档案信息化的前提和基础。认识信息化和信息技术的基本概念和知识，有利于把握档案信息化的基本规律，克服盲目性，提高自觉性，增强对信息化战略的执行力。

　　总而言之，信息化是当今世界发展的大趋势，是推动经济社会变革的主要力量，大力推进档案信息化，不但是档案事业适应时代和社会发展的必由之路，而且是提高档案管理能力和档案信息服务水平的必然选择。长期以来，我国档案部门实施信息化发展战略，制订了一系列发展规划、制度和标准。自20世纪80年代起，档案部门积极探索文档一体化，以及档案信息资源总库、目录中心、公共网站、数字档案馆（室）等建设，有效开展纸质档案数字化、电子文件归档、电子档案移交工作，使信息技术在档案管理中得到多方位、多层次应用，档案信息资源得到相应整合，并逐渐实现了档案信息化管理，从而使档案信息资源服务能力和安全保障得到进一步增强。

参考文献

[1] 滕春娥. 互联网背景下审计档案信息化管理模式探讨[J]. 财会学习, 2021(18): 117-119.

[2] 姜英花. 档案信息化提高档案管理能力[J]. 中国信息界, 2021(3): 90-92.

[3] 张美英. 基于"智慧校园"推进高职院校档案信息化建设[J]. 中国信息化, 2021(6): 81-82.

[4] 陈飞君. 新形势下城建档案管理现状及应对策略[J]. 兰台世界, 2021(S1): 43-44.

[5] 王哲. 档案信息化建设在医院档案管理中的价值[J]. 兰台世界, 2021(S1): 67-68.

[6] 韩亚洲. 事业单位档案信息化建设的问题与策略[J]. 兰台世界, 2021(S1): 68-69.

[7] 冯爱明. 档案信息化对校园文化建设作用浅析[J]. 兰台世界, 2021(S1): 84-85.

[8] 于锋. 新时期加强高校人事档案信息化建设的必要性及对策研究[J]. 兰台世界, 2021(S1): 85-86.

[9] 孙新红. 档案信息化建设与服务创新的思考思路构建[J]. 甘肃冶金, 2021, 43(3): 124-127.

[10] 李蕴佼. 新媒体时代档案管理策略分析[J]. 产业与科技论坛, 2021, 20(12): 266-267.

[11] 张仁芬. 大数据时代地方高校档案信息化管理的现实问题与推进策略探讨[J]. 兰台内外, 2021(16): 4-6.

[12] 张立云. 利用科技创新促进档案工作高质量发展[J]. 科技风, 2021(15): 14-15.

[13] 李莹. 关于档案信息化建设与档案管理的思考[J]. 科技风, 2021(15): 96-98.

[14] 沈洁. 企业档案管理信息化的认识和思考[J]. 兰台内外, 2021(15): 18-20.

[15] 庞潇宁. 数字背景下科技档案信息化建设与管理[J]. 兰台内外, 2021(15): 31-32.

[16] 钱坤,王宗泽.大数据时代测绘档案信息化管理研究[J].测绘与空间地理信息,2021,44(5):211-212+215.

[17] 林霞.当前档案管理信息化建设误区分析与突破策略[J].办公室业务,2021(10):101+159.

[18] 胡忠全.农业科技档案管理信息化途径分析[J].办公室业务,2021(10):102+188.

[19] 符诗晗.档案信息化建设与档案管理的思考[J].办公室业务,2021(10):103+190.

[20] 龙远琼.基于企业档案信息化建设的建议[J].办公室业务,2021(10):105-106.

[21] 辛克盛,王永红.人力资源管理视角下的高校人事档案信息化建设[J].办公室业务,2021(10):107-108.

[22] 苗菁.大数据背景下人事档案信息化建设问题与对策[J].办公室业务,2021(10):109-110.

[23] 黄林.构建校企合作信息化档案管理体系[J].中外企业文化,2021(5):67-68.

[24] 戚会转.大数据时代建设项目档案信息化建设面临的挑战及应对策略[J].城建档案,2021(5):35-36.

[25] 陈丽颖,李亚珂,朱富成,滕立,刘双红.数字记录时代档案信息化建设的思考:基于系统论的视角[J].档案管理,2021(3):60-61.

[26] 赵东龙.高校档案管理工作的现状与对策探讨[J].档案管理,2021(3):121-122.

[27] 李香玉.提升信息化水平优化流动人员管理服务[J].山东人力资源和社会保障,2021(05):44-45.

[28] 孙英.试论文书档案管理信息化建设利用率与安全保护[J].科技风,2021(13):113-114.

[29] 惠红婷.大数据时代高校档案信息化建设的策略分析[J].办公室业务,2021(9):78-79.

[30] 张华容.高校档案信息化建设的误区及对策[J].办公室业务,2021(9):82-83.

[31] 刘亚玲.论新形势下企业档案管理的信息化建设[J].科技经济导刊,2021,29(13):63-64.

[32] 李莎莎."互联网+"背景下档案编研工作转型发展问题探析[J].秘书之友,2021(5):38-40.

[33] 杨金梅.信息化环境下高校档案管理中的问题及改善策略[J].兰台内外，2021(13)：34-36.

[34] 卫洁.图书馆档案管理信息化建设存在的问题及完善策略[J].兰台内外，2021(13)：7-9.

[35] 吉涛.浅析数字时代科研单位档案信息化建设[J].办公室业务，2021(8)：97+108.

[36] 孙佳.大数据背景下科研档案信息化管理策略探析[J].办公室业务，2021(8)：98-99.

[37] 陈飞.关于高校特色档案建设的若干思考[J].黑龙江档案，2021(2)：26-27.

[38] 杨阳.大数据时代档案信息化建设的挑战与探索[J].黑龙江档案，2021(2)：193-194.

[39] 周文奎.浅析信息化时代基层档案管理质量的提升与发展[J].商讯，2021(11)：181-182.

[40] 赵津华.档案信息化建设与档案管理的思考[J].兰台内外，2021(10)：13-15.

[41] 张玲玲.档案信息的有效利用和保护[J].办公室业务，2021(7)：91-92.